MILAGROS DE NUESTRA SEÑORA

ODRES NUEVOS

CLÁSICOS MEDIEVALES EN CASTELLANO ACTUAL

COLECCIÓN DIRIGIDA POR

MARÍA BREY MARIÑO

❖

La presente colección consta de diez volúmenes

POEMA DEL MIO CID
LIBRO DE APOLONIO
LEYENDAS ÉPICAS MEDIEVALES
FERNÁN GONZÁLEZ
EL CONDE LUCANOR
LIBRO DE BUEN AMOR
MILAGROS DE NUESTRA SEÑORA
TEATRO MEDIEVAL
LIBRO DE LA CAZA DE LAS AVES
LAPIDARIO

❖

ODRES NUEVOS

*aspira a hacer accesibles al gran público, por
vez primera, los monumentos de la
primitiva literatura española*

GONZALO DE BERCEO

MILAGROS
DE NUESTRA SEÑORA

Texto íntegro en versión de
D A N I E L D E V O T O
Doctor en Filosofía y Letras
(Universidades de Buenos Aires y París)
Miembro Correspondiente de la Real Academia
de Buenas Letras de Barcelona

SÉPTIMA EDICIÓN

Él vierta añejo vino en odres nuevos
M. Menéndez y Pelayo

EDITORIAL CASTALIA
‹ODRES NUEVOS›
1976

© EDITORIAL CASTALIA — Zurbano, 39 — Tlf. 4195857
Madrid (10)

IMPRESO EN ESPAÑA — PRINTED IN SPAIN

I.S.B.N. 84-7039-027-9

DEPÓSITO LEGAL: V. 781 - 1976

ARTES GRÁFICAS SOLER, S. A. — JÁVEA, 28 — VALENCIA (8) — 1976

A

Nuestra Señora,

la que pone sus pies sobre la luna.

* * *

PRÓLOGO

Lo que se sabe de Gonzalo de Berceo, primer poeta castellano de nombre conocido, es bastante, aunque sea poco, si se lo compara con otros poetas contemporáneos, o aun posteriores. Berceo mismo, como otros escritores antiguos, se nombra en sus composiciones y nos proporciona algunos datos sobre su persona [1]; *sabemos, además, que fue sacerdote y no monje, como a veces se afirma, y que su vida transcurrió en la comarca de la Rioja y estuvo vinculada a los monasterios de San Millán de la Cogolla y de Santo Domingo de Silos* [2], *cuyos santos patronos cantó, y que guardaban en sus*

---

[1] Da su nombre, Gonzalo, en la *Vida de Santo Domingo de Silos,* 109 *a* [se acostumbra a designar con una cifra la copla o estrofa que se cita, y con letras el verso o los versos aludidos] y 775 *d;* también en los *Milagros,* 866 *a.* Dice, además, que era "nacido en Berceo", en la *Vida de San Millán,* 489 *c;* por eso lo llamaban "Gonzalo de Berceo" (*Santo Domingo,* 757 *a; Milagros,* 2 *a).* Agrega que se educó en San Millán, en *Santo Domingo,* 757 *b,* y *San Millán,* 489 *b.* Véase *Gonzalo* y *Berceo* en el glosario final.

[2] La Rioja corresponde hoy casi toda a la provincia de Logroño, y desborda un poco sobre las provincias limítrofes de Burgos, Soria y Álava. Berceo es un municipio de la de Logroño, diócesis de Calahorra; a la misma provincia corresponde el de San Millán de la Cogolla, en cuyas cercanías se levantan los monasterios de San Millán de Suso (o de arriba, citado por Berceo) y de San Millán de Yuso (o de abajo), más moderno. Santo Domingo de Silos, donde se encuentra el monasterio del mismo nombre, pertenece, en cambio, a la provincia de Burgos.

Estos dos monasterios, unidos desde antiguo por "cartas de hermandad" (véase Dom Marius Férotin, *Histoire de l'Abbaye de Silos* y *Recueil des chartes de l'Abbaye de Silos;* los dos volúmenes son de París, E. Leroux, 1897) constituyeron un importante foco cultural donde se producían y se importaban, por canje, numerosos manuscritos litúrgicos y

*archivos, además de las obras del poeta, documentos de su paso por
ellos* [3].

*La obra de Berceo, enteramente escrita en el metro que deno-
minamos* cuaderna vía (*salvo una excepción, o quizás dos*), *compren-
de cuatro vidas de santos* (las de Santo Domingo de Silos, San
Millán o Emiliano, Santa Oria o Áurea *y la historia —incompleta—
del martirio de San Lorenzo*), *dos obras exegéticas* (Del Sacrificio
de la Misa, De los signos que aparecerán antes del Juicio), *la traducción de tres himnos litúrgicos, y tres obras mariales: el* Duelo,
los Loores *y los* Milagros *de Nuestra Señora. J. Cornu negaba a
Berceo la paternidad de los himnos porque en ellos aparece la voz
rey como monosílaba y no como disílaba, re-y* (*véase* reína *en el
glosario final*). *Hoy, en cambio, J. Pérez de Urbel no cree improce-
dente agregar a las obras citadas una composición latina, y vuelve a
plantear la cuestión del posible poema perdido sobre la historia y
traslación de los santos Vicente, Sabina y Cristeta* [4].

---

literarios. En cuanto a Berceo, el propio Gonzalo lo localiza, exactamente,
en su *Vida de San Millán*, copla 3, como patria del santo y suya propia
(cf. *id.*, 489).

   [3] Berceo firma como testigo en un documento del archivo de la catedral de Calahorra, en 1228, y en tres del archivo de San Millán, en
1237, 1242 (entre los clérigos, y con D. Juan su hermano) y 1246 (ya
como presbítero); son las piezas 87, 91, 94 y 95 de los *Documentos
lingüísticos de España*, I (Madrid, Centro de Estudios Históricos, 1919),
publicados por D. Ramón Menéndez Pidal. Los tres últimos figuraban,
con otras citas de escrituras antiguas, en el tomo III de la *Colección*
de Sánchez, págs. i-liv, en las *Notas* de Fr. Plácido Romero; los volvió
a publicar, fragmentariamente, Narciso Hergueta: *Documentos referentes a Gonzalo de Berceo* (En: *Revista de Archivos, Bibliotecas y Museos*,
3.ª época, X: 178-179, 1904). Hay ahora nueva edición del P. Joaquín
Peña de San José: *Documentos del Convento de S. Millán de la Cogolla en los que figura Don Gonzalo de Berceo* (En: *Berceo* [Logroño],
XIV: 79-93, 1959). Véanse además los siguientes artículos de Brian Dutton: *The profession of Gonzalo de Berceo* (En: *Bulletin of Hispanic
Studies*, XXXVII: 137-145, 1960), *¿Ha estado Gonzalo de Berceo en
Silos?* (En: *Berceo*, XVI: 111-114, 1961), y su comunicación al Primer
Congreso Internacional de Hispanistas: *Gonzalo de Berceo: unos datos
biográficos*, publicada en las *Actas* del Congreso (Oxford, The Dolphin
Book Co. Ltd., 1964).

   [4] Fr. Justo Pérez de Urbel: *Manuscritos de Berceo en el Archivo
de Silos* (En: *Bulletin Hispanique*, XXXII: 5-15, 1930). Cita una composición latina que figura, a continuación de los himnos, en manuscritos de

Resta la atribución a Berceo del Libro de Alexandre: *el propio Sánchez, en 1779, se inclinaba a admitirla, y ciento setenta años después encuentra todavía defensores (el Padre Sarmiento y Floranes, en el siglo XVIII; y en el XIX y el XX Baist, Pietsch —quizá Pío Rajna—, Cejador y Montoliu, están por la atribución del* Alexandre *a Berceo; contra ella están Morel-Fatio, Menéndez y Pelayo, Staff, Menéndez Pidal). E. Alarcos Llorach, uno de los últimos estudiosos que se ha ocupado del* Alexandre, *la juzga «inadmisible» y se inclina a considerar la obra como anónima* [5].

Los Milagros de Nuestra Señora *se inscriben en una línea definida de la literatura medieval europea. Es fundamental, para conocerla, el estudio de Mussafia sobre el conjunto de las leyendas mariales:* Studien zu den mittelalterlichen Marienlegenden *(Wien, Gerold, 1887-1898, 5 fasc.); y para el conocimiento de las redacciones latinas de los milagros de la Virgen (que son la base de las versiones en las diferentes lenguas modernas) es indispensable el artículo de A. Poncelet:* Index miraculorum B. V. Mariae quae saec. VI-XV latine conscripta sunt. *(En:* Analecta Bollandiana *[Bruxelles], XXI: 241-360, 1902.) En 1910, Richard Becker publicó su tesis sobre el manuscrito latino Thott 128 de la Biblioteca de Copenhague y su relación con los* Milagros *de Berceo, a la que han seguido otros trabajos similares* [6]. *Pero el hecho de que Berceo pertenezca a una*

obras de Berceo, y comenta: "¿Es acaso su autor el poeta riojano? Tal vez, y así parece haberlo creído el copista de sus obras, no sólo el del siglo XVIII, sino también el del siglo XIII... De todas maneras, se trata de una pieza curiosa que tiene evidente relación con Berceo..." (págs. 8-10; y en pág. 15, lo relativo a la historia de la traslación de Santa Sabina, Cristeta y Vicente).

[5] Emilio Alarcos Llorach: *Investigaciones sobre el Libro de Alexandre.* Madrid, CSIC, 1948 (Anejo XLV de la *Revista de Filología Española*), pág. 54.

[6] Agapito Rey ha trazado el cuadro de las correspondencias entre las versiones españolas de los Milagros de la Virgen y la colección latina de Bernard Pez: *Correspondence of the Spanish miracles of the Virgin* (En: *Romanic Review,* XIX: 151-153, 1928); la rarísima colección editada por Pez (Viena, 1731) ha sido reimpresa por T. F. Crane (Ithaca, Cornell Univ. —London, H. Milford—, Oxford, Univ. Press, 1925)

*línea precisa de la literatura medieval no menoscaba su valor poético.
Todos los escritores medievales —y en cierta medida todos los escritores— hacen labor de traductores: sobre todo, si se da a la voz
«traductor» el significado de «refundidor» que tuvo hasta mucho
después del Renacimiento. Y la labor de Berceo, su sutileza y su
originalidad poéticas, son tanto más de admirar cuanto que la materia de los* Milagros *es ajena.*

Estos Milagros, *escritos hacia la mitad del siglo XIII (sobre la
fecha de esta obra, véase* Tello *en el glosario final), permanecieron
inéditos hasta 1780, año en el que don Tomás Antonio Sánchez, bibliotecario real, los publicó —con todo lo que poseemos de la obra
de Berceo— en el volumen II de su* Colección de poetas castellanos
anteriores al siglo xv [7]. *Sánchez no vio los archivos de San Millán,
donde se conservaban dos códices medievales con las obras de Berceo, y se sirvió, para su colección, de copias modernas* [8]. *Esta edición
de Sánchez, varias veces reimpresa* [9], *fue el texto básico para los*
Milagros de Nuestra Señora *hasta la aparición de la de Solalinde
en 1922, fecha que marca un hito importante en la historia de esta*

Un repertorio detallado de versiones españolas es el de J. E. Keller:
Motif-Index of medieval Spanish exempla. Knoxville, Univ. of Tennessee
Press, 1949 (hay algún descuido, especialmente en los índices: cf. la reseña de J. H. Polt. En: *Romance Philology,* V: 335-336, 1952). En 1959
Patrick J. Gargoline aprobó en la Universidad de Columbia su tesis, aún
inédita, sobre *The "Milagros de Nuestra Señora" of Gonzalo de Berceo:
versification, language, and Berceo's treatment of its Latin source.*

[7] Las precisiones bibliográficas se hallarán al comienzo del glosario.

[8] No sólo la de Ibarreta (Solalinde, Introd., págs. xxix-xxx), sino
—para la Vida de Santa Oria— la del P. Martín Sarmiento (cf. C. Carroll Marden: *"Fijo" or "fixo" in Berceo's "Vida de Santa Oria".* En:
Modern Philology, XXVII: 441-443, 1930). Sobre las copias de Berceo
realizadas en el siglo xviii, y sobre algunas anteriores, véase el artículo
de Pérez de Urbel citado en la nota 4.

[9] Reedición (aumentada con otros textos) de Ochoa (París, Baudry-Librería Europea, 1842); la colección de Ochoa fue retomada por F. Janer,
y vuelta a aumentar en la *Biblioteca de Autores Españoles,* vol. 57 (reim-
-preso estereotípicamente de 1864 a 1953). De esta última edición —que
sólo tiene hoy un valor puramente histórico— procede el texto de los
Milagros en la Col. Austral (Buenos Aires, Espasa-Calpe, 1947; núm. 716).

obra [10]; *Solalinde editó el manuscrito de Ibarreta, del siglo XVIII, único manuscrito de los* Milagros *conocido en el primer cuarto de este siglo porque la dispersión y venta de los bienes conventuales había provocado la desaparición de los dos viejos códices de San Millán. El hispanista norteamericano Charles Carroll Marden rescató y editó, en 1925 y 1926, dos importantes fragmentos de uno de ellos (el manuscrito en folio, de principios del siglo XIV), y los donó a la biblioteca de la Real Academia Española, que poseía ya una parte del mismo códice, con la* Vida de Santo Domingo de Silos. *Por lo que respecta a los* Milagros, *la edición de Marden ofrece un texto casi completo en una copia y una versión más antiguas que la del manuscrito Ibarreta aunque no por ello superiores. Una de las últimas ediciones valiosas de los* Milagros, *la selección de Gonzalo Menéndez Pidal, se sirve de ambas tradiciones: la de las copias del siglo XVIII y la del códice medieval nuevamente descubierto por Marden* [11].

---

[10]   Reproducen el texto de Solalinde: Adalbert Hämel (ed. parcial de los *Milagros,* coplas 1-412. Halle, Max Niemeyer, 1926. Sammlung romanischer Übungstexte, 10); Rafael Seco (Madrid, CIAP, s. f. [hacia 1928]. Las cien mejores obras de la literatura castellana); Felipe C. R. Maldonado (Madrid, Taurus, 1959). No he visto la ed. de Madrid [Murillo], 1935 (Eds. Clásicas, IV), la selección de Eugenio Nadal (Barcelona, Yunque, 1940. Col. "Poesía en la mano", XII), la de J. J. P. (núm. 598 de la *Bibliografía de la literatura hispánica,* de J. Simón Díaz) ni la de R. Sangenis, (Barcelona, Fama, 1955).

[11]   A título de complemento citamos aquí algunos estudios sobre los *Milagros,* de diferente valor y alcance diferente: Agustín del Campo: *La técnica alegórica en la Introducción a los Milagros de Nuestra Señora* (En: *Revista de Filología Española,* XXVIII: 15-57, 1944); José Ferrer: *Berceo: Milagros de Nuestra Señora (aspectos de su estilo)* (En: *Hispania* [Berkeley], XXXIII: 46-50, 1950); F. Gutiérrez Lasanta: *Gonzalo de Berceo, cantor de la "Gloriosa"* (En: *Berceo,* 1950, págs. 733-747); Lina A. Ruiz y Ruiz: *Gonzalo de Berceo y Alfonso X el Sabio: los "Milagros de Nuestra Señora" y las Cantigas* (En: *Universidad de San Carlos* [Guatemala], XXIV: 22-90, 1951); Juan Loveluk: *En torno a los "Milagros" de Berceo* (En: *Atenea* [Concepción, Chile], CVIII: 669-684, 1952); Claudio Vilá: *Estudio mariológico de los "Milagros de Nuestra Señora" de Berceo* (En: *Berceo,* VIII, número 28, 1953; Luis Jaime Cisneros: *¿Una fuente probable de Berceo?* (En: *Boletín del Instituto Riva-Agüero* [Pontificia Universidad Católica del Perú, Lima], 2: 151-157, 1953-1955); C. Foresti Serrano: *Sobre la introducción a los Milagros de Nuestra Señora* (En: *Anales de la Universidad de Chile,* núms. 107-108, 1957); J. Asensio: *La fuente de "La Vénus d'Ille"* [de Mérimée] (En: *Estudios*

Esta *modernización de los* Milagros [12], *que utiliza como base los tres textos editados* (Sánchez, Solalinde *y* Marden), *ha planteado dos tipos de problemas estrechamente relacionados: problemas de métrica y problemas de vocabulario* [13].

Las *obras de Berceo, en su casi totalidad, están escritas en la estrofa denominada* cuaderna vía, *que se compone de cuatro versos alejandrinos (es decir, de catorce sílabas cada uno, y divididos en dos hemistiquios de siete) monorrimos (con una misma rima para los cuatro versos de cada copla). Los versos de este tetrástico no corresponden, sin embargo, a nuestro alejandrino actual; sus catorce sílabas se cuentan con hiato obligado, es decir, separando la vocal final de una palabra y la vocal inicial de la palabra siguiente:*

siempre estaba verde   en su ente gre dat
1   2 3 4 5 6 7 / 8 9 10 11 12 13   (14)

[Madrid], 15: 278-282, 1959); E. Salcedo: *Berceo en el paraíso* (En: *Ínsula*, XVI, 171:10, 1961); Thomas Montgomery: *Fórmulas tradicionales y originalidad en los Milagros de Nuestra Señora* (En: *Nueva Revista de Filología Hispánica*, XI: 424-430, 1962). Algunos milagros han sido estudiados por separado: el de Teófilo por Ernesto Lunardi (*Il Miracolo di Teofilo en Gonzalo de Berceo. Spiriti e forme del medioevo*. [Milano], Cenobio, 1956 [Quaderni del Cenobio, 6]; el del ladrón devoto por C. Colonge (*Berceo et la source des "Milagros". Étude du Miracle 6*. En: *Les Langues Néo-Latines*, 58e. année, fasc. 2, núm. 169: 1-14, 1964).

[12]   Existe una modernización, parcial, de los *Milagros* y de fragmentos de otros poemas de Berceo, realizada por Francisca Chica Salas (Buenos Aires, C. E. P. A., 1943). La de Eugenio Matus Romo —que da también el texto de Solalinde— se publicó en Santiago de Chile en 1956 (Imprenta Universitaria; Biblioteca Hispana, 10).

[13]   Para el estudio de la versificación castellana debe consultarse la bibliografía de D. C. Clarke: *Una bibliografía de versificación española*. Berkeley, Univ. of California Press, 1937 (Univ. of Cal. Pubs. in Modern Philology, v. 20, núm. 2); ténganse en cuenta las rectificaciones y adiciones de J. Saavedra Molina (En: *Revista de Filología Hispánica*, I: 275-278, 1939), y Juan Cano (En: *Hispanic Review*, VI: 180-182, 1938). Sobre la *cuaderna* vía, véase: G. Cirot: *Sur le "mester de clerecía"* (En: *Bulletin Hispanique*, XLIV: 5-16, 1942) e *Inventaire estimatif du "mester de clerecía"* (En *Id.*, XLVIII: 193-209, 1946); Pedro Henríquez Ureña: *La cuaderna vía* (En: *Revista de Filología Hispánica*, VII: 45-47, 1945), etcétera (cf. notas 15 y 16). Añádase ahora la *Métrica española* de Alfredo Carballo Picazo (Madrid, Instituto de Estudios Madrileños, 1956; Monografías bibliográficas, V-VI).

Este verso (Milagros, *11*, c) *tendría normalmente, para nosotros, once sílabas, o doce* (marcando la cesura después de la sexta):

siempre estava verde en su entegredat

1   2 3 4 5   6/7   8   9 10 11   (12)

Es menester señalar, sin embargo, que en el alejandrino de Berceo caben más cosas que en el alejandrino moderno: porque, si por un lado el hiato obligatorio parecería empequeñecerlo, por otro el poeta dispone de muchos medios para alargar su verso: sincopas, contracciones, apócopes, aféresis, valor variable —por diéresis y sinéresis— del choque de vocales internas, ausencia de preposiciones, asimilación. Unos ejemplos aclararán el uso de estas licencias (que corresponden al estado de la lengua en tiempos del poeta y de sus copistas posteriores, que iban sustituyendo las formas riojanas por las castellanas correspondientes); en todos los casos, la definición de las diferentes figuras procede del Diccionario de la Real Academia Española.

Síncopa es el metaplasmo (o «figura de dicción»), que consiste en suprimir una o más letras en medio de un vocablo; v. gr., Navidad, por natividad. El verbo, sobre todo, posee muchas formas contractas que modifican el cuento de las sílabas: sintrie (*152* d; sentiría), devrie (*162* d; debería), entendrá (*180* d; entenderá), plazralis (*215* d; placeráles). Diçrie, síncopa de diçerie (*181* d) ya está camino de diría.

Contracción es el metaplasmo que consiste en hacer una sola palabra de dos, de las cuales la primera acaba y la segunda empieza en vocal, suprimiendo una de estas vocales. La lengua moderna admite unas pocas contracciones: del (de-el), al (a-el), esotro (eseotro). En Berceo son frecuentes las contracciones como antella (*30* b), por ante ella, que cuenta por cuatro sílabas en lugar de las tres de antella.

Apócope es el metaplasmo que consiste en suprimir una o más letras al fin de un vocablo: v. gr., algún, por alguno; gran, por grande. Esta figura de dicción es muy abundante en Berceo: «sis murió ol mataron» (*84* b; «si se murió o le mataron»), «vinol» (*184* a; vínole); «dulz» (*15* a; dulce); «iaz» (*51* b; yace), etcétera

Aféresis *es el metaplasmo que consiste en suprimir una o más letras al principio de un vocablo;* v. gr., norabuena, *por* enhorabuena; Colás, *por* Nicolás. *Compárese* bispo *(511* c)*, con* obispo *(513* a).

La lengua antigua elimina a veces ciertas preposiciones: «fueron a la eglesia al fraire despertar» (82 d; *hoy se diría: «a despertar al fraile» o, manteniendo el hipérbaton o inversión, «al fraile* a *despertar»), «vínolo conbidar» (134* b; *«vínolo* a *convidar»). En este último caso podría verse un fenómeno de asimilación: asimilar es, en gramática, alterar un sonido para asemejarlo a otro semejante que influye sobre aquél. En muchos casos, la preposición se embebe en la vocal precedente y desaparece (mucha gente escribiría «vaya casa», por «vaya* a *casa»)* [14].

La diéresis y la sinéresis merecen especial atención. La diéresis *es la figura de dicción y licencia poética que consiste en pronunciar separadamente las vocales que forman un diptongo, haciendo de una sílaba dos;* v. gr., sü-a-ve. *Empléase únicamente en poesía. Inversamente, la* sinéresis *es la reducción a una sílaba, en una misma palabra, de vocales que normalmente se pronuncian en sílabas distintas, como* aho-ra *por* a-ho-ra. *La sinéresis en el verso es considerada como licencia poética por la preceptiva tradicional. En Berceo, estas dos licencias son perceptibles, sobre todo, en los imperfectos de los verbos de la segunda y la tercera conjugación (y en formas análogas, como el condicional, también terminadas en* -ía) [15].

---

[14] Sobre la asimilación y la variación o desaparición de preposiciones, véase el estudio de W. A. Beardsley: *"Assumir"* or *"a sumir" in Berceo's Sacrificio, quatrain 285?* (En: *Romanic Review,* VII: 226-228, 1916).

[15] No es ésta la ocasión de considerar las formas de estos pretéritos en el siglo XIII. El lector puede encontrar datos sobre el tema en varios trabajos de Hanssen, especialmente en: *Sobre la formación del imperfecto de la segunda i tercera conjugación castellana en las poesías de Gonzalo de Berceo,* y en: *Sobre la pronunciación del diptongo -ie en la época de Gonzalo de Berceo* (En: *Anales de la Universidad de Chile,* 1894 y 1895, respectivamente; hay tiradas aparte); agréguese ahora el estudio de Yakov Malkiel: *Toward a reconsideration of the Old Spanish imperfect* -n -ía -ié (En: *Hispanic Review,* XXVII: 435-481, 1959).

Los trabajos de Hanssen y de algunos otros autores aparecen resumidos en la *Versification of the Cuaderna vía as found in Berceo's, Vida de Santo Domingo de Silos,* de John D. Fitz-Gerald. New York, Columbia Univ. Press. [impreso en Chartres, Francia], 1905, capítulo IV, *Dialysis*

Como lo dice el Diccionario de la Real Academia, la sinéresis es una licencia admitida por la preceptiva tradicional; véanse algunos ejemplos:

> que del cerco de Zamora
> un traidor *había* salido
>> Romance viejo: *Rey don Sancho...*

> que en tres o cuatro batallas
> su padre lo *había* sudado
>> Romance de: *A Jimena y a Rodrigo.*

> y más del bien que allí *perdía* muriendo
>> Garcilaso, soneto XXIV: *Pasando el mar...*

> Borro y vuelvo a escribir lo que *había* escrito
>> Lupercio Leonardo de Argensola.
>> Epístola: *Aquí donde en Afranio...*

> que del múrice en la concha
> *parecían* estar bañados
>> Lope de Vega, *La Arcadia,* romance de
>> Celso: *En las riberas famosas...*

> que *había* contado el dinero
> con un pie y aun con los codos
>> Góngora, romance: *Cuando la rosada aurora...*

> más autos que el *día* del Corpus,
> más registros que el misal
>> Quevedo, jácara III: *Zampuzado en un
>> banasto...*

> Y sonrió siempre como *sonríe* el alba
>> Manuel Machado: *Campoamor*

> Del tiempo en las corrientes fugitivas
> flotan sueltas las *raíces* de mis hechos
>> Unamuno: *¡Id con Dios!*

---

and Synezesis, apartado II: *The imperfect Indicative of the Conjugations II and III,* págs. 68-87. Sólo interesa aquí una de sus conclusiones: "que el poeta tenía libertad... de usar de diéresis y sinéresis en las terminaciones del imperfecto de ambas conjugaciones" (pág. 87).

Si vinieran los gitanos
harían con tu corazón
collares y anillos blancos.

García Lorca: *Romance de la luna luna*

No lo quiso hacer el Cid,
que no lo *había* acostumbrado

R. Menéndez Pidal, *Flor nueva de romances viejos: A concilio dentro en Roma...*

Ya cabalga Diego Ordóñez,
ya del *real había* salido

Ibid: Ya cabalga Diego Ordóñez...

Allá detrás de una almena
quedado se *había un* morico

Ibid: Romance antiguo y verdadero de Álora la bien cercada.

por el Zacatín arriba
subido se *había a* la Alhambra

Ibid: Romance de la conquista de Alhama

Se ha preferido en esta versión multiplicar esta licencia y no aumentar las infidelidades al texto original de Berceo.

Para ajustar el verso de Berceo a nuestro oído actual, hemos respetado todos los versos cuyo cuento de sílabas no disuena demasiado con nuestro uso normal de la sinalefa [16]; *los versos rehechos*

---

[16] Sinalefa es la trabazón o enlace de sílabas por la cual se forma una sola de la última de un vocablo y de la primera del siguiente cuando aquél acaba en vocal y éste empieza por letra de igual clase, precedida o no de *h* muda.

Que, tenida cuenta de su naturaleza especial, los versos de Berceo son rigurosamente medidos, puede comprobárselo en los estudios sobre su métrica; a más de la *Versificación*, de Fitz-Gerald, véase:

H. H. Arnold: *Synalepha in Old Spanish poetry: Berceo* (En: *Hispanic Review*, IV: 141-158, 1931).

H. H. Arnold: *Irregular hemistichs in the "Milagros" of Gonzalo de Berceo* (En: *Publications of the Modern Language Association*, L: 335-351, 1935). (Hay siempre referencias a Berceo en otros estudios de Arnold sobre la métrica del *Apolonio*, el *Alexandre* y Juan Ruiz). A los muchos estudios de Hanssen sobre métrica (además de los ya citados, recuérdense: *Sobre el hiato en la antigua versificación castellana* [*Anales...,*

—*total o parcialmente*— *corresponden a nuestro alejandrino actual. Y a nuestro sentido actual de la rima corresponden algunas de esta versión que son tan sólo imperfectas para el ojo* (Mesías aconsonantado con otras voces en -ía) [17]. *Hemos tratado, además, de respetar todos los artificios retóricos: anáforas, epanástrofes, epanadiplosis, etcétera* [18].

En 8 coplas (28, 122, 387, 388, 400, 706, 726 y 744) he alterado el orden de los versos para mejorar el sentido; he colocado la copla 249 entre la 246 y la 247, y —modificación mucho más importante— el Milagro XXIV *aparece después del* Milagro XXV, *tal como figuraban en uno de los dos códices antiguos. Que la disposición tradicional diversa sea producto de una adición del autor o proceda de un copista que repara un olvido agregando, fuera de lugar, un milagro omitido, poco importa* (v. Tello en el glosario final). *Lo cierto es que con la disposición que adoptamos quedan al final de la obra, en su lugar verdadero, las últimas estrofas del* Milagro de Teófilo, *verdaderamente conclusivas y coronadas por sus tres* Amén *definitivos.*

1896]; *Miscelánea de versificación castellana* [*Id.*, 1897]; *Notas a la prosodia castellana* [*Id.*, 1900]; *Metrische Studien zu Alfonso und Berceo* [Valparaíso, 1903], etcétera) súmense sus estudios afines sobre el vocabulario de Berceo —que también inciden sobre la métrica del poeta: *Sobre la conjugación de Gonzalo de Berceo* (En: *Anales...*, 1895), *Suplemento a la conjugación de Berceo* (*Id.*, íd.), *De los adverbios mucho, mui i much en antiguo castellano* (*Id.*, 1905), etcétera. Análogamente, véase el estudio de Edith L. Kelly: *Fer, far, facer, façer, fazer in three works of Berceo* (En: *Hispanic Review*, III: 127-137, 1935).

[17] Coplas 53 y 272; un caso inverso —y debemos confesar que más duro— en la copla 558; una asonancia similar en la 726. En ocho casos ha sido forzoso —para evitar mayores males— descomponer el tetrástrofo en dos rimas asonantes entre sí; y en siete casos se han conservado las rimas imperfectas de Berceo. En una docena de coplas me he visto obligado a cambiar las cuatro rimas.

[18] *Epanadiplosis* es la figura que consiste en repetir al fin de una cláusula o frase el mismo vocablo con que empieza ; *epanástrofe* es la figura que se comete empleando al principio de dos o más cláusulas o miembros del período la última voz del miembro o cláusula inmediatamente anterior; *anáfora* es la figura que consiste en repetir de propósito palabras o conceptos (se la emplea sobre todo para designar los versos o períodos que se inician con una misma palabra; esta definición falta en el léxico oficial, que da además una misma acepción a la *concatenación* y la *conduplicación*, formas de la epanástrofe).

*En lo que se refiere al vocabulario —y después de haber hecho
dos versiones completas de los* Milagros *con criterios diferentes— se
han conservado* todos *los arcaísmos admitidos en la última edición
del Diccionario de la Real Academia Española. Se han mantenido,
además, unas pocas voces anticuadas, cuando de la conservación
de un arcaísmo transparente dependía la de la rima, y de ésta la
variación mínima del texto de una copla; para estos contadísimos
casos, la autoridad límite ha sido también un vocabulario castellano
general, el de Roque Barcia. También se ha conservado la voz empleada por Berceo cuando ha desaparecido del uso con el objeto o
acción que designaba y es, por tanto, irreemplazable por una voz
actual: es decir, cuando sólo cabe una explicación y no una substitu-
ción por otra forma más moderna. De cada una de estas voces, total
o parcialmente desusadas, se da exacta cuenta en el glosario final.*

DANIEL DEVOTO

INTRODUCCIÓN

1 Amigos y vasallos   de Dios omnipotente,
si escucharme quisierais   de grado atentamente,
yo os querría contar   un suceso excelente:
al cabo lo veréis   tal, verdaderamente.

2 Yo, el maestro Gonzalo   de Berceo llamado,
yendo en romería   acaecí en un prado
verde, y bien sencido,   de flores bien poblado,
lugar apetecible   para el hombre cansado.

3 Daban olor soberbio   las flores bien olientes,
refrescaban al par   las caras y las mentes;
manaban cada canto   fuentes claras corrientes,
en verano bien frías,   en invierno calientes.

4 Gran abundancia había   de buenas arboledas,
higueras y granados,   perales, manzanedas,
y muchas otras frutas   de diversas monedas,
pero no las había   ni podridas ni acedas.

5 La verdura del prado,   el olor de las flores,
las sombras de los árboles   de templados sabores
refrescáronme todo,   y perdí los sudores:
podría vivir el hombre   con aquellos olores.

6 Nunca encontré en el siglo   lugar tan deleitoso,
ni sombra tan templada,   ni un olor tan sabroso.
Me quité mi ropilla   para estar más vicioso
y me tendí a la sombra   de un árbol hermoso.

7 A la sombra yaciendo   perdí todos cuidados,
y oí sones de aves   dulces y modulados:
nunca oyó ningún hombre   órganos más templados
ni que formar pudiesen   sones más acordados.

8   Unas tenían la quinta   y las otras doblaban;
       otras tenían el punto,   errar no las dejaban.
       Al posar, al mover,   todas se acompasaban:
       aves torpes o roncas   allí no se acostaban.

9   No hay ningún organista,   ni hay ningún violero,
       ni giga, ni salterio,   ni mano de rotero,
       ni instrumento, ni lengua,   ni tan claro vocero
       cuyo canto valiese   junto a éste un dinero.

10   Pero aunque siguiéramos   diciendo sus bondades,
       el diezmo no podríamos   contar ni por mitades:
       tenía de noblezas   tantas diversidades
       que no las contarían   ni prïores ni abades.

11   El prado que yo os digo   tenía otra bondad:
       por calor ni por frío   perdía su beldad,
       estaba siempre verde   toda su integridad,
       no ajaba su verdura   ninguna tempestad.

12   En seguida que me hube   en la tierra acostado
       de todo mi lacerio   me quedé liberado,
       olvidé toda cuita   y lacerio pasado:
       ¡el que allí demorase   sería bien venturado!

13   Los hombres y las aves   cuantas allí acaecían
       llevaban de las flores   cuantas llevar querían,
       mas de ellas en el prado   ninguna mengua hacían:
       por una que llevaban,   tres y cuatro nacían.

14   Igual al paraíso   me parece este prado,
       por Dios con tanta gracia   y bendición sembrado:
       el que creó tal cosa   fue maestro avisado;
       no perderá su vista   quien haya allí morado.

15   El fruto de los árboles   era dulce y sabrido:
       si Don Adán hubiese   de tal fruto comido
       de tan mala manera   no fuera decebido
       ni tomaran tal daño   Eva ni su marido.

16   Amigos y señores: lo que dicho tenemos
       es oscura palabra: exponerla queremos.
       Quitemos la corteza,   en el meollo entremos,
       tomemos lo de dentro,   lo de fuera dejemos.

17   Todos cuantos vivimos   y sobre pies andamos
   —aunque acaso en prisión   o en un lecho yazgamos—
   todos somos romeros   que en un camino andamos:
   esto dice San Pedro,   por él os lo probamos.

18   Mientras aquí vivimos,   en ajeno moramos;
   la morada durable   arriba la esperamos,
   y nuestra romería   solamente acabamos
   cuando hacia el Paraíso   nuestras almas enviamos.

19   En esta romería   tenemos un buen prado
   en que encuentra refugio   el romero cansado:
   es la Virgen Gloriosa,   madre del buen criado
   del cual otro ninguno   igual no fue encontrado.

20   Este prado fue siempre   verde en honestidad,
   porque nunca hubo mácula   en su virginidad;
   post partum et in partu   fue Virgen de verdad,
   ilesa e incorrupta   toda su integridad.

21   Las cuatro fuentes claras   que del prado manaban
   nuestros cuatro evangelios   eso significaban:
   que los evangelistas,   los que los redactaban,
   cuando los escribían   con la Virgen hablaban.

22   Cuanto escribían ellos,   ella se lo enmendaba;
   sólo era bien firme   lo que ella alababa:
   parece que este riego   todo de ella manaba,
   cuando sin ella nada   a cabo se llevaba.

23   La sombra de los árboles,   buena, dulce y sanía,
   donde encuentra refugio   toda la romería,
   muestra las oraciones   que hace Santa María,
   que por los pecadores   rüega noche y día.

24   Cuantos son en el mundo,   justos y pecadores,
   coronados y legos,   reyes y emperadores,
   allí corremos todos,   vasallos y señores,
   y todos a su sombra   vamos a coger flores.

25   Los árboles que hacen   sombra dulce y donosa
   son los santos milagros   que hace la Gloriosa,
   que son mucho más dulces   que la azúcar sabrosa,
   la que dan al enfermo   en la cuita rabiosa.

26   Y las aves que organan   entre esos frutales,
que tienen dulces voces,   dicen cantos leales,
esos son Agustín,   Gregorio y otros tales,
todos los que escribieron   de sus hechos reales.

27   Todos tenían con ella   gran amistad y amor,
en alabar sus hechos   ponían todo su ardor;
todos hablaban de ella,   cada uno a su tenor,
pero en todo tenían   todos igual fervor.

28   El ruiseñor que canta   por fina maestría,
y también la calandria,   hacen gran melodía;
pero cantó mejor   el barón Isaías
y los otros profetas,   honrada compañía.

29   Cantaron los apóstoles   por modo natural,
confesores y mártires   hacían bien otro tal;
las vírgenes siguieron   a la madre caudal;
todos ante ella cantan   canto bien festival.

30   Por todas las iglesias   —y esto es cada día—
cantan laudes ante ella   toda la clerecía;
todos festejan y honran   a la Virgo María:
estos son ruiseñores   de gran placentería.

31   Volvamos a las flores   que componen el prado,
que lo hacen hermoso,   apuesto y tan templado:
las flores son los nombres   que dan en el dictado
a la Virgo María,   madre del buen criado.

32   Esta bendita Virgen   es estrella llamada,
estrella de los mares   y guía muy deseada;
es de los marineros   en la cuita implorada,
porque cuando la ven   la nave va guiada.

33   La llaman —y lo es—   de los Cielos Reína,
templo de Jesucristo,   estrella matutina,
señora natural   y piadosa vecina,
de cuerpos y de almas   salud y medicina.

34   Ella es el vellocino   que fue de Gedeón
en que vino la lluvia,   una grande visión;
y la llaman la honda   de David el barón,
con la cual confundió   al gigante felón.

35   Es llamada la fuente   de quien todos bebemos,
y nos dio el alimento   de quien todos comemos;
ella es llamada el puerto   a quien todos corremos,
y puerta por la cual   muestra entrada atendemos.

36   Es llamada la puerta,   en sí bien encerrada,
abierta para nos,   para darnos la entrada;
ella es la paloma   de hiel bien esmerada
en quien no cae ira,   y siempre está pagada.

37   Ella con gran derecho   es llamada Sión,
porque es nuestra atalaya   y nuestra protección;
ella es llamada trono   del sabio Salomón,
rey lleno de justicia,   muy sapiente barón.

38   No existe nombre alguno   que del bien no provenga
que de alguna manera   con ella no se avenga;
y no hay tal que raíz   en ella no la tenga:
ni Sancho ni Domingo,   ni Sancha ni Domenga.

39   La llaman vid, y es uva,   y almendra, y es granada
que de granos de gracia   está toda plasmada;
oliva, cedro, bálsamo,   palma verde brotada,
pértiga en la que estuvo   la sierpe levantada.

40   La vara que Moisés   en la mano llevaba,
que confundió a los sabios   que Faraón preciaba,
con la que abrió los mares   y después los cerraba,
si no es a la Gloriosa,   ál no significaba.

41   Si parásemos mientes   en el otro bastón
que partió la contienda   y estuvo por Aarón,
ál no significaba   —lo dice la lección—
sino a la Gloriosa,   y con buena razón.

42   Amigos y señores,   en vano contendemos,
estamos en gran pozo,   fondo no encontraremos:
más serían los nombres   que de ella leemos
que las flores del campo   mayor que conocemos.

43   Ya dijimos arriba   que eran los frutales
en los que hacían las aves   los cantos generales
sus milagros muy santos,   grandes y principales,
los cuales organamos   en las fiestas caudales.

44   Pero quiero dejar   los pájaros cantores,
las sombras y las aguas,   las antedichas flores:
quiero de estos frutales,   tan llenos de dulzores,
hacer algunos versos,   amigos y señores.

45   Quiérome en estos árboles   un ratito subir
—es decir, quiero algunos   milagros escribir—.
La Gloriosa me guíe   que lo pueda cumplir,
que solo no podría   bien airoso salir.

46   Tendré por un milagro   más que hace la Gloriosa
el que quiera guiarme   a mí en esta cosa:
Madre llena de gracia,   Reína poderosa,
guíame Tú en esto,   Tú que eres piadosa.

47   Por España quisiera   en seguida empezar,
por Toledo la grande,   afamado lugar:
que no sé por qué extremo   comenzaré a contar,
porque son más que arenas   a la orilla del mar.

MILAGRO I

[La casulla de San Ildefonso]

48   En Toledo la buena,   esa villa real
que yace sobre el Tajo,   esa agua caudal,
hubo un arzobispo,   coronado leal,
que fue de la Gloriosa   amigo natural.

49   Llamábanlo Ildefonso,   dícelo la escritura,
pastor que a su rebaño   daba buena pastura,
hombre de santa vida   que trajo gran cordura:
cuanto decir podamos   su hecho lo mestura.

50   Siempre con la Gloriosa   supo amistad tener,
nunca varón en dueña   puso mayor querer;
en buscarle servicio   usaba su saber,
prevención y prudencia   sabía en ello poner.

51   Sin los otros servicios   muchos y muy granados,
dos hay en el escrito,   éstos son más notados:
hizo sobre ella un libro   de dichos colorados
de su virginidad,   contra tres renegados.

52   Hízole otro servicio   el leal coronado:
que le hizo una fiesta   en diciembre mediado,
la que caía en marzo   (¡día muy señalado!)
cuando vino Gabriel   con el rico mandado.

53   Cuando vino Gabriel   con la mensajería,
cuando sabrosamente   dijo: «Ave María»,
y diole por noticia   que pariría al Mesías
quedándose tan íntegra   como estaba ese día.

54   La fiesta caía en tiempo   (y esto bien se sabía)
que no canta la Iglesia   sus cantos de alegría:
no recibía lo suyo   tan señalado día;
en cambiarlo juzgamos   que hizo gran cortesía.

55   Hizo gran providencia   el amigo leal
que colocó esta fiesta   tan cerca de Natal:
asentó buena viña   cerca de buen parral,
la Madre con el Hijo,   par que no tiene igual.

56   El tiempo de cuaresma   es tiempo de aflicción,
ni cantan aleluya   ni hacen procesión;
en todo esto pensaba   este cuerdo barón,
y recibió por ello   honrado galardón.

57   Así San Ildefonso,   coronado leal,
preparó a la Gloriosa   fiesta muy general;
en Toledo quedaron   muy pocos en su hostal
que no fueron a misa   a la sede obispal.

58   El arzobispo santo,   tan leal coronado,
para entrar a la misa   estaba preparado;
en su preciosa cátedra   estábase asentado:
trájole la Gloriosa   presente muy honrado.

59   Le apareció la madre   del Rey de Majestad
con un libro en la mano   de muy gran claridad:
el que él había hecho   de su virginidad;
a Ildefonso le plugo   de toda voluntad.

60   Y le hizo otra gracia   como nunca fue oída,
que le dio una casulla   sin aguja cosida:
era obra de ángeles,   no por hombre tejida;
dijo pocas palabras,   razón buena cumplida.

61   Díjole: «Amigo, sabe   que de ti estoy pagada,
que no me buscaste honra   simple, sino doblada:
en un buen libro soy   de ti bien alabada
y me hiciste una nueva   fiesta que no era usada.

62   Para tu misa nueva   de esta festividad
yo te traigo una ofrenda   de gran preciosidad:
casulla con que cantes,   preciosa de verdad,
hoy y en el santo día   de la Natividad.»

63   Dichas estas palabras,   la Madre glorïosa
     quitósele de ojos,   no vio ninguna cosa;
     acabó su mensaje   la persona preciosa
     de la Madre de Cristo,   su crïada y esposa:

64   «El sentarse en la cátedra   en la que estás sentado
     a tu cuerpo señero   le será soportado;
     revestir esta alba   a ti se te ha otorgado;
     otro que la revista   no saldrá bien parado.»

65   Esta fiesta preciosa   que tenemos contada
     en general concilio   fue luego confirmada:
     es en muchas iglesias   guardada y celebrada;
     mientras el siglo dure   no ha de ser olvidada.

66   Cuando le plugo a Cristo,   al celestial Señor,
     finó San Ildefonso,   precioso confesor:
     honrólo la gloriosa   Madre del Crïador,
     diole gran honra al cuerpo,   y al alma muy mejor.

67   Pusieron de arzobispo   canónigo lozano,
     que era muy soberbio   y de seso liviano;
     quiso igualar al otro,   en esto fue villano,
     por bien no se lo tuvo   el pueblo toledano.

68   Sentóse en la cátedra   de su predecesor,
     y pidió la casulla   que le dio el Crïador;
     dijo palabras locas   el torpe pecador,
     pesaron a la Madre   de Dios Nuestro Señor.

69   Dijo unas palabras   de muy gran liviandad:
     «Ildefonso no fue   de mayor dignidad;
     soy tan bien consagrado   como él, en verdad;
     todos somos iguales   en nuestra humanidad.»

70   Si no hubiera Siagrio   tan adelante ido,
     y si hubiera su lengua   un poco retenido,
     nunca hubiera en la ira   del Criador incurrido,
     que pensamos que se ha —¡mal pecado!— perdido.

71   Mandó a los ministros   la casulla traer
     para entrar a la misa   la confesión hacer;
     mas no le fue sufrido,   ni le dieron poder,
     que lo que Dios no quiere   no puede acontecer.

72   A pesar de lo amplia   que era la vestidura
le resultó a Siagrio   angosta sin mesura:
tomóle la garganta   como cadena dura
y pereció ahogado   por su grande locura.

73   La Virgen glorïosa,   estrella de la mar,
a sus amigos sabe   galardón bueno dar;
si bien sabe a los buenos   el bien galardonar,
a los que la desirven   los sabe mal curar.

74   Amigos, a tal madre   bien servirla debemos:
si la servimos, nuestro   provecho buscaremos,
honraremos los cuerpos,   las almas salvaremos,
por servicio pequeño   gran galardón tendremos.

MILAGRO II

[El sacristán impúdico]

⁷⁵ Amigos, si quisierais   otro poco esperar,
aún otro milagro   os querría contar
que por Santa María   se dignó Dios mostrar,
de cuya leche quiso   con su boca mamar.

⁷⁶ Un monje muy devoto   en un convento había
—el lugar no lo leo,   decir no lo sabría—.
Quería de corazón   bien a Santa María,
cada día a su imagen   su reverencia hacía.

⁷⁷ Cada día a su imagen   su reverencia hacía,
hincábase de hinojos,   decía «Ave María».
El abad de la casa   diole sacristanía:
por libre de locura,   por cuerdo lo tenía.

⁷⁸ El enemigo malo   de Beelzebub vicario,
que siempre ha sido y es   de los buenos contrario,
tanto pudo bullir   el sutil adversario
que al monje corrompió   y lo hizo fornicario.

⁷⁹ Tomó costumbre mala   el loco pecador:
de noche, cuando estaba   acostado el prïor,
salía por la iglesia   fuera del dormitor
para correr el torpe   a su mala labor.

⁸⁰ Y tanto a la salida   como luego a la entrada
delante del altar   caía su pasada;
la reverencia y «Ave»   que tenía acostumbrada
no se las olvidaba   en ninguna vegada.

81   Cerca del monasterio   un río bueno corría;
      el monje pecador   que pasarlo tenía,
      cuando de cometer   su locura volvía
      cayó en él y se ahogó   fuera de la freiría.

82   Cuando vino la hora   de maitines tocar
      no había sacristán   que pudiese sonar;
      levantáronse todos,   dejaron su lugar
      y fueron a la iglesia   al monje a despertar.

83   Abrieron la iglesia   como mejor supieron,
      al clavero buscaron   y hallar no lo pudieron.
      Por arriba y abajo   todos tanto anduvieron
      que donde estaba ahogado   por fin lo descubrieron.

84   Qué podía ser eso   no lo podían pensar,
      si murió o lo mataron   no lo sabían juzgar;
      era grande la basca   y mayor el pesar,
      porque perdía su precio   por eso este lugar.

85   Mientras yacía perdido   el cuerpo por el río,
      digamos de su alma   y su pleito sombrío:
      porque vino por ella   de diablos gran gentío
      para llevarla al báratro,   de deleites vacío.

86   Mientras los diablos iban   con ella peloteando
      los ángeles la vieron,   por ella iban bajando;
      los diablos los tuvieron   gran tiempo querellando
      que esa alma era suya,   que la fueran dejando.

87   No tuvieron los ángeles   derecho a disputarla,
      porque tuvo mal fin,   y debieron dejarla.
      No pudieron sacarles   por valor de una agalla
      y hubieron de partirse   tristes de la batalla.

88   Acudió la Gloriosa   Reína general,
      porque los diablos sólo   se acordaban del mal;
      mandóles atender;   no osaron hacer ál,
      y movióles querella   muy firme y muy cabal.

89   Propuso la Gloriosa   palabra colorada:
      «Contra esta alma, locos   —dijo— no tenéis nada.
      Mientras vivió en su cuerpo   me estuvo encomendada;
      sufriría ahora daño   por ir desamparada.»

90 Por la parte contraria   le respondió el vocero,
un diablo sabedor,   sutil y muy puntero:
«Madre eres del Hijo   alcalde derechero,
no le gusta la fuerza   ni es de ella placentero.

91 Escrito está que el hombre,   allí donde es hallado,
sea en bien, o sea en mal,   es por ello juzgado;
y si un decreto tal   por ti fuera falseado
el Evangelio todo   quedará descuajado.»

92 «Hablas —dijo la Virgen—   como una cosa necia.
No me ofendo, porque eres   una cativa bestia.
Cuando salió de casa,   de mí tomó licencia:
de su pecado, yo   le daré penitencia.

93 Yo no he de rebajarme   hasta haceros violencia,
mas apelo ante Cristo,   ante Su propia audiencia,
ante Él que es poderoso   y lleno de sapiencia:
yo de Su boca quiero   oir esta sentencia.»

94 El Señor de los Cielos,   alcalde sabedor,
decidió la contienda: nunca visteis mejor.
Mandó tornar el alma   a su cuerpo el Señor,
luego cual mereciese   recibiría el honor.

95 El convento quedaba   triste y desconsolado
por este mal ejemplo   que les había llegado
cuando resucitó   el cuerpo ya pasado;
espantáronse todos   de verlo en buen estado.

96 Hablóles el buen hombre,   díjoles: «Compañeros,
muerto fui y estoy vivo,   podéis estar certeros.
¡Gracias a la Gloriosa   que salva a sus obreros,
que me libró de manos   de los malos guerreros!»

97 Contóles por su lengua   toda la letanía,
qué decían los diablos,   y qué Santa María,
cómo lo libró ella   de su soberanía;
si no fuese por ella,   estaba en negro día.

98 Rindieron a Dios gracias   de toda voluntad,
y a la santa Reína   y Madre de piedad,
que hizo tal milagro   por su benignidad,
por quien está más firme   toda la cristiandad.

99   Confesóse el monje   e hizo penitencia,
mejoróse de toda   su mala continencia,
sirvió a la Gloriosa   mientras tuvo potencia,
finó cuando Dios quiso   sin variar su creencia...
Requïescat in pace   cum divina clementia.

100   Muchos milagros tales,   y muchos más granados
hizo Santa María   sobre sus aclamados:
no serían los milésimos   por mil hombres contados,
mas de los que supiéramos   quedaréis bien pagados.

MILAGRO III

[El clérigo y la flor]

101 De un clérigo leemos   que era de sesos ido,
y en los vicios del siglo   fieramente embebido;
pero aunque era loco   tenía un buen sentido:
amaba a la Gloriosa   de corazón cumplido.

102 Como quiera que fuese   al mal acostumbrado,
en saludarla siempre   era bien acordado;
y no iría a la iglesia,   ni a otro mandado
sin que antes su nombre   no hubiera aclamado.

103 Decir no lo sabría   por qué causa o razón
(nosotros no sabemos   si se lo buscó o non)
dieron sus enemigos   asalto a este varón
y hubieron de matarlo,   déles Dios su perdón.

410 Los hombres de la villa,   y hasta sus compañeros,
que de lo que pasó   no estaban muy certeros,
afuera de la villa,   entre unos riberos
se fueron a enterrarlo,   mas no entre los diezmeros.

105 Pesóle a la Gloriosa   por este enterramiento,
porque yacía su siervo   fuera de su convento;
aparecióse a un clérigo   de buen entendimiento
y le dijo que hicieron   un yerro muy violento.

106 Ya hacía treinta días   que estaba soterrado:
en término tan luengo   podía ser dañado;
dijo Santa María: «Es gran desaguisado
que yazga mi notario   de aquí tan apartado.

107   Te mando que lo digas: di que mi cancelario
no merecía ser   echado del sagrario;
diles que no lo dejen   allí otro treintenario
y que con los demás   lo lleven al osario.»

108   Preguntóle el clérigo   que yacía adormentado:
«¿Quién eres tú que me hablas?   Dime quién me ha man-
[dado,
que cuando dé el mensaje,   me será demandado
quién es el querelloso,   o quién el soterrado».

109   Díjole la Gloriosa: «Yo soy Santa María,
madre de Jesucristo   que mamó leche mía;
el que habéis apartado   de vuestra compañía
por cancelario mío   con honra lo tenía.

110   El que habéis soterrado   lejos del cementerio
y a quien no habéis querido   hacerle ministerio
es quien me mueve a hacerte   todo este reguncerio:
si no lo cumples bien,   corres peligro serio.»

111   Lo que la dueña dijo   fue pronto ejecutado:
abrieron el sepulcro   como lo había ordenado
y vieron un milagro   no simple, y sí doblado;
este milagro doble   fue luego bien notado.

112   Salía de su boca,   muy hermosa, una flor,
de muy grande hermosura,   de muy fresco color,
henchía toda la plaza   con su sabroso olor,
que no sentían del cuerpo   ni un punto de hedor.

113   Le encontraron la lengua   tan fresca, y tan sana
como se ve la carne   de la hermosa manzana:
no la tenía más fresca   cuando a la meridiana
se sentaba él hablando   en medio la quintana.

114   Vieron que esto pasó   gracias a la Gloriosa,
porque otro no podría   hacer tamaña cosa:
trasladaron el cuerpo,   cantando *Speciosa*,
más cerca de la iglesia   a tumba más preciosa.

115   Todo hombre del mundo   hará gran cortesía
si hiciere su servicio   a la Virgo María:
mientras vivo estuviere,   verá placentería,
y salvará su alma   al postrimero día.

MILAGRO IV

[El premio de la Virgen]

116 De otro clérigo más   nos dice la escritura
que de Santa María   amaba la figura,
que siempre se inclinaba   delante su pintura
y tenía gran vergüenza   al ver su catadura.

117 Mucho amaba a su Hijo,   mucho la amaba a Ella,
tenía por sol al Hijo,   la Madre por estrella,
quería bien al Hijuelo   y mucho a la Doncella,
porque los servía poco   estaba en gran querella.

118 Aprendió cinco motes,   los cinco de alegría,
que hablan de los gozos   de la Virgo María:
decíaselos el clérigo   delante cada día,
tenía Ella con ellos   muy gran placentería.

119 «Gozo hayas, María,   que al Ángel creíste,
gozo hayas, María,   que virgen concebiste,
gozo hayas, María,   que a Cristo pariste,
la ley vieja cerraste,   y la nueva abriste.»

120 Cuantas fueron las llagas   que el Hijo sufrió
decía él tantos gozos   a la que Lo parió;
como fue bueno el clérigo,   y bien lo mereció,
tuvo galardón bueno,   buen grado recibió.

121 Por estos cinco gozos   debemos recordar
los sentidos del cuerpo   que nos hacen pecar:
el ver, con el oir,   el oler, el gustar,
el prender de las manos   que decimos tocar.

122   Si estos cinco gozos   que dichos os tenemos
      a la Madre gloriosa   bien se los ofrecemos,
      del yerro que por estos   sentidos cometemos
      por su santo rüego   gran perdón ganaremos.

123   Enfermó este clérigo   de tan fuerte manera
      que le querían los ojos   salir de la mollera;
      pensaba que ya había   cumplido su carrera
      y que se le acercaba   la hora postrimera.

124   Le apareció la Madre   del Rey celestïal,
      la que en misericordia   no tuvo nunca igual:
      «Amigo —dijo— sálvete   el Amo espiritual
      de cuya Madre fuiste   siempre amigo leal.

125   Esfuérzate, no temas,   no estés desanimado;
      sabe que ya serás   de este dolor curado;
      tente por Dios seguro   de tu cuita librado:
      ya lo dice tu pulso,   del todo mejorado.

126   Estándote yo cerca,   tú no tengas pavor;
      tente por mejorado   de todo tu dolor:
      recibí de ti siempre   buen servicio y honor,
      quiero darte ahora el precio   de toda tu labor.»

127   Bien se cuidaba el clérigo   del lecho levantar
      y volver por los campos   sobre sus pies a andar,
      pero hay gran diferencia   de saber a cuidar
      y fue de otra manera   todo esto a terminar.

128   Bien se cuidaba el clérigo   de la prisión salir,
      y con sus conocidos   deportar y reir,
      pero no pudo el alma   tal plazo recibir:
      desamparó el cuerpo,   tuvo de él que partir.

129   Tomóla la Gloriosa,   de los cielos reína,
      y la ahijada se fue   con la buena madrina;
      tomáronla los ángeles   con la gracia divina,
      la llevaron al cielo   donde el bien no termina.

130   La Madre glorïosa   lo que le prometió
      bendita sea Ella   que bien se lo cumplió:
      lo que decía Ella   él no se lo entendió,
      mas todo lo que dijo   verdadero salió.

131   Cuantos la voz oyeron   y vïeron la cosa
todos tuvieron que hizo   milagro la Gloriosa:
tuvieron que fue el clérigo   de ventura donosa,
glorificaban todos   a la Virgo preciosa.

MILAGRO V

[El pobre caritativo]

132   Érase un hombre pobre   —de limosnas vivía—
que de toda infurción   y renta carecía
fuera de su trabajo,   la vez que lo tenía,
y en bien pocos pepiones   su hacienda consistía.

133   Por ganar la Gloriosa   a la que mucho amaba,
partía con los pobres   todo cuanto ganaba;
en esto contendía   y en esto se esforzaba:
para obtener su gracia   su pobreza olvidaba.

134   Cuando hubo este pobre   de este mundo a pasar
la madre muy gloriosa   lo vino a convidar;
hablóle muy sabroso,   queríalo halagar,
oyeron su palabra   todos los del lugar:

135   «Tú mucho codiciaste   la nuestra compañía,
para ganarla empleaste   bien buena maestría:
partías tus limosnas,   decías «Ave María»;
por qué lo hacías todo   yo muy bien lo entendía.

136   Sábete que tu cosa   está bien recabada,
que es ésta en la que estamos   la postrera jornada.
El *Ite missa est*   cuenta que es cantada,
y ha llegado la hora   de cobrar tu soldada.

137   Hasta aquí me he venido   por llevarte conmigo
al reino de mi Hijo   —el que te es buen amigo—
do se ceban los ángeles   con el buen candeal trigo,
que las santas virtudes   se placerán contigo.»

138 Cuando hubo la Gloriosa   el sermón acabado
desamparó el alma   su cuerpo venturado;
la tomaron los ángeles,   convento tan honrado,
la llevaron al cielo,   el Señor sea loado.

139 Y todos los que habían   la voz antes oído
todos vieron entonces   cumplir lo prometido;
y a la Madre gloriosa,   por haberlo cumplido
cada cual por su lado   las gracias le ha rendido.

140 El que tal cosa oyese   sería mal venturado
si de Santa María   no fuese más pagado;
si no la honrase más   sería desmesurado:
el que de Ella se aparta   va muy mal engañado.

141 Aún más adelante   queremos aguijar:
una razón como ésta   no es para abandonar,
porque éstos son los árboles   do debemos holgar,
en cuya sombra suelen   las aves organar.

MILAGRO VI

[El ladrón devoto]

¹⁴²   Había un ladrón malo   que prefería hurtar
a ir a las iglesias   o a puentes levantar;
solía con lo hurtado   su casa gobernar,
tomó costumbre mala   que no podía dejar.

¹⁴³   Si otros males hacía,   esto no lo leemos;
sería mal condenarlo   por lo que no sabemos,
pero baste con esto   que ya dicho tenemos.
Si hizo otro mal, perdónelo   Cristo, en el que creemos.

¹⁴⁴   Entre todo lo malo   tenía una bondad
que al final le valió   y le dio salvedad:
creía en la Gloriosa   de toda voluntad,
y siempre saludaba   hacia su majestad.

¹⁴⁵   Decía «Ave María»   y más de la escritura,
y se inclinaba siempre   delante su figura;
decía «Ave María»   y más de la escritura,
tenía su voluntad   con esto más segura.

¹⁴⁶   Como aquél que mal anda   en mal ha de caer,
una vez con el hurto   lo hubieron de prender;
como ningún consejo   lo pudo defender
juzgaron que en la horca   lo debían poner.

¹⁴⁷   Lo llevó la justicia   para la encrucijada
donde estaba la horca   por el concejo alzada;
cerráronle los ojos   con toca bien atada,
alzáronlo de tierra   con la soga estirada.

148   Alzáronlo de tierra   cuando alzarlo quisieron,
cuantos estaban cerca   por muerto lo tuvieron:
mas si antes supiesen   lo que después supieron
nunca le hubieran hecho   todo lo que le hicieron.

149   La Madre glorïosa,   tan ducha en acorrer,
la que suele a sus siervos   en las cuitas valer,
a este condenado   quísolo proteger,
recordóse el servicio   que le solía hacer.

150   Puso bajo sus pies,   donde estaba colgado,
sus manos preciosísimas;   túvolo levantado:
no se sintió por cosa   ninguna embarazado,
ni estuvo más vicioso   nunca, ni más pagado.

151   Al fin al tercer día   vinieron los parientes,
vinieron los amigos   y vecinos clementes;
venían por descolgarlo   rascados y dolientes,
pero estaba mejor   de lo que creían las gentes.

152   Lo encontraron con alma   bien alegre y sin daño:
no estaría tan vicioso   si yaciera en un baño.
bajo los pies, decía   tenía tal escaño
que no habría mal ninguno   aunque colgara un año.

153   Cuando esto le entendieron   aquéllos que lo ahorcaron,
tuvieron que su lazo   flojo se lo dejaron;
mucho se arrepentían   que no lo degollaron:
¡tánto gozaran de eso   cuanto después gozaron!

154   Y estuvieron de acuerdo   toda esa mesnada
en que los engañó   una mala lazada,
que debían degollarlo   con hoz o con espada:
por un ladrón no fuera   la villa deshonrada.

155   Fueron por degollarlo   los mozos más livianos
con buenos serraniles,   grandes y bien adianos:
metió Santa María   entre medio las manos
y quedaron los cueros   de su garganta sanos.

156   Al ver que en modo alguno   lo podían nocir,
que la Madre gloriosa   lo quería encubrir,
tomaron su partido,   cesaron de insistir
y hasta que Dios quisiese   lo dejaron vivir.

157   Lo dejaron en paz   que siguiese su vía,
porque no querían ir   contra Santa María;
su vida mejoró,   se apartó de folía,
cuando cumplió su curso   murióse de su día.

158   A Madre tan piadosa,   de tal benignidad,
que en buenos como en malos   ejerce su piedad,
debemos bendecirla   de toda voluntad:
aquél que la bendijo   ganó gran heredad.

159   Las mañas de la Madre   y las del que parió
semejan bien calañas   a quien las conoció:
Él por buenos y malos,   por todos descendió;
Ella, si la rogaron,   a todos acorrió.

MILAGRO VII

[El monje y San Pedro]

160   En Colonia, la rica   cabeza de reinado,
había un monasterio,   de San Pedro llamado;
había en él un monje   asaz mal ordenado:
lo que dice la regla   no le daba cuidado.

161   Era de poco seso,   hacía mucha locura,
el que lo castigaran   lo tenía sin cura;
le aconteció en todo esto   muy gran desaventura:
parió una bagasa   de él una criatura.

162   Por salud de su cuerpo   y por vivir más sano
hacía de electuarios   uso muy cotidiano,
en invierno calientes   y fríos en verano;
debiera andar devoto,   pero andaba lozano.

163   Vivía en esta vida   en gran tribulación,
murió por sus pecados   en muy fiera ocasión,
ni tomó *Corpus Domini*   ni hizo confesión,
lleváronse los diablos   su alma a la prisión.

164   El apóstol San Pedro   tuvo de él compasión,
porque en su monasterio   hizo su profesión;
rogó a Jesucristo   con toda devoción
de su misericordia   que le diera ración.

165   Díjole Jesucristo: «Pedro mi muy amado,
bien sabes tú que dijo   David en su dictado
que sólo habría de holgar   en el monte sagrado
el que entró sin mancilla   y quito de pecado.

166   Éste por quien tú ruegas   doblada la rodilla,
ni obraba con justicia   ni vivió sin mancilla:
no honra a su convnto   esta tal gentecilla.
¿En qué merecer pudo   asentarse en tal silla?».

167   Suplicó a las virtudes   San Pedro celestiales
suplicaran al Padre   de los penitenciales
que quitasen a esté hombre   de los lazos mortales:
le dijeron palabras   a las otras iguales.

168   Volviose a la Gloriosa   Madre de Nuestro Don
y hacia las otras vírgenes   que de su casa son;
fueron ellas a Cristo   con gran suplicación,
por el alma del monje   hicieron oración.

169   Cuando Don Cristo vio   a su Madre Gloriosa
junto con sus amigas,   procesión tan preciosa,
salió a recibirlas   de manera graciosa:
¡el alma que lo viese   sería venturosa!

170   «Madre —dijo Don Cristo—   yo saberlo querría:
¿qué negocio acá os trae   con esta compañía?».
«Hijo —dijo la Madre—   yo a rogaros venía
por el alma de un monje   que en tal parte vivía.»

171   «Madre —díjole el Hijo—   no sería derechura
que el alma de tal hombre   entrara en tal holgura:
sería menoscabada   toda la Escritura;
pero por vuestro ruego   hallaremos mesura.

172   Quiero hacer todo esto   sólo por vuestro amor:
vuelva aún a su cuerpo,   del que fue morador,
haga su penitencia   como hace el pecador,
y así podrá salvarse   de manera mejor.»

173   Cuando San Pedro oyó   este dulce mandado,
cuando vio su negocio   tan bien enderezado,
volvióse hacia los diablos,   mal concejo enconado;
el alma que llevaban   cogiósela sin grado.

174   Diósela a dos niños   de muy gran claridad,
angélicas criaturas   de muy gran santidad:
diósela en encomienda   de toda voluntad
para llevarla al cuerpo   con gran seguridad.

175   Diéronsela los niños   a un fraile muy honrado
que había sido en la orden   desde su niñez criado;
llevóla él hasta el cuerpo   que yacía amortajado
y resucitó el monje,   el Señor sea loado.

176   Al alma de este monje   solicitó su guía
(el fraile, ese hombre bueno   de que antes os decía):
«Yo te ruego por Dios   y por Santa María
que tengas un clamor   tú por mí cada día.

177   Otra cosa te ruego,   y es que mi sepultura,
que está toda cubierta   por cima de basura,
tú me la hagas barrer   por tu buena mesura:
cúmplelo tú, así Dios   te dé buena ventura.»

178   Resucitó el monje,   el que estaba transido,
pero estuvo un día entero   por completo aturdido;
pero volvió al cabo   a todo su sentido
y refirió al convento   qué le había acontecido.

179   Rindieron a Dios gracias,   a la Virgo real
y al apóstol santísimo   clavero celestial,
que por salvar su monje   sufrió profazo tal,
que no fue este milagro   a cualquier otro igual.

180   No tenga nadie dudas   allá en su corazón,
no diga que esta cosa   bien pudo ser o non;
si pone en la Gloriosa   bien toda su intención
entenderá que esto   no va contra razón.

181   Como es la Gloriosa   llena de bendición
así es llena de gracia   y quita de dicción:
no le sería negada   ninguna petición,
no le diría tal Hijo   a tal Madre que non.

MILAGRO VIII

[El romero de Santiago]

182   Amigos y señores,   por Dios y caridad
oid otro milagro,   hermoso de verdad:
San Hugo lo escribió,   de Cluny fue abad,
y aconteció a un monje   de su comunidad.

183   Un fraile de su casa   Giraldo era llamado,
antes que fuese monje   no era muy enseñado,
de vez en vez hacía   locuras y pecado
como hombre soltero   que vive sin cuidado.

184   Vínole al corazón,   tal como estaba, un día,
al apóstol de España   irse de romería;
dispuso sus asuntos,   buscó su compañía,
y ajustaron el término   que tomarían su vía.

185   Cuando iban a salir,   hizo una enemiga:
no guardó penitencia   como la ley obliga,
en vez de hacer vigilia   se acostó con su amiga
y metióse en camino   con esta mala ortiga.

186   No había andado mucho   aún de la carrera
—apenas podía ser   la jornada tercera—
cuando tuvo un encuentro   por una carretera:
mostrábase por bueno,   y en verdad no lo era.

187   El enemigo antiguo   siempre fue gran traidor,
y es de toda enemiga   maestro sabedor;
a las veces semeja   un ángel del Criador
y es en vez diablo fino,   de mal sonsacador.

188   El falso transformóse   en ángel verdadero,
       parósele delante   en medio de un sendero:
       «Seas el bienvenido   —le dijo a este romero—;
       me pareces de veras   simple como un cordero.

189   Saliste de tu casa   por venir a la mía,
       cuando salir quisiste   hiciste una folía:
       piensas sin penitencia   cumplir tal romería;
       no te agradecerá   esto Santa María.»

190   «¿Y quién sois vos, señor?»   preguntóle el romero.
       Respondióle: «Santiago,   hijo de Zebedeo.
       Sábelo bien, amigo,   andas en devaneo;
       parece que no tienes   de salvarte deseo.»

191   Dijo entonces Giraldo: «Señor, ¿qué me mandáis?
       Yo quiero cumplir todo   aquello que digáis,
       porque veo que hice   grandes iniquidades,
       que no tomé el castigo   que dicen los abades.»

192   Dijo el falso Santiago: «Éste es el juïcio:
       que te cortes los miembros   que hacen el fornicio;
       así que te degüelles   harás a Dios servicio,
       que de tu carne misma   le harás tú sacrificio.»

193   Creyólo el infeliz,   loco desconsejado:
       sacó su cuchillejo   que tenía amolado,
       cortó sus genitales   el malaventurado,
       así se degolló,   murió descomulgado.

194   Cuando sus compañeros,   los que con él salieron,
       llegaron a Giraldo   y en tal forma lo vieron,
       la más pesada cuita   de su vida sintieron,
       mas cómo pasó esto   pensar no lo pudieron.

195   Veían que por ladrones   no estaba degollado,
       pues nada le faltaba,   nada le habían robado;
       tampoco ningún hombre   lo había desafiado;
       no sabían de qué modo   quedaba ocasionado.

196   Huyeron luego todos,   todos desparramados,
       porque temían ser   de esta muerte acusados;
       aunque eran inocentes,   podían ser culpados
       y por ventura ser   prendidos y achacados.

197   El que le dio el consejo   con sus atenedores,
los grandes y los chicos,   menudos y mayores,
a su alma trabaron   esos falsos traidores,
y llevábanla al fuego,   a los malos sudores.

198   Y mientras la llevaban,   no de buena manera,
Santïago los vio,   cúyo el romero era,
salióles a gran prisa   por aquella carrera,
se les paró delante   por la faz delantera.

199   «Dejad —dijo—, malillos,   la presa que lleváis,
porque no os pertenece   tanto como pensáis;
tratadla con cuidado   y fuerza no le hagáis,
que no podréis con ella,   aunque bien lo queráis.»

200   Respondióle un dïablo,   parósele rehacio:
«Iago, ¿quieres que hagamos   de ti todos escarnio?
¿a la razón derecha   quieres tú ser contrario?
Traes mala cubierta   bajo el escapulario.

201   Giraldo hizo enemiga,   matóse con su mano;
tendrá que ser juzgado   de Judas por hermano.
Bajo todas las luces   es nuestro parroquiano:
Iago, contra nosotros   no quieras ser villano.»

202   Le repuso Santiago: «Don traidor palabrero,
no os puede vuestra parla   valer un mal dinero:
que trayendo mi voz   como falso vocero
diste consejo malo,   mataste a mi romero.

203   Si no le hubieses dicho   que tú Santiago eras,
si tú no le mostraras   por señas mis veneras,
no dañara su cuerpo   con sus mismas tijeras
ni yacería cual yace   por esas carreteras.

204   Mucho me encoleriza   vuestra mala partida,
y mirar por vosotros   mi forma escarnecida.
Matasteis mi romero   con mentira sabida,
y ahora veo además   su alma mal traída.

205   Os emplazo ante el juicio   de la Virgo María,
ante ella me clamo   en esta pleitesía.
Yo de otra manera   no os abandonaría,
pues veo que traéis   muy gran alevosía.»

206 Propusieron sus voces   ante la Glorïosa,
cada parte afincó   claramente la cosa.
Las razones oyó   la Reína preciosa,
terminó la baraja   de manera sabrosa:

207 El engaño sufrido   provecho debía hacer,
que el romero a Santiago   cuidaba obedecer
creyendo que por eso   en salvo debía ser;
pero el engañador   lo debía padecer.

208 Dijo Ella: «Yo esto mando   y doylo por sentencia:
el alma por la cual   sostenéis la pendencia
ha de volver al cuerpo   y hacer su penitencia;
luego como merezca   recibirá la audiencia.»

209 Valió esta sentencia,   fue de Dios otorgada;
aquella alma mezquina   al cuerpo fue tornada;
aunque le pesó el diablo   y a toda su mesnada,
el alma fue a tornar   a la vieja posada.

210 Levantóse el cuerpo   que yacía trastornado,
limpiábase la cara   Giraldo el degollado:
estúvose un momento   medio desconcertado,
como el hombre que duerme   y despierta enojado.

211 De la llaga que tuvo   de la degolladura
apenas parecía   la sobresanadura:
perdió todo color   y toda calentura;
todos decían: «Este hombre   fue de buena ventura.»

212 De todo lo otro estaba   bien sano y mejorado,
fuera de un hilito   que tenía atravesado;
mas lo de la natura,   cuanto que fue cortado,
no le volvió a crecer,   y quedó en ese estado.

213 Todo estaba bien sano,   todo bien encorado;
para verter sus aguas   le quedaba el forado.
Requirió su repuesto,   lo que traía enfardado,
pensó en seguir su vía   bien alegre y pagado.

214 Rindió gracias a Dios   y a su madre María,
y al apóstol tan santo   do va la romería;
se apresuró a marchar,   se unió a su compañía,
tenían con el milagro   su solaz cada día.

215   Sonó por Compostela   esta gran maravilla,
lo venían a ver   todos los de la villa;
decían: «Esta cosa   debríamos escribirla:
a los que han de venir   les placerá el oirla.»

216   Cuando volvió a su tierra,   su carrera cumplida,
y le oyeron la cosa   cómo era acontecida,
tenía grandes clamores   la gente, era movida
para ver a este Lázaro   dado de muerte a vida.

217   Y paró en su negocio   este romero mientes,
cómo lo quitó Dios   de los malditos dientes,
y desamparó al mundo,   a amigos y parientes,
por vestir en Cluny   hábitos penitentes.

218   Don Hugo, hombre bueno,   que era de Cluny abad,
varón muy religioso   y de gran santidad,
contaba este milagro   que aconteció en verdad;
poniéndolo en escrito   hizo gran honestad.

219   Giraldo finó en la orden,   vida muy buena haciendo,
con dichos y con hechos   a su Criador sirviendo,
en bien perseverando,   del mal arrepintiendo;
el enemigo malo   de él no se fue riendo.

MILAGRO IX

[El clérigo ignorante]

220   Érase un simple clérigo   que instrucción no tenía,
la misa de la Virgen   todos los días decía;
no sabía decir otra,   decía ésta cada día:
más la sabía por uso   que por sabiduría.

221   Fue este misacantano   al obispo acusado
de ser idiota, y ser   mal clérigo probado,
al *Salve Sancta Parens*   tan sólo acostumbrado,
sin saber otra misa   ese torpe embargado.

222   El obispo fue dura   mente movido a saña;
decía: «De un sacerdote   nunca oí tal hazaña.»
Dijo: «Decid al hijo   de la mala putaña
que ante mí se presente,   no se excuse con maña.»

223   Ante el obispo vino   el preste pecador;
había con el gran miedo   perdido su color;
no podía, de vergüenza,   catar a su señor:
nunca pasó el mezquino   por tan duro sudor.

224   El obispo le dijo: «Preste, di la verdad,
dime si como dicen   es tal tu necedad.»
El buen hombre le dijo: «Señor, por caridad,
si dijese que no,   diría falsedad.»

225   El obispo le dijo: «Ya que no tienes ciencia
de cantar otras misas,   ni sentido o potencia,
te prohíbo que cantes,   y te doy por sentencia:
por el medio que puedas   busca tu subsistencia.»

226   El clérigo salió   triste y desconsolado;
tenía gran vergüenza   y daño muy granado.
Volvióse a la Gloriosa   lloroso y aquejado,
que le diese consejo,   porque estaba aterrado.

227   La Madre pïadosa   que nunca falleció
a quien de corazón   a sus plantas cayó,
el ruego de su clérigo   luego se lo escuchó,
sin ninguna tardanza   luego lo socorrió.

228   La virgo Glorïosa,   que es Madre sin dicción,
apareció al obispo   en seguida en visión;
díjole fuertes dichos,   en un bravo sermón,
y descubrióle en él   todo su corazón.

229   Díjole embravecida: «Don obispo lozano,
contra mí, ¿por qué fuiste   tan fuerte y tan villano?
Yo nunca te quité   por el valor de un grano,
y tú a mi capellán   me sacas de la mano.

230   Porque a mí me cantaba   la misa cada día
pensaste que caía   en yerro de herejía,
lo tuviste por bestia   y cabeza vacía,
quitástele la orden   de la capellanía.

231   Si tú no le mandares   decir la misa mía
como solía decirla,   gran querella tendría,
y tú serás finado   en el treinteno día:
¡ya verás lo que vale   la saña de María!»

232   Fue con esta amenaza   el obispo espantado,
y mandó luego enviar   por el preste vedado;
le pidió su perdón   por lo que había errado,
porque en su pleito fue   duramente engañado.

233   Mandóle que cantase   como solía cantar,
y que de la Gloriosa   fuese siervo en su altar:
y si algo le menguase   en vestir o en calzar,
él de lo suyo propio   se lo mandaría dar.

234   Volvióse el hombre bueno   a su capellanía
y sirvió a la Gloriosa   Madre Santa María;
en su oficio finó   de fin cual yo querría,
y fue su alma a la gloria,   tan dulce cofradía.

235 Aunque por largos años   pudiésemos durar
e infinitos milagros   escribir y rezar,
ni la décima parte   podríamos contar
de los que por la Virgen   Dios se digna mostrar.

MILAGRO X

[Los dos hermanos]

²³⁶   En la villa de Roma,   esa noble ciudad
que es maestra y señora   de toda cristiandad,
había dos hermanos   de gran autoridad;
era ciérigo el uno,   y el otro potestad.

²³⁷   Pedro decían al clérigo,   tenía nombre tal,
varón instruido y noble,   del papa cardenal,
pero que entre sus mañas   tenía una sin sal:
tenía gran avaricia   que es pecado mortal.

²³⁸   Esteban era el nombre   que tenía el otro hermano;
entre los senadores   no lo había más lozano;
era muy poderoso   en el pueblo romano;
tenía en *prendo prendis*   muy bien hecha la mano.

²³⁹   Era muy codicioso,   mucho quería prender,
falseaba los juicios   por mejorar su haber,
tollía a todo el mundo   lo que podía toller,
más preciaba el dinero   que justicia tener.

²⁴⁰   Con muchos juicios falsos   que echó de paladares
a San Lorenzo el mártir   le quitó tres casares,
y perdió Santa Inés   por él buenos lugares
y un huerto que valía   de sueldos muchos pares.

²⁴¹   Murióse el cardenal   don Pedro el honrado
y se fue al purgatorio   como lo había ganado;
antes de pocos días   fue Esteban finado,
y atendía tal juicio   como los que había dado.

242   San Lorenzo lo vio,   católo feamente,
    apretólo en el brazo   tres veces duramente;
    quejóse don Esteban   bien adentro del vientre:
    no oprimieran tenazas   de hierro más cruelmente.

243   Y lo vio Santa Inés,   a quien él quitó el huerto;
    le volvió las espaldas   y le dio rostro tuerto.
    Entonces dijo Esteban: «Mala seña es por cierto;
    toda nuestra ganancia   nos salió por mal puerto.»

244   Y Dios Nuestro Señor,   alcalde derechero,
    al que no se le encubre   bodega ni cillero,
    dijo que fue este hombre   pésimo ballestero:
    «Cegó a muchos hombres,   no a uno señero,

245   desheredó a muchos   por mala vocería,
    siempre por sus pecados   tramaba alevosía
    y no merece entrar   en nuestra compañía:
    vaya a yacer con Judas   a aquella enfermería.»

246   Tomáronlo con lazos   los guerreros antigos,
    los que siempre nos fueron   mortales enemigos;
    dábanle por pitanza   no manzanas ni higos,
    sino vinagre y humo,   heridas y pelcigos.

247   Esteban vio a su hermano   con otros pecadores
    donde estaba el mezquino   en muy malos sudores:
    daba voces y gritos,   lágrimas y clamores,
    tenía gran abundancia   de malos servidores.

249   Ya a su alma habían llevado   cerca de la posada
    do nunca vería cosa   de que fuese pagada:
    no vería sol, ni luna,   ni la buena rociada,
    y quedaría en tiniebla,   como emparedada.

248   Dijo: «Decidme, hermano,   yo saberlo quisiera:
    ¿por qué culpas estáis   en condena tan fiera?
    Porque si Dios lo quiere,   y yo hacerlo pudiera,
    os buscaría socorro   del modo que supiera.»

250   Dijo Pedro: «En la vida   traje gran avaricia,
    túvela por amiga   a vueltas con codicia;
    por eso ahora estoy puesto   en tan mala tristicia:
    quien tal hace tal pague,   esto es fuero y justicia.

251   Pero si el Apostóligo,   junto a su clerecía,
      cantase por mí misa   tan solamente un día,
      confío en la gloriosa   Madre Santa María
      que me daría Dios luego   alguna mejoría.»

252   Este varón Esteban   de quien hablamos tanto,
      aunque muchas maldades   traía bajo el manto,
      tenía una bondad,   y era que amaba a un santo,
      tanto, que no podríamos   mostrar nosotros cuánto.

253   Amaba a San Proyecto,   mártir de gran valor;
      guardaba bien su fiesta   como a muy buen señor:
      le hacía rico oficio,   y también gran honor
      con limosnas y clérigos   cuanto podía mejor.

254   Y a Lorenzo y a Inés,   aunque muy despechados,
      porque fueron por él   antes desheredados,
      moviólos la piedad,   quedaron amansados,
      y ambos cataron más   a Dios que a sus pecados.

255   Fueron hacia Proyecto,   de quien fuera rendido,
      dijéronle: «Proyecto,   no te estés adormido:
      piensa un poco en tu Esteban,   que anda escarnecido,
      dale su galardón   porque te hubo servido.»

256   Fue él ante la Gloriosa   que luce más que estrella,
      movióla con gran ruego,   fuese ante Dios con Ella,
      rogaron por esta alma   que traían a pella,
      que no fuese juzgada   de acuerdo a su querella.

257   A este ruego repuso   nuestro Dios y Señor:
      «A hacerle tanta gracia   me mueve vuestro amor:
      vuelva de nuevo el alma   al cuerpo pecador,
      luego como merezca   recibirá el honor.

258   Le serán concedidos   de plazo treinta días
      que pueda mejorar   todas sus malfetrías;
      y Yo se lo aseguro,   por las palabras mías,
      que serán rematadas   todas sus fechorías.»

259   Rindieron gracias muchas   a Dios los rogadores
      porque siempre se apiada   de nos los pecadores,
      pues libró a esta alma   de mano de traidores
      que de los fieles son   malos engañadores.

260   Cuando así lo entendió   esa gente endiablada,
       apartóse del alma   que ya tenían ligada;
       tomóla San Proyecto   que la tenía ganada,
       y la guió a su cuerpo,   al que era su posada.

261   Díjole la Gloriosa   Madre del Criador:
       «Esteban, rinde gracias   a Dios, tan buen Señor,
       que tal gracia te ha hecho   que no podría mayor;
       si del mal no te guardas   caerás en peor.

262   Esteban, un consejo   aún te quiero dar;
       Esteban, es consejo   que tú debes tomar:
       mándote cada día   un salmo recitar,
       Beati inmaculati,   bien bueno de rezar.

263   Si tú cada mañana   este salmo rezares
       y a más a las iglesias   los tuertos enmendares,
       tu alma ganará   gloria cuando finares,
       evitarás las penas   y los graves lugares.»

264   Resucitó Esteban   ¡loado sea Jesucristo!
       y al papa refirió   todo cuanto había visto,
       lo que le dijo Pedro,   ese hermano bienquisto
       que yacía en gran pena   como lo había entrevisto.

265   Y le mostraba el brazo   que tenía amoratado
       desde que San Lorenzo   se lo había apretado;
       pedía por gracia al papa   con el cuerpo postrado
       que cantase la misa   por Pedro el lacerado.

266   Para que lo creyeran,   para ser bien creído,
       les dijo que a los treinta   días sería transido.
       Dijeron todos: «Éste   es signo conocido;
       si dice o no verdad   pronto será entendido.»

267   Entregó ricamente   a los desheredados,
       a los que hizo injusticia   los dejó bien pagados;
       se confesó al preste   de todos sus pecados,
       de cuantos tenía hechos,   y dichos, y pensados.

268   Ya se acercaba el fin   de las cuatro semanas,
       hasta los treinta días   había pocas mañanas;
       despidiose Esteban   de las gentes romanas,
       sabía que las palabras   de Dios no serían vanas.

269 En el día treinteno   hizo su confesión,
recibió *Corpus Domini*   con toda devoción,
echóse sobre el lecho,   hizo su oración,
rindió a Dios el alma,   finó con bendición.

MILAGRO XI

[El labrador avaro]

270   Érase en una tierra   un hombre labrador
que usaba de la reja   más que de otra labor;
más amaba la tierra   que no a su Criador,
y de muchas maneras   era revolvedor.

271   Hacía una enemiga   bien sucia de verdad:
cambiaba los mojones   por ganar heredad;
hacía en todas formas   tuertos y falsedad,
tenía mal testimonio   entre su vecindad.

272   Aunque malo, quería   bien a Santa María,
oía sus milagros   muy bien los acogía;
saludábala siempre,   decíale cada día:
«*Ave gratia plena*   que pariste al Mesías.»

273   Finó el arrastrapajas   de tierras bien cargado,
de los diablos fue luego   en soga cautivado;
lo arrastraban con cuerdas,   de coces bien sobado,
le pechaban al doble   el pan que dio mudado.

274   Doliéronse los ángeles   de esta alma mezquina
por cuanto la llevaban   los diablos en rapina;
quisieron acorrerla,   ganarla por vecina,
mas para hacer tal pasta   menguábales harina.

275   Si les decían los ángeles   de bien una razón,
ciento decían los otros   malas, que buenas non;
los malos a los buenos   tenían en un rincón,
la alma por sus pecados   no salía de prisión.

276   Levantándose, un ángel   dijo: «Yo soy testigo,
verdad es, no mentira,   esto que ahora os digo:
el cuerpo que traía   esta alma consigo
fue de Santa María   buen vasallo y amigo.

277   Siempre la mencionaba   al yantar y a la cena,
decíale tres palabras: *Ave, gratia plena.*
Boca por que salía   tan santa cantilena
no merecía yacer   en tan mala cadena.»

278   Luego que este nombre   de la Santa Reína
oyeron los demonios,   salieron tan aína,
derramáronse todos   como una neblina,
desampararon todos   a esa alma mezquina.

279   Los ángeles la vieron   quedar desamparada,
de manos y de pies   con sogas bien atada,
estaba como oveja   cuando yace enzarzada:
fueron y la llevaron   junto con su majada.

280   Nombre tan adonado,   lleno de virtud tanta,
y que a los enemigos   los seguda y espanta,
no nos debe doler   ni lengua ni garganta
que no digamos todos: *Salve, Regina sancta.*

MILAGRO XII

[El prior y el sacristán]

281 En una villa buena, la que llaman Pavía,
ciudad de gran riqueza que yace en Lombardía,
un convento muy bueno adentro de ella había,
lleno de buenos hombres, muy santa compañía.

282 El monasterio había sido alzado en honor
del que salvó al mundo, Señor San Salvador;
había por aventura dentro de él un prior
que no quería vivir sinón a su sabor.

283 Tenía el hombre bueno la lengua muy errada,
decía mucha horrura por la regla vedada;
no llevaba una vida demasiado ordenada,
pero decía sus horas de manera templada.

284 Tenía una costumbre que le fue de provecho:
decía todas sus horas como monje derecho,
a las de la Gloriosa estaba siempre erecho,
y el demonio tenía por ello gran despecho.

285 Pero aunque semejaba en otras cosas boto
y, como lo dijimos, era muy boquirroto,
en amar a la Virgen era siempre devoto
y decía su oficio de *suo corde toto*.

286 Vino, cuando Dios quiso, este prior a finar,
y cayó en un exilio en áspero lugar.
Ningún hombre os podría el lacerio contar
que el prior llevaba allí, ni lo podría pensar.

287   Había un sacristán   dentro de esa abadía
       que guardaba las cosas   de la sacristanía:
       Huberto se llamaba,   cuerdo era, y sin folía;
       el convento por él   no menos, más valía.

288   Antes de los maitines,   y muy de madrugada,
       se alzó este monje para   rezar su matinada,
       tañer a los maitines,   despertar la mesnada,
       aderezar las lámparas,   alumbrar la posada.

289   El prïor de la casa,   más arriba mentado,
       se había cumplido un año   desde que había finado,
       pero su pleito fue   al cabo renovado
       como lo estaba el día   en que fue soterrado.

290   El monje de la casa,   el que sacristán era,
       antes que le tocase   tañer la monedera
       alimpiaba las lámparas   por tener más lumbrera,
       cuando se espantó mucho   por extraña manera.

291   Oyó una voz de hombre,   muy flaquilla y cansada;
       decía: «Fray Huberto»   no sola una vegada.
       Reconocióla Huberto,   y no dudó ya nada
       que la voz del prior era;   tomó gran espantada.

292   Salióse de la iglesia,   fuése a la enfermería;
       no llevaba de miedo   la voluntad vacía:
       no iría tan aprisa   yendo de romería;
       don Bildur lo llevaba   ¡por la cabeza mía!

293   Estando de tal guisa   fuera de su sentido
       oyó: «Huberto, Huberto,   ¿por qué no has respondido?
       Cata no tengas miedo,   que el color has perdido;
       trata de responderme,   pregunta lo que pido.»

294   Entonces dijo Huberto: «Prior, a fe que debéis,
       quiero que cómo estáis   al punto me contéis,
       porque sepa el cabildo   de qué manera os veis,
       cuál estado esperáis   y qué estado tenéis.»

295   Dijo entonces el prior: «Huberto, mi buen criado,
       sábete que hasta aquí   malo ha sido mi estado,
       que caía en un exilio   muy crudo y destemplado,
       y de esta tierra el príncipe   Esmirna era llamado.

296   Sufrí mucho tormento,   pasé mucho mal día,
todo el mal que he pasado   contar no te podría,
mas hubo de pasar   por ahí Santa María,
tuvo pesar y duelo   del mal que yo sufría.

297   Tomóme por la mano,   y llevóme consigo,
a un lugar me llevó   que es templado y abrigo,
sacóme del apremio   del mortal enemigo
y me puso en lugar   do vivo sin peligro.

298   Gracias a la Gloriosa   la que es de gracia llena,
fuera estoy de tormento,   he salido de pena;
caí en dulce vergel,   cabe dulce colmena,
do nunca veré mengua   de yantar ni de cena.»

299   Calló la voz; con tanto,   se despertó el convento,
se fueron a la iglesia   todos con buen contento,
dijeron los maitines,   hicieron cumplimiento,
de modo que podría   Dios tener pagamiento.

300   Cantados los maitines,   esclareció el día,
dijeron luego prima,   después la letanía,
fueron a su capítulo   la santa compañía,
según es la costumbre   y regla de monjía.

301   En capítulo estando,   leída la lección,
hizo el buen sacristán   su genuflexïón,
narróles al convento   toda su visïón,
llorando de los ojos   con muy justa razón.

302   Rindieron todos gracias   a la Madre gloriosa
que sobre sus vasallos   es siempre tan piadosa;
se fueron a la iglesia   cantando rica prosa,
hicieron en escrito   poner toda la cosa.

303   De allí a poco de tiempo   murió Huberto, ese hermano;
murió de fin cual dé   Dios a todo cristiano;
salió de mal invierno,   entróse en buen verano,
fue para el Paraíso   do será siempre sano.

304   Esto es *summum bonum,*   servir a tal Señora
que bien sabe a sus siervos   acorrer en tal hora:
esta es buena tienda,   esta es buena pastora
que vale a todo el que   de corazón la ora.

305 Todos cuantos oyeron   esta tal visïón
cogieron en sus almas   mayor devoción
en honrar a la Virgen   con mejor corazón,
y en aclamarse a Ella   en la tribulación.

MILAGRO XIII

[El nuevo obispo]

306   En la misma ciudad   había un buen cristiano,
tenía nombre Jerónimo,   era misacantano,
hacía a la Gloriosa   servicio cotidiano
los días y las noches,   en invierno y verano.

307   Vino por aventura   el obispo a finar,
no se podían por nada   sobre el nuevo acordar;
tuvieron triduano,   querían a Dios rogar
para que Él les mostrase   a quién debían nombrar.

308   A un hombre católico   y bien de religión
hablóle la Gloriosa   y le dijo en visión:
«Varón, ¿por qué seguís   en esta disensión?
En mi creendero debe   recaer la elección.»

309   Díjole el hombre bueno   para estar bien certero:
«¿Quién eres tú que me hablas,   y quién el creendero?»
«Yo soy —le dijo Ella—   la Madre de Dios vero;
Jerónimo le dicen   al que es mi clavero.

310   Sé tú mi mensajero   y lleva este mandado:
Yo te mando que sea   al punto ejecutado.
Si ál hace el cabildo,   será mal engañado,
y no será mi Hijo   de su hecho pagado.»

311   Él lo dijo, y creyéronlo   esto los electores;
de quién fuese Jerónimo   no eran sabedores;
metieron por la villa   hombres barruntadores:
darían buena albricia   a los demostradores.

312   Hallaron a Jerónimo,   preste era parroquial,
hombre sin grandes nuevas,   sabía poco de mal;
de la mano lleváronlo   a la seo catedral,
diéronle por pitanza   la silla obispal.

313   Y siguiendo el mensaje   que dio Santa María
lo nombraron obispo   y señor de Pavía;
tuvieron de esto todos   gran sabor y alegría,
que veían que la cosa   venía por buena vía.

314   Fue un obispo muy bueno   y pastor derechero,
león para los bravos,   con los mansos cordero;
guiaba bien su grey,   no como soldadero,
mas como pastor firme,   el que está bien facero.

315   Guióle sus asuntos   Dïos, Nuestro Señor,
tuvo buena la vida,   y el fin mucho mejor:
al salir de este mundo   fue al otro mayor,
guiólo la Gloriosa   Madre del Crïador.

316   Madre que es tan piadosa   sea siempre alabada,
sea siempre bendita,   sea siempre adorada,
pues pone a sus amigos   en honra tan granada
y su misericordia   no sería comparada.

MILAGRO XIV

[La imagen respetada]

317 San Miguel de la Tumba   es un gran monasterio;
el mar lo cerca todo,   y él yace allí en el medio:
es lugar peligroso,   do sufren gran lacerio
los monjes que allí viven   en ese cementerio.

318 En este monasterio   que tenemos nombrado
había de buenos monjes   buen convento probado,
altar de la Gloriosa   muy rico y muy honrado,
y en él imagen rica   de precio muy granado.

319 Estábase la imagen   en su trono sentada,
con su Hijo en sus brazos,   —cosa es acostumbrada—,
de reyes en redor   muy bien acompañada,
como rica Reína   de Dios santificada.

320 Tenía rica corona   como rica Reína,
por encima una impla   en lugar de cortina;
bien estaba entallada   de una labor muy fina:
valía más aquel pueblo   que la tenía vecina.

321 Colgábale delante   un buen aventadero:
en lenguaje seglar   le dicen moscadero;
de alas de pavones   lo fabricó el obrero:
lucía como estrellas,   semejante al lucero.

322 Cayó un rayo del cielo   por los graves pecados
y la iglesia incendió   por los cuatro costados;
quemó todos los libros   y los paños sagrados,
y por poco los monjes   no murieron quemados.

323   Ardieron los armarios   y todos los frontales,
las vigas, las gateras,   los cabrios, los cumbrales;
ardieron las ampollas,   cálices y ciriales:
sufrió Dios esta cosa   como sufre otras tales.

324   Y a pesar que fue el fuego   tan fuerte y tan quemante,
ni llegó a la dueña,   ni llegó al infante,
ni llegó al flabelo   que colgaba delante,
ni le hizo de daño   un dinero pesante.

325   Ni se quemó la imagen,   ni se quemó el flabelo,
ni recibieron daño   por el valor de un pelo;
ni solamente el humo   osó llegar ante ello
ni dañó más que daño   yo al obispo don Tello.

326   *Continens et contentum*   fue todo estragado,
todo se hizo carbón   y fue todo asolado,
mas en torno a la imagen   cuanto abarca un estado
el fuego no hizo mal,   porque no era osado.

327   Fue fiera maravilla   que no le hicieran mella,
que ni el humo ni el fuego   llegaran hasta ella:
el flabelo colgaba   más claro que una estrella,
el Niño estaba hermoso,   y hermosa la Doncella.

328   El precioso milagro   no cayó en el olvido,
fue luego bien dictado   y en escrito metido;
mientras el mundo sea   ha de ser referido:
algún malo, por él,   al bien fue convertido.

329   La Virgo benedicta,   Reína general,
como libró a su toca   de este fuego tal,
así libra a sus siervos   del fuego perennal,
y los lleva a la gloria   do nunca vean mal.

MILAGRO XV

[La boda y la Virgen]

330 En la ciudad de Pisa,   ciudad bien cabecera
que en puerto de mar yace,   rica de gran manera,
un canónigo había   de muy buena alcavera:
llamaban San Casiano   donde él canónigo era.

331 Como lo hicieron otros·   de que arriba contamos,
que de Santa María   fueron los capellanos,
éste la amaba mucho   más que muchos cristianos,
y le hacía servicio   con sus pies y sus manos.

332 No usaba en ese tiempo   aún la clerecía
recitarte las horas   a ti, Virgo María,
pero él las decía   siempre, a cada día,
de ello tenía la Virgen   gran sabor y alegría.

333 Sus parientes tenían   este hijo señero;
cuando ellos finasen   sería buen heredero:
dejábanle de mueble   asaz rico cillero,
que tenían casamiento   bastante deseadero.

334 · Cuando el padre y la madre   fueron ambos finados,
vinieron los parientes   tristes y desolados:
decíanle que casara   y tuviera hijos criados,
que no quedasen yermos   lugares tan preciados.

335 Cambióse de propósito,   dejó el que antes tenía,
cedió a la ley del siglo,   y dijo que lo haría.
Buscáronle la esposa   tal cual le convenía,
y fijaron el día   que las bodas haría.

336   Cuandó llegó el día   de las bodas correr
      iba con sus parientes   a buscar su mujer;
      ahora a la Gloriosa   no podía atender
      como bien lo solía   en otro tiempo hacer.

337   Yendo por el camino   a cumplir su concierto
      se acordó de la Virgen   a quien hacía este tuerto;
      se tuvo por errado   y se tuvo por muerto,
      y pensó que esta cosa   llegaría a mal puerto.

338   Pensando en esta cosa   de corazón cambiado,
      encontró una iglesia,   lugar a Dios sagrado;
      dejó las otras gentes   fuera del portegado
      y entró a hacer oración el novio refrescado.

339   Entróse de la iglesia   al último rincón,
      inclinó sus hinojos,   hacía su oración;
      vino a él la Gloriosa   plena de bendición,
      y como con gran saña   díjole esta razón:

340   «Don bobo, desgraciado, torpe y enloquecido,
      ¿en qué ruidos te andas, y en qué cosa has caído?
      Pareces herbolado   que has las hierbas bebido
      y que eres del báculo   de San Martín tañido.

341   Asaz eras barón   bien casado conmigo,
      yo mucho te quería   como a buen amigo;
      pero tú andas buscando   mejor que pan de trigo:
      no valdrás más, por eso, de cuanto vale un higo.

342   Si tú a mí me quisieras   creer bien y escuchar,
      de la vida primera   no te habrías de apartar,
      y no me dejarías   para otra tomar:
      si no, la leña a cuestas la tendrás que llevar.»

343   Salióse de la iglesia   ese novio maestrado;
      todos se querellaban   porque había tardado.
      Siguieron adelante   a concluir su mandado
      y fue todo el negocio   aína recabado.

344   Hicieron ricas bodas,   la esposa ya ganada
      —sería gran afrenta   si fuera desdeñada—.
      Con este novio estaba   la novia bien pagada,
      pero ella no entendía   do yacía la celada.

³⁴⁵ Supo encubrirse bien   el sesudo varón,
la lengua puridad   le guardó al corazón.
Reía y divertíase,   como era de razón,
pero lo había abrasado   por dentro la visión.

³⁴⁶ Tuvieron ricas bodas   y muy gran alegría,
como nunca mayor   tuvieron en un día.
Pero echó la remanga   por ahí Santa María,
y aunque en sequero, hizo   una gran pesquería.

³⁴⁷ Cuando vino a la noche   la hora de reposar,
hicieron a los novios   lecho en que descansar;
antes de que pudieran   ningún solaz tomar,
los brazos de la novia   no tenían qué apretar.

³⁴⁸ Saliósele de manos,   huyósele el marido,
nunca saber pudieron   adónde hubo caído;
súpolo la Gloriosa   tener bien escondido
y no consintió Ella   que fuese corrompido.

³⁴⁹ Dejó mujer hermosa   y muy gran posesión,
lo que harían bien pocos   de los que ahora son;
nunca entender pudieron   adónde cayó o non:
quien por Dios tanto hace,   tenga Su bendición.

³⁵⁰ Creemos y pensamos   que este buen barón
buscó algún buen lugar   de grande religión
y estuvo allí escondido,   viviendo en oración,
por donde ganó su alma   de Dios buen galardón.

³⁵¹ Bien debemos creer   que la Madre Gloriosa,
por quien hizo este hombre   esta tamaña cosa,
no sabría olvidarlo,   siendo como es piadosa,
y bien lo haría posar   allá donde Ella posa.

MILAGRO XVI

[El niño judío]

352 En la ciudad de Borges,   una ciudad extraña,
acaeció en otro tiempo   una buena hazaña:
en Francia fue sonada,   también en Alemania,
y es de otros milagros   semejante y calaña.

353 Un monje la escribió,   hombre bien verdadero,
que era en San Miguel   de la Clusa claustrero:
en aquel tiempo era   en Borges hostalero;
Pedro era su nombre,   de ello estoy bien certero.

354 Tenía en esa villa,   como era menester,
un clérigo una escuela   de cantar y leer:
tenía muchos criados   que iban a aprender,
hijos de buenos hombres   que querían más valer.

355 Venía un judihuelo   natural del lugar
por sabor de los niños,   con ellos por jugar;
acogíanlo los otros,   no le daban pesar,
tenían con él todos   sabor de deportar.

356 El domingo de Pascua,   temprano de mañana,
que toma *Corpus Domini*   toda la grey cristiana,
tomóle al judihuelo   de comulgar gran gana:
comulgó con los otros   el cordero sin lana.

357 Y mientras comulgaban   con muy grande presura,
el niño judihuelo   alzó la catadura
y vio sobre el altar   una bella figura,
una dueña muy bella   con muy gentil criatura.

358   Y vio que aquella dueña   que allí sentada estaba
a los grandes y chicos   ella los comulgaba;
pagóse de ella mucho: cuanto más la cataba
de su hermosura tanto   más él se enamoraba.

359   Salióse de la iglesia   muy alegre y pagado,
fuese luego a su casa   como tenía vezado;
lo amenazó su padre   porque había tardado,
que era merecedor   de ser bien fustigado.

360   «Padre —le dijo el niño—   yo no os negaré nada,
que con los cristianillos   salí de madrugada,
con ellos oí misa   ricamente cantada,
y comulgué con ellos   de la hostia sagrada.»

361   Pesóle de esto tanto   al malaventurado
como si lo tuviera   o muerto o degollado:
no sabía con la ira   qué hacer el endiablado,
hacía figuras malas   como un endemoniado.

362   Tenía adentro en su casa   este perro traidor
un horno grande y fiero   que daba gran pavor;
y lo hizo encender   el loco pecador
de manera que echaba   soberano calor.

363   Tomó a este niñuelo   el falso descreído
así tal como estaba   de calzado y vestido;
dio con él en el fuego   bravamente encendido:
¡mal reciba tal padre   que tal hace a su hijo!

364   Metió la madre voces   a grandes carpellidas,
tenía con sus uñas   las mejillas heridas;
hubo allí muchas gentes   al momento reunidas
que de tan fiera queja   estaban aturdidas.

365   El fuego, aunque era bravo,   hizo de tal manera
que no lo dañó un punto: piadosa fue la hoguera;
el niñuelo bien salvo   salió del fuego afuera:
del Rey Omnipotente   un gran milagro era.

366   Estaba en paz el niño   en medio la fornaz,
en brazos de su madre   no estaría más en paz;
del fuego no cuidaba   más que de otro rapaz,
que le hacía la Gloriosa   compañía y solaz.

367   Salió de aquella hoguera   sin ninguna lesión,
       el calor no sintió   más que otra sazón,
       no sufrió tacha alguna,   ni más tribulación,
       porque Dios había puesto   en él su bendición.

368   Preguntáronle todos,   judíos y cristianos,
       cómo pudo vencer   fuegos tan soberanos
       cuando él no mandaba   ni los pies ni las manos:
       quién lo protegía dentro   los hiciera certanos.

369   Respondióles el niño   palabra señalada:
       «La dueña que se estaba   en la silla dorada
       con su Hijo en los brazos   sobre el altar sentada,
       ésa me defendía,   y yo no sentía nada.»

370   Entendieron que era   Santa María ésta,
       que en tempestad tan fiera   tuvo defensa presta;
       cantaron grandes laudes,   hicieron rica fiesta,
       pusieron tal milagro   junto con la otra gesta.

371   Cogieron al judío,   al falso desleal,
       a aquél que había hecho   a su hijo tan gran mal,
       ligáronle las manos   con un fuerte dogal
       y dieron con él dentro   de ese fuego caudal.

372   El tiempo de contar   unos pocos pepiones
       tardó él en tornarse   cenizas y carbones:
       no decían por su alma   ni salmos ni oraciones,
       mas decían denuestos   y grandes maldiciones.

373   Decíanle mal oficio,   le hacían mala ofrenda,
       decían por *Pater Noster*   «Quien tal hace, tal prenda»,
       de la comunicanda   *Domni* Dios nos defienda,
       y con el diablo sea   esta maldita prenda.

374   Tal es Santa María,   la que es de gracia llena,
       por servicio da gloria,   por deservicio pena,
       a los buenos da trigo,   a los malos avena,
       los unos van en gloria,   los otros en cadena.

375   El que le hace servicio   es de buena ventura,
       quien le hizo deservicio   nació en hora dura;
       los unos ganan gracia   y los otros rencura:
       a buenos como a malos   su hecho los mestura.

376   Los que tuerto le hacen   o que la desirvieron,
       ganaron merced de Ella,   si bien se la pidieron:
       nunca rechazó a aquéllos   que bien la requirieron,
       ni en cara les echó   el mal que antes le hicieron.

377   Por probar esta cosa   que afirmada tenemos,
       digamos un ejemplo   hermoso que leemos:
       cuando fuera contado,   mejor aún lo creeremos,
       de buscarle pesar   mejor nos guardaremos.

MILAGRO XVII

[La iglesia profanada]

378   Había tres caballeros,   todos de una amistad,
que con otro, vecino,   tenían enemistad:
de grado lo mataran,   de tener libertad;
en darle mala muerte   ponían su voluntad.

379   Tanto pudieron ellos   revolver y buscar
que un día que iba solo,   según su barruntar,
echáronle celada,   queríanlo matar:
más lo querrían tener   que gran haber ganar.

380   El otro, que entendía   que lo querían matar,
de modo alguno osó   con ellos acampar;
empezó a huir,   porque quería escapar,
moviéronse luego ellos,   fuéronlo a encalzar.

381   El que iba huyendo   con muy grande pavor,
pasó por una iglesia,   de que hubo gran sabor:
era de la Gloriosa,   levantada en su honor,
y en ella se escondió,   mezquino pecador.

382   Los que lo perseguían   que lo querían matar,
no tuvieron vergüenza   del sagrado lugar:
lo quiso la Gloriosa   y Dios desamparar,
y viniéronle el alma   de su cuerpo a sacar.

383   Adentro, en esa iglesia   a la Virgo sagrada,
allí fue esta persona   muerta y amoratada.
Túvose la Gloriosa   por muy mal afrentada,
y a los que la afrentaron   no ganaron ahí nada.

384 La Reína de gloria   túvose por prendada
porque su iglesia fue   de tal modo violada;
de corazón pesóle,   se sintió despechada,
y demostróles luego   cómo estaba de airada.

385 Envïó Dios en ellos   un fuego infernal
que no ardía y quemaba   como el de San Marcial.
Quemábales los miembros   de manera mortal,
decían a grandes voces: «¡Santa María, nos val!»

386 Con esta majadura   estaban muy maltrechos,
perdían pies y manos,   quedaban contrahechos,
las piernas y los brazos   bien cerca de los pechos;
iba Santa María   cobrando sus derechos.

387 Los pueblos lo entendían,   y ellos no lo negaban,
que habían merecido   todo cuanto penaban,
por no considerar,   mientras que las violaban,
las virtudes sañosas   que ahora los majaban.

388 Cada día empeoraban   hasta más no poder;
los santos ni las santas   no les querían valer;
decidieron entonces   —antes debíanlo hacer—
volverse a la Gloriosa   que los hacía arder.

389 Rogándola cayeron   delante de su altar,
llorando de los ojos   cuanto podían llorar
decían: «Madre Gloriosa,   digna a nos perdonar,
que no encontramos otro   que nos pueda prestar.

390 Si merecimos mal,   ricamente pagamos:
no nos saldrá de mientes   mientras vivos seamos.
Madre, si nos perdonas,   muy bien te lo otorgamos,
que en tu iglesia jamás   fuerza nunca te hagamos.

391 Madre, te dan buen precio   porque eres piadosa;
siempre tienes piedad,   aun cuando estás sañosa.
Madre llena de gracia,   perdón por esta cosa;
danos buena respuesta,   templada y bien sabrosa.

392 Madre, estamos repisos   del yerro que te hicimos;
erramos duramente,   gran locura trajimos;
tuvimos gran quebranto,   mayor lo merecimos,
pero hemos pechado   lo que a escote comimos.

393   Madre, si no nos vales,   de ti no partiremos;
       si tú no nos perdonas,   de aquí no nos iremos.
       Si tú no nos socorres,   en nada confiaremos,
       que sin ti de esta fiebre librarnos no podemos.»

394   La Madre Gloriosa,   solaz de los cuitados,
       no desdeñó el gemido   de aquellos lacerados:
       no cató ni sus méritos   ni cató sus pecados,
       mas cató a su mesura,   y valió a los quemados.

395   Esta dueña piadosa   que estaba antes airada,
       fue perdiendo la ira   y fue más amansada;
       la saña que tenía   les fue al fin perdonada,
       y la enfermedad toda   fue luego terminada.

396   Amansaron los fuegos   que los hacían arder,
       tenían mayor remedio   que el que solían tener,
       sentían que la Gloriosa los solía acorrer,
       lloraban del gran gozo, no sabían qué hacer.

397   Amansaron los fuegos,   perdieron los dolores,
       mas nunca de sus miembros   quedaron bien señores:
       siempre fueron contrahechos,   siempre mendigadores,
       siempre se proclamaban   muy grandes pecadores.

398   Con esta mejoría   que Dios les quiso dar
       fueron luego al obispo   su absolución ganar;
       hicieron confesión   como era de esperar,
       llorando de los ojos,   mostrando gran pesar.

399   Maestrólos el obispo,   oyó su confesión,
       entendió que venían   con buena contrición,
       dióles su penitencia,   después la absolución
       de todo lo ál pasado,   después su bendición.

400   Sobre las romerías   que les mandó andar,
       las muchas oraciones   que les mandó rezar,
       les mandó para siempre   a sus cuestas llevar
       las armas con que fueron   la iglesia a quebrantar.

401   Estos penitenciales,   cuando fueron maestrados
       y fueron luego absueltos   de todos sus pecados,
       se separaron todos,   tristes, desconsolados;
       fueron a sendas partes   de sus armas cargados.

402   A sendas partes fueron,   juntos ya no estuvieron,
y según mi creencia   ya nunca más se vieron,
nunca más bajo un techo   los tres juntos yacieron;
lo que mandó el obispo   de corazón cumplieron.

403   Si en hacer la enemiga   fueron bien denodados,
en hacer penitencia   fueron bien inspirados:
sin mirar el dolor   andaban lacerados,
pasando malas noches   y días negros cerrados.

404   Si en hacer el pecado   ciegos y botos fueron,
muy firmes y devotos   luego lo compusieron;
fueran muchos o pocos   los días que vivieron,
siempre sobre sus carnes   penitencia tuvieron.

405   De todos tres el uno,   muy flaco y lacerado,
hasta Anfridi llegó   como dice el dictado:
hospedóse en la villa,   albergue le fue dado
por una mujer santa   que lo tuvo hospedado.

406   Contóles a sus huéspedes   toda esta aventura,
de cómo en una iglesia   hicieron desmesura,
cómo Santa María   tuvo de ellos rencura,
y cómo se perdían   de mala calentura.

407   Temiendo que su dicho   no le sería creído,
delante muchos hombres   quitóse su vestido,
y les mostró un hierro   que traía escondido
ceñido a la carona,   correón desabrido.

408   Podría tener de ancho   una media palmada;
cerca del hierro estaba   la carne muy hinchada,
la que yacía debajo   toda estaba quemada;
marchóse al otro día,   bien por la madrugada.

409   Quedáronse los hombres   todos maravillados,
que oían fuertes dichos,   veían miembros dañados;
doquiera se juntaban   mancebos o casados
todos hablaban de eso,   jóvenes o barbados.

410   Este milagro fue   luego escrito y notado
para evitar que fuese   en el olvido echado:
cogieron muchos miedo   de caer en tal pecado,
de quebrantar iglesia   o lugar consagrado.

411   Tal es Santa María,   lo podéis entender:
sabe a los que mal andan   en mala red coger;
sobre los convertidos   mercedes sabe hacer:
muchos son los ejemplos   que de esto podéis ver.

412   Tantos son los ejemplos   que no serían contados,
que crecen cada día   —dícenlo los dictados—:
cien por cada uno de éstos,   son diezmos mal echados.
Ella suplique a Cristo   por los pueblos errados.

MILAGRO XVIII

[Los judíos de Toledo]

413   En Toledo la noble,   que es arzobispado,
un día de gran fiesta   por agosto mediado,
fiesta de la Gloriosa   Madre del buen criado,
aconteció un milagro   grande y muy señalado.

414   Estaba el arzobispo,   un leal coronado,
en medio de la misa   ante el altar sagrado,
oyéndola gran pueblo,   pueblo bien adobado,
la iglesia bien llena   y el coro bien poblado.

415   La gente muy devota   estaba en oración,
como hombres que quieren   ganar de Dios perdón:
oyeron una voz   de gran tribulación
por quien fue perturbada   toda la procesión.

416   Habló una voz del cielo   doliente y querellosa:
«Oíd —dijo— cristianos,   una extraña cosa:
esa gente judía,   que es sorda y cegajosa,
nunca contra don Cristo   estuvo más porfiosa.

417   Según lo que nos dicen   las Santas Escrituras,
contra don Cristo hicieron   muy grandes travesuras:
tajábame esa cuita   a mí las asaduras,
pero al cabo pagaron   por todas sus locuras.

418   No se dolían del Hijo   que mal lo merecía,
ni de la Madre suya   que tal cuita veía:
pueblo tan descosido,   que tal mal cometía,
quien otro tal lo hiciese   ningún tuerto le haría.

419 Los que en mala nacieron,   falsos y traïdores,
ahora me renuevan   los antiguos dolores;
en gran prisa me tienen,   y con malos sudores:
en la cruz está mi Hijo,   luz de los pecadores.

420 Otra vez crucifican   a mi querido Hijuelo;
ninguno entendería   cuán enorme es mi duelo.
En Toledo se cría   un amargo majuelo:
no se crïó tan malo   nunca sobre este suelo.»

421 Oyeron esta voz   toda la clerecía
y muchos de los legos   de la mozarabía:
entendieron que era   voz de Santa María,
que hacían contra ella   los judíos folía.

422 Habló el arzobispo   que la misa cantaba,
lo escuchó bien el pueblo   que cerca de él estaba:
«Creed —dijo—, concejo,   que la voz que os hablaba
recibe gran ofensa,   de ello se querellaba.

423 Sabed que los judíos   hacen alguna cosa
contraria a Jesucristo,   Hijo de la Gloriosa:
por esta cuita está   la Madre querellosa;
esta querella no es   baldera o mentirosa.

424 Convento y consejo,   cuantos aquí os véis,
poned mientes en esto   y no lo desdeñéis:
si la cosa buscáis,   la huella encontraréis,
y de esta malfetría   derecho tomaréis.

425 Vayamos a las casas   —esto no demoremos—
de los rabís mayores,   porque algo hallaremos.
Dejemos los yantares,   que bien los cobraremos;
si no, de la Gloriosa   mal retados seremos.»

426 Moviéronse los pueblos,   toda la clerecía,
fuéronse con gran prisa   para la judería;
guiolos Jesucristo   y la Virgo María,
fue luego descubierta   toda su alevosía.

427 Hallaron en la casa   del rabí más honrado
un gran cuerpo de cera,   como hombre formado;
como don Cristo fue,   era crucificado,
con grandes clavos preso,   y gran llaga al costado.

428   Cuanta vergüenza hicieron   sobre Nuestro Señor
allí toda la hacían,   por nuestro deshonor.
Recaudáronlos luego,   mas no con gran sabor,
lo que hacían tomaron,   así plugo al Criador.

429   Fueron bien recaudados   los que prender pudieron,
diéronles yantar malo,   cual ellos merecieron;
allí hicieron *Tu autem*,   mala muerte tuvieron,
entendieron al cabo   el mal seso que hubieron.

430   El que a Santa María   la quisiera afrentar,
lo que éstos ganaron,   eso habrá de ganar.
Mas pensémosla nos   en servir y en honrar,
pues al cabo su auxilio   nos deberá prestar.

MILAGRO XIX

[Un parto maravilloso]

431   De otro milagro más   os queremos hablar
que acaeció en otro tiempo   en un puerto de mar:
entenderéis entonces,   y la podréis jurar,
la virtud de María   que obra en todo lugar.

432   Entenderéis por él   cómo es la Gloriosa
por el mar y la tierra,   por todo poderosa,
cómo vale aína,   porque no es perezosa,
y nunca encontró nadie   madre más pïadosa.

433   Cerca de una marisma   que Tumba era llamada,
hacíase una isla   a tierra aproximada;
hacía la mar por ella   su salida y tornada
dos veces en el día,   o tres a la vegada.

434   En medio de la isla,   por las ondas cercada,
había una capilla   a San Miguel sagrada:
era celda preciosa,   de virtud bien probada,
pero era no poco   arriesgada su entrada.

435   Cuando quería el mar   hacia afuera salir
salía a fiera prisa,   no se sabría sufrir:
aunque ligero, nadie   le podría huir;
por no haber salido antes,   debía allí morir.

436   El día de la fiesta   del arcángel precioso
estaba el mar más quedo,   yacía más espacioso;
oía el pueblo misa,   mas no a son vagaroso,
huían luego a salvo   a corso presuroso.

437   Un día por ventura   con la otra mesnada
metióse una mujer   debilucha y preñada;
no supo regularse   muy bien a la tornada,
y estaba arrepentida   de haber hecho esa entrada.

438   Las ondas venían cerca,   las gentes alongadas,
tenía con el desánimo   las piernas embargadas;
no eran de valerle   las compañas osadas,
y había en pequeño término   que hacer muchas jornadas.

439   Sin poder hacer más,   todos con aflicción
«¡Santa María, válgasle!»   decían de corazón.
La preñada mezquina,   llena de desazón,
quedóse entre las ondas   en fiera situación.

440   Los que habían salido,   como no veían nada,
cuïdaban sin duda   que había muerto ahogada;
decían: «Esta mezquina   fue desaventurada;
¡sus pecados tendiéronle   una mala celada!»

441   Ellos esto diciendo   encogióse la mar,
en muy pocos instantes   retornó a su lugar:
queríales don Cristo   gran milagro mostrar,
para que de su Madre   tuviesen qué contar.

442   Ellos, que se pensaban   seguir por su carrera,
extendieron los ojos,   cataron a la glera
y vieron que venía   una mujer señera:
con su hijo en los brazos   iba hacia la ribera.

443   Quedáronse las gentes   todas maravilladas;
su fantasía, pensaban,   las traía engañadas;
pero fueron en poco   tiempo certificadas
y a Cristo daban gracias,   todas manos alzadas.

444   Dijeron: «Decid, dueña   por Dios y caridad,
por Dios os conjuramos,   decidnos la verdad,
decidnos de la cosa   toda certinidad
y de la preñez cómo   os librasteis contad.

445   Por Dios avino esto,   eso no lo dudamos,
y por Santa María,   que nosotros rogamos,
y el arcángel Miguel   en cuyo honor andamos:
merece este milagro   muy bien que lo escribamos.»

446   «Oíd —dijo la dueña—,   oíd, buena compaña;
       yo creo que no oísteis   nunca mayor hazaña:
       será muy bien narrada   por toda tierra extraña,
       en África y en Grecia,   y también en España.

447   Cuando vi que de muerte   librarme no podía,
       que de las ondas fieras   circundada me veía,
       encomendéme a Cristo   y a su Madre, María,
       pues según mi entender   de otro no dependía.

448   Estándome yo en esto   vino Santa María,
       cubrióme con la manga   de su rica almejía:
       ya no sentí el peligro   más que cuando dormía;
       si estuviera en un baño,   más leda no estaría.

449   Sin cuitas y sin pena,   y sin ningún dolor
       parí este pequeñuelo,   loado sea el Criador:
       tuve buena madrina,   no podría mejor;
       me hizo misericordia   la Madre del Señor.

450   En mí hizo gran gracia,   no una, y sí doblada:
       si por Ella no fuese   hubiera muerto ahogada,
       y me valió en el parto,   que no fuese dañada:
       ninguna mujer tuvo   madrina tan honrada.

451   Así fue mi aventura,   tal como yo os lo digo;
       usó Santa María   su gran piedad conmigo.
       Así, todos debemos   tomar de aquí castigo
       y rogarle nos libre   del mortal enemigo.»

452   Tuvieron del milagro   todos gran alegría,
       rindieron a Dios gracias   y a la Virgen María,
       hicieron un buen cántico   toda la cofradía:
       podríalo en la iglesia   cantar la clerecía.

                          [Cántico]

453   Cristo, señor y padre,   del mundo redentor,
       que por salvar al mundo   muerte hubiste y dolor,
       Tú seas siempre bendito   porque eres buen Señor,
       a quien nunca dio asco   del hombre pecador.

454   Tú libraste a Jonás   del vientre del pescado
que lo tuvo tres días   en el vientre encerrado,
y no sufrió lesión   pues fue de Ti guardado.
Este milagro viejo   vemos hoy renovado.

455   Los hijos de Israel   cuando la mar pasaron,
que por tu mandamiento   tras Moisés se guiaron,
debajo de las ondas   ningún daño tomaron,
mas sus perseguidores   todos juntos se ahogaron.

456   Los antiguos milagros   preciosos y honrados
ahora lo vemos todos   por ojo renovados.
Señor, tus servidores   en el mar hallan vados,
a los otros en seco   los encuentran ahogados.

457   Tu potencia, Señor,   grande y maravillosa,
fue la que salvó a Pedro   en la mar peligrosa;
Señor que te encarnaste   en la Virgo Gloriosa,
en Ti solo fiamos,   y en ninguna otra cosa.

458   Señor, bendita sea   tu virtud tan sagrada,
bendita sea Tu madre,   Reína coronada.
Señor, Tú seas bendito,   Ella sea alabada:
en Ella Tú encontraste   muy bendita posada.

459   Señor, que sin fin eres   y sin empezamiento,
en cuya mano yacen   los mares con el viento,
digna tu bendición   dar sobre este convento,
que alabarte podamos   todos con un talento.

460   Varones y mujeres,   todos los que aquí estamos,
todos en Ti creemos   y todos Te adoramos;
a Tu Madre y a Ti   todos glorificamos:
cantemos en Tu nombre   el *Te Deum laudamus*.

MILAGRO XX

[El clérigo embriagado]

461 Otro milagro más   os querría contar
que aconteció a un monje   de hábito reglar:
el demonio lo quiso   duramente espantar,
mas la Madre gloriosa   súposelo vedar.

462 Desde que entró en la orden,   desde que fue novicio,
a la Gloriosa siempre   gustó prestar servicio:
guardóse de locura   y de hablar de fornicio,
pero hubo al final   de caer en un vicio.

463 Entróse en la bodega   un día por ventura,
bebióse mucho vino   sin ninguna mesura;
emborrachóse el loco,   salió de su cordura,
yació hasta las vísperas   sobre la tierra dura.

464 Bien a la hora de vísperas,   el sol ya enflaquecido,
recordó malamente,   caminaba aturdido,
salió para la claustra   casi sin un sentido;
todos se dieron cuenta   de que había bebido.

465 Aunque sobre sus pies   no se podía tener,
iba para la iglesia,   como solía hacer;
el demonio le quiso   zancadilla poner
porque se lo cuidaba   fácilmente vencer.

466 En figura de toro   que anda escalentado,
cavando con los pies,   el ceño demudado,
con fiera cornadura,   muy sañoso y airado,
parósele delante   ese traidor probado.

467 Hacíale malos gestos   esa cosa endiablada,
que le pondría los cuernos   en medio la corada;
el buen hombre tomó   una mala espantada,
mas le valió la Santa   Reína coronada.

468 Vino Santa María   con su hábito honrado,
tal, que de hombre vivo   no sería apreciado;
metióseles por medio,   entre él y el pecado,
y el toro tan soberbio   quedó luego amansado.

469 Lo amenazó la dueña   con la falda del manto
y esto fue para él   muy pesado quebranto;
huyó y se desterró   haciendo muy gran planto
y quedó el monje en paz,   gracias al Padre Santo.

470 Mas luego al poco rato   y a las pocas pasadas,
antes de que empezase   a subir por las gradas,
lo acometió de nuevo   con figuras pesadas,
a manera de can   hiriendo a colmilladas.

471 Vino de mala guisa,   los dientes regañados,
con el ceño muy turbio,   los ojos remellados,
para hacerlo pedazos,   espaldas y costados:
«Mezquino —dijo él—,   graves son mis pecados.»

472 Bien se cuidaba el monje   que era despedazado;
estaba en fiera cuita   y andaba desmayado;
valióle la Gloriosa,   ese cuerpo adonado,
y lo que hizo el toro   por el can fue imitado.

473 Entrante de la iglesia,   en la última grada
lo acometió de nuevo   la tercera vegada
en forma de león,   una bestia dudada,
que traía tal fiereza   que no sería pensada.

474 El monje cuidó allí   que era devorado,
porque en verdad veía   un encuentro pesado,
y que esto le era peor   que todo lo pasado:
dentro en su voluntad   maldecía al pecado.

475 Decía: «¡Valme, gloriosa   Madre Santa María,
válgame la tu gracia   ahora en este día,
que estoy en gran afrenta,   en mayor no podría!
¡Madre, no pares mientes   en la locura mía!»

476   Apenas pudo el monje   la palabra cumplir,
vino Santa María   como solía venir,
con un palo en la mano   para el león herir;
púsoseles delante   y empezó a decir:

477   «Don alevoso falso,   ya que no escarmentáis,
hoy os habré de dar   lo que me demandáis:
bien lo habréis de comprar   antes de que os vayáis;
a quien movisteis guerra   quiero que lo sepáis.»

478   Empezóle a dar   tamañas palancadas,
no podían las menudas   escusar las granadas;
padecía el león   a buenas dineradas,
nunca tuvo en sus días   las cuestas tan sobadas.

479   Decía la buena dueña: «Don falso traïdor,
que siempre andas en mal   y eres de mal señor,
si te vuelvo a encontrar   por este derredor,
de lo que ahora tomas   tomarás aún peor.»

480   Borróse la figura,   se empezó a deshacer,
nunca más se atrevió   al monje a escarnecer;
buen tiempo le llevó   curar y reponer,
y estaba muy contento   de desaparecer.

481   El monje que por todo   esto había pasado
de la carga del vino   aún no estaba aliviado,
que el vino con el miedo   lo˙tenían tan sobado
que tornar no podía   al lecho acostumbrado.

482   La Reína preciosa   y de precioso hecho
tomólo por la mano,   llevólo para el lecho,
cubriólo con su manta   y con el sobrelecho,
so la cabeza púsole   el cabezal derecho.

483   Además, cuando lo hubo   sobre su lecho echado,
lo signó con su diestra,   y fue bien santiguado;
dijo: «Amigo, descansa,   que estás muy fatigado;
con un poco que duermas   quedarás descansado.

484   Pero esto te mando,   de firme te lo digo,
mañana a la mañana   ve a Fulano, mi amigo;
confiésate con él   y estarás bien conmigo,
porque es muy buen hombre,   y darte ha buen castigo.

485   Quiero seguir mi vía,   salvar algún cuitado,
      porque ésa es mi delicia,   mi oficio acostumbrado;
      quédate tú bendito   y a Dios encomendado,
      pero no se te olvide   lo que yo te he mandado.»

486   Díjole el hombre bueno: «Dueña, a fe que debéis,
      que tan grandes mercedes   en mí cumplido habéis,
      quiero saber quién sois,   o qué nombre tenéis,
      porque yo gano en ello,   y vos nada perdéis.»

487   Dijo la buena dueña: «Sé tú bien sabedor:
      yo soy la que parí   al vero Salvador
      que por salvar al mundo   sufrió muerte y dolor,
      al que hacen los ángeles   servicio y honor.»

488   Díjole el hombre bueno: «Esto es de creer:
      de Ti podría, Señora,   esta cosa nacer.
      Dejáteme, Señora,   por mí los pies tañer,
      que nunca en este mundo   veré tan gran placer.»

489   Contendía el buen hombre,   queríase levantar
      por hincarse de hinojos   y por sus pies besar;
      mas la Virgo gloriosa   no lo quiso esperar,
      quitósele de ojos,   tuvo él gran pesar.

490   Por dónde iba Ella   él no lo podía ver,
      mas veía grandes lumbres   en redor de Ella arder;
      por nada la podía   de sus ojos toller,
      y era bien que así fuese,   pues le hizo gran placer.

491   La mañana siguiente,   venida la luz clara,
      buscó al hombre bueno   que Ella le mandara:
      hizo su confesión   con humildosa cara,
      y no le celó un punto   de cuanto que pasara.

492   El maestro a este monje,   hecha la confesión,
      diole consejo bueno   y diole absolución;
      puso Santa María   en él tal bendición
      que valió más, por él,   esa congregación.

493   Si antes era bueno,   desde allí fue mejor;
      a la Santa Reína,   Madre del Crïador,
      amóla siempre mucho,   hízole siempre honor;
      fue feliz aquél que Ella   acogió en su amor.

494   Al otro hombre bueno   no lo sabría nombrar,
       al que Santa María   lo mandó maestrar;
       amor cogió tan firme   de tanto la amar
       que dejaría por Ella   su cabeza cortar.

495   Todas las otras gentes,   legos y coronados,
       clérigos y canónigos,   y los escapulados,
       fueron de la Gloriosa   todos enamorados,
       que sabe socorrer   tan bien a los cuitados.

496   Todos la bendecían   y todos la alababan,
       las manos y los ojos   a Ella los alzaban,
       referían sus hechos   y sus laudes cantaban,
       los días y las noches   en eso los pasaban.

497   Amigos y señores,   muévanos esta cosa,
       amemos y alabemos   todos a la Gloriosa;
       nunca echaremos mano   en cosa tan preciosa
       que tan bien nos socorra   en hora peligrosa.

498   Si la servimos bien,   todo cuanto pidamos
       lo ganaremos todo,   bien seguros seamos:
       aquí lo entenderemos, bien antes que muramos,
       que lo que allí metiéramos   harto bien lo empleamos.

499   Ella nos dé su gracia,   nos dé su bendición,
       nos guarde de pecado   y de tribulación,
       de nuestras liviandades   gánenos remisión,
       que no vayan las almas   nuestras en perdición.

MILAGRO XXI

De cómo una abadesa fue preñada,
y por su convento fue acusada,
y después por la Virgen librada.

500 Amigos y señores, compaña de prestar,
  ya que os quiso Dïos traer a este lugar,
  si quisierais aún otro poco esperar,
  de otro milagro más os querría yo hablar.

501 De otro milagro más os querría yo hablar
  que hizo la gloriosa, estrella de la mar:
  si quisierais oírme, muy bien podréis jurar
  que de mejor bocado no podríais gustar.

502 En los tiempos derechos que corría la verdad,
  que por nada decían los hombres falsedad,
  vivían entonce a buenas, lograban vejedad,
  veían a sus trasnietos en la séptima edad.

503 Hacía Dios por los hombres milagro cotidiano
  porque nadie quería mentir a su cristiano;
  tenían tiempos derechos en invierno y verano,
  parecía que el siglo era todo bien llano.

504 Si pecaban los hombres hacían bien penitencia,
  perdonábales luego Dios toda malquerencia;
  tenían con Jesucristo toda su atenencia:
  os quiero dar sobre esto una buena sentencia.

505   Sobre una abadesa   versará mi conseja,
        que pecó en buen punto,   según se me semeja;
        quisiéronle sus dueñas   revolver mala ceja,
        pero no la empecieron   por valor de una arveja.

506   Había en esta abadesa   muchísima bondad,
        era de gran razón   y de gran caridad,
        guiaba su convento   de toda voluntad,
        viviendo según regla   con toda honestidad.

507   Pero la abadesa   cayó una vegada,
        cometió una locura   que mucho está vedada,
        pisó por su ventura   yerba muy enconada;
        cuando bien se cató,   hallóse embargada.

508   Fuele creciendo el vientre   contra sus dos tetillas,
        se le fueron haciendo   pecas en las mejillas:
        las unas eran grandes,   las otras más poquillas;
        todas las primerizas   sufren estas cosillas.

509   Fue por sus compañeras   esta cosa entendida,
        que no puede celarse   una flama encendida;
        pesábales a unas   verla tan mal caída,
        mas placíale mucho   a la otra partida.

510   Apremiábalas mucho   teníalas encerradas
        y no les consentía   hacer cosas vedadas;
        querrían verla muerta   las locas malhadadas:
        sucede a los prelados   esto algunas vegadas.

511   Vieron que ésta no era   cosa para encubrir;
        si no, el diablo de todas   ellas podría reír:
        al obispo por carta   le enviaron a decir
        que no las visitaba,   y lo debía sufrir.

512   Bien entendió el obispo   esta mensajería:
        o tenían contienda,   o habían hecho folía;
        vino a cumplir su oficio,   y mientras las veía
        pudo entender muy bien   toda la pleitesía.

513   Dejemos al obispo   holgar en su posada,
        quédese en paz y duerma   junto con su mesnada;
        digamos lo que hizo   esa dueña embargada
        que sabía que al otro   día sería acusada.

514 Al lado de su cámara   do se solía albergar
tenía un apartado,   muy apuesto lugar:
ése era su oratorio,   en el que solía orar;
de la Gloriosa era   vocación el altar.

515 Allí tenía la imagen   de la Santa Reína,
la que fue para el mundo   salud y medicina;
teníala adornada   con bermeja cortina:
lo merecía, que al cabo   Ella fue su madrina.

516 Sabía que al otro día   sería mal profazada,
que excusa no tendría   esta cosa probada;
buen consejo tomó   la bienaventurada,
es de maravillar   lo bien que fue acordada.

517 Abatióse por tierra   delante del altar,
a la imagen cató   y comenzó a llorar:
«Valme —dijo— Gloriosa,   estrella de la mar,
que no hay otro consejo   que me pueda prestar.

518 Madre, bien lo leemos,   dícelo la Escritura,
que eres de tal gracia   y de tanta mesura
que a quien de voluntad   te dice su rencura
lo acorres al momento   en toda su ardura.»

519 Había al oratorio   entrado ella señera,
no había demandado   ninguna compañera.
Paró desamparada   luego de la primera,
mas Dios y su ventura   abriéronle carrera.

520 «Tú acorriste, Señora,   a aquel desesperado
que de su sangre hizo   carta con el pecado;
fue por tu buen consejo   luego reconciliado:
esto todos los hombres   te lo tienen en grado.

521 Tú acorriste, Señora,   a María Egipciana,
que hizo muchos pecados,   pues fue mujer liviana:
¡oh Señora bendita,   de quien todo bien mana,
dame Tú algún consejo   antes de la mañana!

522 Oh Señora bendita,   no te pude servir,
mas te quise alabar   y siempre bendecir.
Digo verdad, Señora,   y no cuido mentir;
preferiría estar muerta   si pudiese morir.

523   Madre del Rey de Gloria,   de los cielos Reína,
haz manar de tu gracia   alguna medicina,
libra de tal vergüenza   a una mujer mezquina.
¡Esto, si Tú quisieras,   podría ser aína!

524   Madre, por el amor   de Tu Hijo querido,
Hijo sin mengua alguna,   tan dulce y tan cumplido,
no sea rechazada,   esta merced te pido,
que veo que me segudan   en número crecido.

525   Si no tomas, Señora,   para mí algún consejo,
me veo mal dispuesta   para ir ante el concejo;
prefiero aquí morir,   en este lugarejo:
si ante ellos me presento   me han de hacer mal trebejo.

526   Reína coronada,   templo de castidad,
fuente de compasión,   torre de salvedad,
en esta cuita mía   muéstrame Tú piedad,
para mí no se agote   tu tan grande piedad.

527   Quiero frente a tu Hijo   poderte dar por fianza
que jamás tornaré   a dar en esta erranza:
Madre, si falleciese,   haz en mí tal venganza
que todo el mundo hable   de mi gran malandanza.»

528   Tan ahincadamente   hizo su oración
que la escuchó la Madre   llena de bendición:
amodorrida casi   vio una gran visión,
tal, que hacer debía en todos   edificaïón.

529   Transpúsose la dueña   con la gran lasedad
—Dïos lo obraba todo   por su mucha piedad—;
le apareció la Madre   del Rey de majestad,
dos ángeles con ella   de muy gran claridad.

530   Tuvo pavor la dueña   y quedóse espantada
porque a tales visiones   no estaba acostumbrada.
De la gran claridad   quedó muy embargada,
pero fue de su cuita   grandemente aliviada.

531   Díjole la Gloriosa: «Esforzad, abadesa;
pues que estáis bien conmigo,   suspended vuestra queja.
Sabed que os traigo yo   una buena promesa,
bien mejor de lo que   querría vuestra prioresa.

532 No tengáis miedo alguno   de caer en profazo,
bien os ha Dios guardado   de caer en ese lazo.
Id bien osadamente   a sostener el plazo,
que no le pesará   de ello a vuestro espinazo.»

533 Al sabor del solaz   de la Virgo gloriosa,
no sintiendo la madre   de dolor ni una cosa,
nació la crïatura,   cosilla muy hermosa;
mandósela a los ángeles   tomar la Glorïosa.

534 Díjoles a los ángeles: «A vos ambos castigo:
llevad este niñuelo   a Fulano mi amigo,
decidle que lo críe,   que yo así se lo digo;
él os ha de creer;   volved luego conmigo.»

535 Moviéronse los ángeles   con muy gran ligereza,
llevaron todo a cabo   sin ninguna pereza.
Plúgole al ermitaño   más que muy gran riqueza,
porque de verdad era   una rica nobleza.

536 Respondió la parida,   hízose santiguada,
decía: «¡Valme, Gloriosa,   Reína coronada,
dime si esto es verdad   o si estoy engañada!
¡Oh Señora bendita,   socorre a esta errada!»

537 Palpóse con sus manos,   cuando fue recordada,
por vientre, por costados,   también por cada ijada;
halló su vientre lacio,   la cintura delgada,
como mujer que es   de tal cosa librada.

538 No lo podía creer   de ninguna manera,
cuidaba que fue sueño,   no cosa verdadera;
palpóse y se cató   la vegada tercera,
quitóse de la duda   al final bien certera.

539 Cuando se sintió libre   la preñada mezquina,
y fue el saco vacío   de la mala farina,
cantaba con el gran   gozo *Salve Regina*,
que es de los cuitados   solaz y medicina.

540 Lloraba de los ojos   con la gran alegría,
decía laudes preciosas   a la Virgo María,
ya no temía al obispo,   ni ya a su cofradía,
que terminada estaba   la fuerte malatía.

541   Lloraba de los ojos   y hacía oraciones,
decía a la Gloriosa   laudes y bendiciones,
decía: «Loada seas,   Madre, en todas sazones,
loarte deben siempre   mujeres y varones.

542   Estaba en fiera cuita,   y en fiera pavura,
caí ante tus pies   y te dije mi ardura;
acorrióme, Señora,   tu muy buena mesura:
debes ser alabada   de toda crïatura.

543   Madre, yo sobre todos   te debo bendecir,
loar, magnificar,   adorar y servir,
que de tan grande infamia   me dignaste guarir
que podría todo el mundo   siempre de mí reir.

544   Porque si mi enemiga   a concejo saliera
de todas las mujeres   no habría quien no riera.
Mira cuán grande y bueno   tu consejo me era;
no hay hombre grande o chico   que pensarlo pudiera.

545   La merced y la gracia   que me dignaste hacer
no las sabría, Madre,   yo nunca agradecer,
ni las podría, Señora,   yo nunca merecer;
mas no cesaré nunca   de gracias te render.»

546   Bien seguiría la dueña   en su contemplación,
loando la Gloriosa,   haciendo oracïón,
mas vínole mandado   de la congregación
que fuese al cabildo   a hacer responsïón.

547   Como ya en el profazo   no temía caer,
a los pies del obispo   fuese luego a poner:
quiso besar sus manos,   como lo debía hacer,
mas él no se las quiso   de buen grado ofrecer.

548   Empezóla el obispo   entonces a increpar
que había hecho cosa   por que debía penar,
que en su cargo por nada   debía continuar,
ni entre las otras monjas   debería habitar:

549   «Toda monja que hace   tal deshonestidad,
que no guarda su cuerpo   ni tiene castidad,
debía ser echada   de la socïedad:
que allá por donde quiera   haga tal suciedad.»

550 «Señor —dijo ella—   ¿por qué me maltraéis?
Yo no soy por ventura   tal como vos tenéis.»
«Dueña —dijo el obispo—, no porque lo neguéis
habréis de ser creída: probárnoslo debéis.»

551 «Dueña —dijo el obispo—,   salid vos al hostal,
que consejo tendremos;   después haremos ál.»
«Señor —dijo la dueña—   no decís ningún mal:
A Dios yo me encomiendo,   a Él que puede y val.»

552 Salióse la abadesa   fuera del consistorio,
como mandó el obispo   fue para el diversorio.
Hicieron su cabildo   la ira con el odio,
amasaron su masa   con harina de ordio.

553 Díjoles el obispo: «Amigas, no podemos
condenar a esta dueña,   salvo que lo probemos.»
El convento le dijo: «¿De lo que bien sabemos,
Señor, en otra prueba   por qué de entrar habemos?»

554 Díjoles el obispo: «Cuando fuere vencida
estaréis más a salvo,   y ella más confundida;
si no, nuestra sentencia   sería mal referida;
ella de ningún modo   encontrará guarida.»

555 Envió de sus clerigos   a aquéllos de quien fiaba
que probasen la cosa   de qué manera estaba;
quitáronle la saya,   aunque bien le pesaba,
y la hallaron tan seca   que tabla semejaba.

556 Signo no le encontraron   de deshonestidad,
ni leche, ni señal   de ninguna maldad;
dijeron: «Esto no es   sino gran vanidad;
nunca fue levantada   tan fiera falsedad.»

557 Volvieron al obispo,   dijéronle: «Señor,
sabed que la han culpado   de balde a la soror,
quien quiera que ál os diga,   salvo vuestro honor,
dice tan gran mentira   que no podría mayor.»

558 Cuidóse el obispo   que eran decebidos,
que les había la dueña   dineros prometido;
dijo: «Seores malillos,   no habéis de ser creídos,
porque otra quilma tiene   debajo los vestidos.»

559   Dijo: «Yo no os lo quiero   tan aína creer;
o tuvisteis vergüenza   o tomasteis haber.
Yo con mis propios ojos   quiero esta cosa ver;
si no es, quien la acusaba   lo debe padecer.»

560   Levantóse el obispo   de do estaba sentado,
fuése hacia la abadesa   muy sañoso y airado;
hízole despojar   la cogulla sin grado,
halló que le imputaban   crimen falso probado.

561   Volvióse hacia el convento   muy bravo y muy felón:
«Dueñas —les dijo— hicisteis   una gran traïción;
pusisteis la señora   en tan mala razón
que es muy despreciada   hoy vuestra religión.

562   Esta cosa no puede   sin justicia pasar;
la culpa que quisisteis   sobre ella arrojar
—el decreto lo manda—   en vos debe tornar:
vosotros debéis ser   echadas del lugar.»

563   La abadesa, que vio   las dueñas mal juzgadas
(tanto, que debían ser   de la casa expulsadas),
sacó aparte al obispo   a unas quince pasadas:
«Señor —dijo— las dueñas   no deben ser culpadas.»

564   Le dijo su aventura   cómo fuera pasada,
y cómo por sus graves   pecados fue engañada;
cómo la acorrió   la Virgo coronada:
si por Ella no fuese,   sería mal profazada;

565   y cómo mandó Ella   el niñuelo llevar
y cómo al ermitaño   se lo mandó crïar:
«Señor, si lo quisierais   lo podríais probar:
¡por caridad, no pierdan   las dueñas el lugar!

566   Más quiero yo señera   quedar avergonzada
que tanta buena dueña   sea desamparada.
Señor, merced os pido;   parcid esta vegada:
por todas a mí sea   la penitencia dada.»

567   Espantóse el obispo   y quedó demudado;
dijo: «Dueña, si esto   pudiera ser probado,
veré que Jesucristo   de vos está pagado:
yo, mientras esté vivo,   haré vuestro mandado.»

568 Envïó dos canónigos   luego hasta el ermitaño
para probar si esto   era verdad o engaño.
Hallaron al buen hombre   con un hábito extraño:
al niñuelo tenía   envuelto con un paño.

569 Mostróles el infante   nacido de ese día,
dijo que lo mandara   crïar Santa María:
quien de esto dudase   grande torpeza haría,
porque era verdad pura   y creerse debía.

570 Tornaron al obispo   luego con el mandado,
dijéronle por nuevas   lo que habían probado:
«Señor —dijeron— de esto   quedad certificado;
si no, haréis gran yerro,   ganaréis gran pecado.»

571 Vio entonces el obispo   que se había equivocado,
a los pies de la dueña   cayó al suelo postrado:
«Dueña —dijo—, merced,   porque mucho he errado;
ruégoos que me sea   el yerro perdonado.»

572 «Señor —dijo la dueña—   por Dios y la Gloriosa,
catad vuestra mesura   y no hagáis esta cosa;
vos sois un hombre santo,   yo hembra pecaminosa:
si en ál no tornáis   estaré muy quejosa.»

573 La dueña y el obispo   tenían esta pendencia,
mas terminaron todo   en muy buena avenencia;
tuviéronse siempre ambos   amor y bienquerencia,
encerraron su vida   con muy buena paciencia.

574 Puso paz el obispo   en la congregación,
acabó la contienda   y la disensïón;
cuando se despedía   dioles su bendición,
fue buena para todos   esa visitación.

575 Envïó sus saludos   a ese santo ermitaño,
como a su buen amigo,   su compadre fontano,
que criase a ese niño   hasta el séptimo año:
luego él pensaría   de hacerlo buen cristiano.

576 Cuando el término vino,   los siete años pasados,
envïó de sus clérigos   dos de los más honrados
que trajesen el niño   del monte a los poblados:
eso cumplieron ellos   como bien castigados.

577   Trajéronle ese niño   en el yermo criado;
era, para su edad,   asaz bien enseñado,
lo que plugo al obispo,   fue de ello muy pagado;
lo hizo poner a letras   con maestro letrado.

578   Salió un hombre muy bueno,   en todo mesurado,
bien se veía que era   de buen amo criado;
estaba todo el pueblo   de este hombre pagado;
cuando murió el obispo   diéronle el obispado.

579   Guiolo la Gloriosa   que lo dio a crïar,
sabía su obispado   con Dios bien gobernar,
guiaba bien las almas   como las debía guiar,
sabía en todas las cosas   mesura bien catar.

580   Amábanlo sus pueblos,   también sus clerecías,
lo amaban los canónigos   y todas las monjías;
todos, por donde estaban,   rogaban por sus días,
fuera de algunos foles   que amaban las folías.

581   Cuando el término vino   que hubo de finar,
no lo dejó su Ama   largamente penar:
llevóselo a la gloria,   a seguro lugar
do ladrón ni merino   nunca pueden entrar.

582   A la Virgo gloriosa   todos gracias rindamos,
de quien tantos milagros   leemos y probamos.
Ella nos dé su gracia,   que servirla podamos,
y nos guíe a hacer cosas   por do salvos seamos.

Amén.

MILAGRO XXII

[El náufrago salvado]

583   Señores, si quisiérais,   mientras aún dura el día,
de estos tales milagros   aún más os diría;
si no os quejáis vosotros,   yo no me quejaría,
que como pozo hondo   tal es Santa María.

584   Tal es Santa María   como es el caudal río,
que todos beben de él,   las bestias y el gentío:
tan grande hoy como ayer,   nunca queda vacío,
y en todo tiempo corre,   en caliente y en frío.

585   Siempre Ella nos acorre   en todos los lugares,
por valles y por montes,   por tierras y por mares:
a quien sabe rogarla   con limpios paladares
no le podrían torzones   tomar a los ijares.

586   Un milagro leemos,   flor es de santidad,
que aconteció a un obispo,   hombre de caridad,
que fue hombre católico   de gran autoridad;
por sus ojos lo vio,   supo bien la verdad.

587   Así como lo vio,   así lo escribió,
no menguó de ello nada,   ni nada le añadió;
Dios le dé paraíso,   que bien lo mereció:
¡alguna misa dijo,   tanto no le valió!

588   Cruzáronse romeros   para ir a ultramar
saludar el Sepulcro,   la Vera Cruz orar.
Metiéronse en las naves   para a Acre pasar
si el Padre de los cielos   los quería guiar.

589   Tuvieron vientos buenos   al comenzar su entrada,
oraje muy sabroso,   toda la mar pagada;
tenían gran alegría   esa alegre mesnada:
con tal tiempo, bien pronto   tendrían la mar pasada.

590   Ya tenían buena parte   del mar atravesada,
ya pronto la tendrían   por completo pasada,
mas les tendió su hado   una mala celada,
fue la gran alegría   en tristeza tornada.

591   Movióse la tormenta,   una oriella brava,
desanimóse el maestro   que la nave guiaba:
ni a sí mismo ni a otro   ningún consejo daba,
y toda su maestría   no valía una haba.

592   Aconteció otra cosa,   otra grave ocasión,
rompióseles la nave   abajo en el fondón:
veían entrar mucha agua,   quebrar cada rincón,
tenía que ir la cosa   toda a su perdición.

593   Junto a la nave grande   otra menor llevaban,
que no sé si galea   o pinaza llamaban;
así que si llevados   del mal tiempo encallaban,
en la nave pequeña   del aprieto salvaban.

594   Se portó el marinero   como leal cristiano:
a su señor obispo   tomólo por la mano,
con otros buenos hombres   de pleito más lozano
metiólos en la barca,   tomó consejo sano.

595   Pasó que un peregrino,   que cuidó ser artero,
dio un salto de la nave   porque era bien ligero:
cuidó en la galea   entrar por compañero
y en las olas ahogado   murió, mas no señero.

596   Apenas podía ser   media hora cumplida
—quísolo Dios sufrir—   fue la nave sumida:
de la gente que dentro   quedó mal guarecida
ni uno para remedio   pudo escapar con vida.

597   El obispo y los otros   que con él se salieron
arribaron a tierra   do más cerca pudieron:
hacían muy gran duelo   por los que perecieron,
y pesábales porque   con ellos no murieron.

598   Teniendo por los muertos   duelo grande y pesar
extendieron los ojos,   cataban a la mar
si verían de los muertos   algunos arribar,
porque el mar nunca quiere   cosa muerta celar.

599   Catando si podrían   algunos muertos ver,
por darles sepultura   como era menester,
vïeron palomillas   de so la mar nacer:
cuando fueron los muertos   tantas podrían ser.

600   Vïeron palomillas   salir de so la mar,
más blancas que las nieves   hacia el cielo volar:
creían que eran almas   que quería Dios llevar
al Santo Paraíso,   glorïoso lugar.

601   De legítima envidia   se querían desquitar,
porque quedaban vivos   tenían gran pesar,
porque creían de firme,   y no era de dudar,
que eran las almas de esos   que había sumido el mar.

602   Decían: «¡Ay, romeros,   bien fuisteis venturados,
pues que ya sois *per aquam*   *et per ignem* pasados!
En el yermo quedamos   como desamparados,
y velamos, y vos   dormís asegurados.

603   Gracias al Padre Santo,   y por Santa María,
la palma ya vestís   de vuestra romería:
estamos en tristeza,   y vos en alegría;
cuidamos hacer seso   pero hicimos folía.»

604   Teniendo gran quebranto   del daño que les vino,
querían tomar carrera,   entrar en su camino;
pero vieron salir   del mar un peregrino;
parecía que era   el romero mezquino.

605   Cuando vino hasta ellos   y estuvo en la ribera,
reconocieron todos   que aquél que saltó era;
santiguáronse todos: ¿cómo, por cual manera
quedó vivo en el mar   una hora señera?

606   El peregrino dijo: «Oídme, así viváis,
que yo os haré certeros   sobre eso que dudáis;
cómo escapé con vida   quiero que lo sepáis,
y diréis *Deo gratias*   luego que me lo oigáis.

607   Cuando de la gran nave   quise afuera salir,
que parecía por ojo   que se quería sumir,
y vi que de la muerte   no me podía guarir,
«¡Valme, Santa María!»   empecé a decir.

608   Dije esta palabra: «¡Valme, Santa María!»,
no pude decir más   porque vagar no había,
pero Ella estuvo presta,   por su placentería;
si no fuese por Ella,   ahogado perecía.

609   Allí estuvo Ella presta,   y traía un buen paño,
era paño de precio,   nunca vi su calaño.
Me lo echó por encima,   dijo: «No tendrás daño:
cuenta que te dormiste   o que yaciste en baño.»

610   Nunca tan rica obra   contempló hombre carnal,
obra era angélica,   que no materïal.
Tan holgado yacía   como bajo un tendal
o como quien se duerme   en un verde pradal.

611   Feliz será la alma,   y bienaventurada,
que so tan rica sombra   se fuera solazada:
ni frío ni calura,   ni el viento ni la helada
le causarán enojo   con que sea embargada.

612   Bajo este paño huelgan,   alegres y pagadas,
las vírgenes gloriosas   de Don Cristo amadas,
que cantan a su Madre   laudes multiplicadas
y tienen las coronas   precïosas y honradas.

613   La sombra de aquel paño   trae tal templadura
que el hombre en el ardor   halla bajo él frescura,
pero halla el friolento   sabrosa calentura:
¡Dios, qué rico consejo   para hora de ardura!

614   Tantas son sus mercedes,   tantas sus caridades,
y tantas sus virtudes,   y tantas sus bondades,
que no las contarían   ni obispos ni abades,
ni las podrían juzgar   reyes ni potestades.»

615   El pesar que tuvieron   de los que peligraron
al sabor del milagro   todo se lo olvidaron:
rindieron a Dios gracias,   el *Te Deum* cantaron,
y con la dulce *Salve   Regina* terminaron.

616   Cumplieron los romeros   luego su romería,
llegaron al Sepulcro   con muy gran alegría,
adoraron la Cruz   del Hijo de María:
¡nunca vieron en este   siglo otro tan buen día!

617   Contaron el milagro   de la Madre gloriosa,
de cómo libró al hombre   de la mar peligrosa;
decían todos que fue   ésta una extraña cosa;
hicieron de ella escrito,   leyenda muy sabrosa.

618   Todos cuantos oyeron   esta santa razón
todos a la Gloriosa   decían su bendición,
tenían para servirla   mejor la devoción
porque esperaban de Ella   merced y galardón.

619   La fama de este hecho   voló sobre los mares,
no la retuvo viento,   pobló muchos solares,
la pusieron en libros   por diversos lugares,
por lo que es hoy bendita   de muchos paladares.

620   Todos cuantos bendicen   a la Madre gloriosa
—¡por el Rey de la gloria!—   hacen derecha cosa,
que por Ella salimos   de la cárcel penosa
en que todos yacíamos,   hoya muy peligrosa.

621   Los que por Eva fuimos   en perdición caídos,
por Ella recobramos   los solares perdidos;
estaríamos, si no fuese   por Ella, amortecidos,
mas por su santo fruto   estamos redimidos.

622   Por ese santo fruto   que Ella concibió,
que por salvar al mundo   muerte y pasión sufrió,
salimos de la hoya   que don Adán abrió
cuando de lo vedado   mal bocado mordió.

623   Desde siempre contiende   en valer a cuitados,
gobernar los mezquinos,   revocar los errados,
hacer por tierra y mar   milagros muy granados,
tales y muy mayores   que los que van contados.

624   Ella que es de gracia   tan llena y abundada,
guíe nuestro negocio,   nuestra vida lazrada,
nos guarde en este mundo   de mala sorrostrada
y nos gane en el otro   con los santos posada.
                            Amén.

MILAGRO XXIII

[La deuda pagada]

⁶²⁵ Amigos, si quisierais   otro poco atender,
un precioso milagro   os querría leer:
cuando fuere leído   tendréis muy gran placer,
lo apreciaréis bien más   que un mediano comer.

⁶²⁶ En la ciudad que por   Constantino es nombrada
pues fue de Constantino   otro tiempo poblada
—aquél que dio a San Pedro   Roma para posada—
había un hombre bueno   y de hacienda granada.

⁶²⁷ Era este burgués   de muy gran corazón,
por subir en gran precio   hacía gran misión,
expendía sus haberes,   dábalos en baldón,
a cualquier que pidiese   él no diría que non.

⁶²⁸ Por exaltar su fama   y su precio crecer
derramaba sin duelo   cuanto podía tener:
si menguaba lo suyo,   aun por mayor valer
tomaba a sus vecinos   lo que era menester.

⁶²⁹ Derramaba lo suyo   largamente y sin tiento,
menguaba los haberes   pero no el buen contento;
siempre podía encontrarse   en su casa convento,
a veces veinte o treinta,   y a las vegadas ciento.

⁶³⁰ Como hacía gran gasto,   expensa sin mesura,
faltóle la pecunia   y se encontró en ardura:
no le daban prestado   y no encontraba usura
ni entre los extraños   ni en los de su natura.

631   Entendíanselo todos   que andaba empobrecido,
no encontraba prestado   ni a crédito cedido,
en tan grande profazo   había el hombre caído,
que todo lo pasado   le parecía perdido.

632   El varón con gran queja   se llegó a los altares,
hacía su oración   entre los paladares:
«Oh, Señor, que un Dios eres   y tres personas pares,
sea en mí Tu piedad   y no me desampares.

633   Oh, Señor, hasta ahora   Tú me has protegido,
mas soy por mis pecados   en gran quiebra caído;
el precio que tenía   todo lo he perdido,
mucho más me valiera   que no hubiese nacido.

634   Señor, dame consejo   por alguna manera,
envíame Tu gracia   por alguna carrera,
que para Ti tal hecho   es cosa asaz ligera.
Yo nadé todo el mar: ¿moriré en la ribera?»

635   Mientras así rezaba,   quísole Dios prestar,
y vino un buen consejo   el burgués a pensar:
no vino de su seso,   mas quísolo guiar
Aquél que el mundo todo   tiene de gobernar.

636   Un judío bien rico   había en la ciudad,
no lo había más rico   en esa vecindad;
pensó de ir a él   entre su voluntad,
a pedirle consejo   por Dios y caridad.

637   Al judío fue luego,   y fue bien recibido:
preguntóle por él   y por qué había venido,
porque en otras sazones   lo había conocido
y de todo su pleito   noticia había tenido.

638   Díjole su negocio   el burgués al hebreo:
«Don Fulano, sabéis   mi pleito, como creo;
ganar de vos empréstito   sería mi deseo,
que nunca cuidé verme   en esto que me veo.

639   Cuando yo algo tenía,   porque Dios lo quería
—sábenlo mis vecinos—   a todos les valía:
las puertas de mi casa   abiertas las tenía,
y cuanto Dios me daba   con todos lo partía.

640   Querría, si pudiese,   en eso contender,
       pero estoy decaído,   menguado del haber:
       mas si tú me quisieses   de lo tuyo acreer,
       cuido yo que en su plazo   lo podré devolver.»

641   El judío le dijo: «Yo lo haré de buen grado,
       de mi haber cuanto quieras   yo te daré prestado,
       pero dame fiador   que sea asegurado:
       si no, pavor tendría   yo de ser engañado.»

642   El cristiano le dijo,   hablóle a sabor:
       «Don Fulano, no puedo   darte otro fiador,
       pero te daré a Cristo,   mi Dios y mi Señor,
       Hijo de la Gloriosa,   del mundo salvador.»

643   El judío le dijo: «Yo creer no podría
       que ése que tú dices   que nació de María
       sea Dios; pero sí fue   cuerdo hombre sin folía,
       profeta verdadero;   yo ál no lo creería.

644   Si él tu fiador fuera,   yo mismo, por su amor,
       te he de acreer lo mío,   sin otro fiador;
       mas me parece cosa   esquiva, sin color,
       y hasta tú me pareces   hombre escarnecedor.

645   No sé de qué manera   se lo podría haber,
       que no está en este mundo,   según es mi creer,
       y no esperes que venga   porque te ha de acorrer,
       por lo que otro consejo   te conviene tener.»

646   Respondióle el cristiano   y le dijo al judío:
       «Entiendo que me tienes   por loco y por sandío,
       que no tengo consejo   y que ando en radío,
       mas ál verás tras esto,   según lo que confío.»

647   El judío le dijo: «Si tal cosa mostrares,
       yo te he de dar en préstamo   cuanto necesitares,
       pero si eso es embuste,   de lo que me sacares
       no pagarás con ello   cazurros ni juglares.»

648   El burgués respondió   al truhán renegado:
       «Bastará que conmigo   tú vengas a sagrado;
       te mostraré a María   junto con su buen criado.»
       El judío le dijo: «Eso lo haré de grado.»

649   Se lo llevó a la iglesia   con Dios y con su guía
y le mostró la imagen,   la de Santa María
con su Hijo en los brazos,   Su dulce compañía;
avergonzados fueron   los de la judería.

650   El hombre bueno dijo   a aquéllos de la aljama:
«Éste es Nuestro Sire,   y ésta Nuestra Dama:
siempre es afortunado   quien a Ellos se clama;
quien en Ellos no cree   beberá fuego y flama.»

651   Y le dijo al judío   que era el principal,
al que le prometió   prestarle su caudal:
«Estos son mis señores,   y yo su servicial;
éstos sean fianzas,   pues no puedo hacer ál.»

652   El judío le dijo: «Yo bien los tomaré,
yo otros fiadores   no te demandaré,
mas si tú me fallaras,   a Ellos retaré,
y qué lealtad me traes   yo les declararé.»

653   Estos fiadores dio   al truhán el cristiano,
a la Madre y al Hijo   púsoles en su mano.
Pusieron de su pago   un término certano,
recibió su pecunia   el burgués ciudadano.

654   Cuando hubo el haber   el burgués recibido,
hubo gran alegría,   túvose por guarido;
violvióse a la Gloriosa   —fue allí de buen sentido—
fue a rendir a Dios gracias   de corazón cumplido.

655   Abajó los hinojos   ante la Majestad,
levantó a Dios los ojos   con muy grande humildad:
«Señor —dijo— me hiciste   merced y caridad,
y hasme sacado hoy   de muy gran pobredad.

656   Señor, andaba ayer   muy pobre y endeudado,
y soy hoy por tu gracia   bien rico y abundado.
A Ti te di por fianza,   pero lo hice sin grado:
por mí sería gran tuerto   que Tú fueses retado.

657   Señor, yo no querría   mi palabra fallir,
lo que ante Ti propuse   bien lo querré cumplir,
pero si no pudiese   en el plazo venir,
el haber ante Ti   lo querré conducir.

658   Señor, si por ventura   estuviera alongado
y venir no pudiera   al término fijado,
ante Ti pondré yo   lo que por Ti me han fiado,
y Tú como quisieres   lo dejarás pagado.

659   Reína de los cielos,   Madre del pan de trigo,
por quien fue confundido   el mortal enemigo,
Tú eres mi fianza,   eso mismo te digo
que he referido ya   al Que tienes contigo.»

660   Cuando hubo el burgués   concluído su oración,
y hubo con el truhán   puesto su condición,
aguijó su negocio   y toda su misión
fue a tierras extrañas,   a lejana región.

661   Fue a tierras extrañas,   fue a Flandes y a Francia
con grandes mercancías   e hizo gran ganancia;
con Dios y la Gloriosa   acreció su substancia,
subió a gran riqueza   y a luenga alabancia.

662   Con los grandes negocios   en que estaba ocupado,
y estando de su tierra   fieramente alejado,
no respondió al término   que tenía asentado:
por sus pecados graves   habíalo olvidado.

663   Cerca venía el día   en que debía pagar,
y más de un día solo   no le venía a faltar:
húbose el burgués   del pleito a remembrar;
queríase el buen hombre   con sus manos matar.

664   Decía: «Mal he fallido,   mezquino pecador,
ya por nada le puedo   valer al fiador,
por mi causa retado   será mi Redentor,
con Él su Madre santa   la de Rocamador.

665   Señor, Tú lo comprendes   y sabes la verdad,
sabes cómo me pesa   de toda voluntad.
Señor, dame consejo   con tu grande piedad,
que no sea retada   tu santa Majestad.»

666   Juntó todo el haber   dentro de un saco atado,
no faltaba en la suma   un pugés horadado;
a la orilla llevólo   en sus cuestas trojado
y lo echó a las ondas   en donde no había vado.

667   Volvióse a Jesucristo   con mucha devoción,
llorando gravemente   hizo su oración:
«Señor —dijo— Tú sabes   toda esta razón,
por que Tú eres fianza   de nuestra condición.

668   Señor, yo más no puedo   y pagar al mar quiero,
ya que nos yace en medio   mucho bravo sendero.
Señor que eres llamado   Salvador verdadero,
esta pecunia pon   mañana en su cillero.

669   Señora mía gloriosa,   Santa María mía,
Tú bien en medio yaces   en esta pleitesía;
si Tú la miras bien,   es tuya más que mía:
yo te doy la pecunia,   Señora, Tú la guía.

670   Tú y tu Hijo estuvisteis   ambos en el mercado,
y ambos me sois fianzas   con el truhán renegado.
Sea la merced vuestra,   sea mañana pagado:
por mal siervo no sea   el buen Señor retado.

671   A Vos os lo encomiendo,   y cuento que he pagado,
yo por quito me tengo,   puesto que yo os lo he dado:
a Ti te ruego, Madre,   ruega Tú a tu criado,
para que sea mañana   el truhán reintegrado.»

672   A la Gloriosa plugo   y a su Hijo querido:
la siguiente mañana,   ya bien amanecido,
el vaso que llevaba   el haber recibido
nadaba ante la puerta   del truhán descreído.

673   La villa en que tenía   el judío morada
—aquél que al burgués dio   la pecunia prestada—
yacía, como leemos,   cerca la mar poblada;
las ondas en los muros   batían a la vegada.

674   Esa misma mañana,   la hora de prima era,
los hombres del judío,   compañía baldera,
a deportarse fueron   afuera a la ribera,
y vieron este estuche   nadar sobre la glera.

675   Fueron para tomarlo   mancebillos livianos,
muchas veces hacían   muchos ensayos vanos;
íbase mar adentro,   huíales de las manos;
esto lo vieron muchos   judíos y cristianos.

676   Vinieron al ruïdo   cristianos sabedores
con garfios, con galeas   y guizques valedores;
todo les valió nada,   porque eran trufadores;
nunca hombres vertieron   más balderos sudores.

677   Vino por aventura   el señor verdadero,
se le vino a las manos   en el punto el tablero;
a su casa llevólo,   dentro de su cillero,
y de oro y de plata   hizo muy gran rimero.

678   Cuando hubo el truhán   el haber recaudado
y el vaso en que le vino   fue bien escudriñado,
lo echó bajo su lecho,   ricamente aliviado:
tenían todos envidia   del truhán renegado.

679   El truhán alevoso,   natura codiciosa,
no paraba el astroso   mientes en otra cosa:
tenía que su ventura   era maravillosa
y trataba al burgués   de boca mentirosa.

680   Retábalo la aljama,   esa loca natura,
porque perdió su haber   por su mala locura:
nunca hizo hombre alguno   tan loca fiadura
que tomara por fianza   a una imagen dura.

681   Dejemos al judío,   tan goloso y logrero;
no lo saque Dios de esto,   y guarde su cillero.
Tratemos otra vez   de nuestro mercadero,
llevémosle las nuevas   de do arribó el tablero.

682   El burgués de Bizancio   vivía con gran pesar,
que no pudo en su plazo   al judío pagar:
no podía el buen hombre   su semblante alegrar,
no lo podían por nada   sus hombres confortar.

683   Transcurrido gran tiempo,   ganó muchos dineros,
comprando y vendiendo   a ley de mercaderos;
cuando su hora vio,   dejó esos senderos
y tornó a su provincia   con otros compañeros.

684   Fue por Constantinopla   sembrando este ruïdo
del burgués don Valerio   cómo había venido:
al judío le plugo,   túvose por guarido
y vio que doblaría   el haber acreído.

685   A su casa fue luego   —sabía dónde moraba—
y lo puso en profazo   porque no le pagaba.
El buen hombre le dijo   que locura buscaba,
que nada le debía   de lo que demandaba.

686   El judío le dijo: «Yo con derecho ando,
buenos testigos tengo   de lo que te demando:
si dices que pagaste,   demuestra dónde o cuándo,
que al final creo yo   que no saldré cantando.

687   Me fie de tu Cristo,   que es gran embaucador,
y de su madrecilla,   que fue poco mejor;
llevaré tal derecho   según tomé fiador;
quien más en ti creyere   tal le suceda, o peor.»

668   Díjole el cristïano: «Dices palabra loca:
buena Madre y buen Hijo,   hasles vergüenza poca,
que nunca en este siglo   tal mujer cubrió toca,
ni nació nunca niño   de tan donosa boca.

689   Del haber que me diste   estoy asegurado;
buenos testigos tengo,   bien te lo he pagado;
si lo sigues negando,   te haré mayor mercado:
díganlo las fianzas   que tú mismo has tomado.»

690   Quedó el truhán alegre,   túvose por guarido,
Dijo: «Tu juicio acepto.   ¿No serás desmentido?»
Cuidaba que la imagen   no tenía sentido,
no hablaría palabra   con que fuese vencido.

691   Se fueron a la iglesia   ambos estos guerreros
a hacer esta pesquisa: ¿cuál había los dineros?
Fueron tras ellos muchos,   y muchos delanteros,
por ver si tendrían seso   de hablar los maderos.

692   Paráronse delante   del Niño coronado,
el que tenía la Madre   dulcemente abrazado,
y le dijo el burgués: «Señor tan acabado,
juzga este pleito Tú   porque soy mal retado.

693   De cómo yo lo hice   Tú eres sabedor;
si lo hubo él o no,   Tú lo sabes, Señor.
Señor, haz tanta gracia   sobre mí, pecador,
que digas si lo hubo,   Tú que fuiste fiador.»

694   El crucifijo habló,   díjole buen mandado:
«Miente: tuvo su paga   el día señalado.
El cesto en el que vino   el haber bien contado
bajo su lecho mismo   lo tiene condesado.»

695   Movióse el pueblo todo   tal como estaba llecho,
se fueron a su casa   —hicieron gran derecho—
el escriño encontraron   do yacía, so el lecho;
quedóse el trufán malo   muy confuso y maltrecho.

696   Si le pesó o le plugo,   triste y amedrentado,
tuvo del pleito todo   que verse descartado;
mas se convirtió luego,   de otros acompañado,
y murió en la fe buena,   de la mala apartado.

697   Y siempre en el día aquél   que aconteció esta cosa,
que la imagen habló   por su virtud preciosa,
hacían muy gran fiesta   con kiries y con prosa,
con grandes alegrías   a Dios y a la Gloriosa.

698   Los pueblos de la villa,   pobres como pudientes,
hacían gran alegría   con músicas potentes,
adobaban convites,   dando a las pobres gentes
sus carnes, sus pescados   salpresos y recientes.

699   Andaban las redomas   con el vino pimiente,
conduchos adobados   maravillosamente:
regalarse a su gusto   a todos se consiente,
a los que comen, nadie   mira burlonamente.

700   Un arcediano rico,   bien de tierras extrañas,
acaeció a esa fiesta   entre esas compañas:
vio las grandes quirolas,   procesiones tamañas,
que nunca vio ni oyó   otras de éstas calañas.

701   Preguntó: «Esta fiesta,   cómo fue levantada?»
porque tan noblemente   la veía celebrada.
Un cristiano le dijo   la raíz profundada,
y que supiese que ésta   era verdad probada.

702   Plúgole al arcediano,   túvolo por gran cosa,
dijo: «*Laudetur Deo*   y la Virgo gloriosa.»
En escrito lo puso   con su mano cabosa;
déle Dios paraíso   y folganza sabrosa.

                                                    Amén.

MILAGRO XXIV [antes XXV]

[La iglesia robada]

867   Aún otro milagro   os querría contar
que hizo la Gloriosa   y que no es de olvidar:
perennal fuente es Ella   de quien mana la màr,
y que en sazón ninguna   no cesa de manar.

868   Yo bien creo que quien   este milagro oyere
no le querrá quitar   toca que la cubriere
ni le querrá quitar   por fuerza lo que hubiere:
deberá recordar   esto mientras viviere.

869   En el tiempo del rey   de la buena ventura,
Don Fernando por nombre,   señor de Extremadura,
nieto del rey Alfonso   —cuerpo de gran mesura—
sucedió este milagro   de muy grande apostura.

870   Moviéronse ladrones   de parte de León,
de esa obispalía   y de esa región;
vinieron a Castilla   por su gran confusión:
guïólos el demonio   que es un mal guión.

871   El uno era lego,   en mala hora engendrado;
era clérigo el otro,   por obispo ordenado.
Llegaron a Celinos,   guïolos el pecado,
aquél que guió a Judas   a hacer el mal mercado.

872   Afuera de la villa,   en una rellanada,
se encontraba una iglesia,   y no muy apartada;
junto a la iglesia había   una celda habitada:
en la celda moraba   una toquinegrada.

873   Barruntaron la cosa   estos ambos ladrones,
       moviéronse de noche   con sendos azadones;
       desquiciaron las puertas,   buscaron los rincones,
       bien entendían que estaba   la celda sin varones.

874   Era pobre la monja   que allí se mantenía:
       asaz magra substancia,   pocas ropas tenía;
       pero tenía un paño   de bastante valía
       que para mujer de orden   apuesto manto haría.

875   Lo que había en la celda   todo fue abarrido,
       malamente maneado   y en un saco metido.
       Asaz era este lego   hombre de mal sentido,
       mas mucho peor el clérigo,   que más había leído.

876   Cuando lo de la celda   fue todo enfardelado
       —todo valdría bien poco   en haber monedado—
       juzgaron los astrosos   ministros del pecado
       que yacía el pro todo   en la iglesia cerrado.

877   Fue con los azadones   la cerraja arrancada,
       desquiciadas las puertas   y la iglesia robada:
       de todo cuanto había   allí, no quedó nada;
       hacían gran sacrilegio   por ganancia delgada.

878   Despojaron las sábanas   que cubrían el altar,
       libros y vestimentas   con que solían cantar:
       fue mal desbaratado   el precioso lugar
       do solían pecadores   al Crïador rogar.

879   Cuando hubieron cumplido   esta grande locura,
       alzaron hacia arriba   ambos la catadura
       y vieron de la Virgo   gloriosa la figura
       con su niño en los brazos,   su dulce crïatura.

880   Tenía en la cabeza   corona muy honrada,
       por encima una impla   muy blanca y muy delgada:
       a diestro y a siniestro   la tenía colgada;
       pensaron en quitarla,   mas no ganaron nada.

881   Se precipitó el clérigo,   hízose más osado
       porque en cosas de iglesia   él era más usado:
       fue a trabar de la toca   el mal aventurado
       porque con eso habrían   ese pleito acabado.

882 Túvose la Gloriosa   por muy mal afrentada,
que tan villanamente   era así despojada;
mostró que del servicio   no estaba muy pagada:
nunca vieron hombres   toca tan querellada.

883 Luego que de la toca   trabó ese malhadado
pegósele tan firme   en el puño cerrado
que con ningún engrudo   sería tan trabado,
ni con clavo que fuese   por martillo calcado.

884 Perdieron la memoria,   y bien lo merecieron;
el clérigo y el lego   todo el seso perdieron:
fueron para la puerta,   hallarla no pudieron;
andaban en radío   los que por mal nacieron.

885 De lo que habían tomado   no se podían quitar;
ya lo querrían de grado   —si pudiesen— dejar;
lo dejarían de grado,   no lo querrían llevar,
mas do estaba la puerta   no lo sabían juzgar.

886 Andaban tanteando   de rincón en rincón
como hacía Sisinio   el celoso varón
marido de Teodora   —mujer de gran canción—,
la que por Clemens papa   tomó religión.

887 Los locos sin ventura,   de Dios desamparados,
andaban como ebrios   todos descalabrados,
ora daban de rostro,   ora de los costados:
para ir en romería   estaban mal guisados.

888 La monja, con la pérdida   que le fue infligida,
salióse como pudo   de do yacía escondida;
metió voces y gritos,   fue luego acorrida,
la gente más liviana   al punto fue venida.

889 Se juntó en poco rato   gran cuadrilla de peones,
entraron en la iglesia,   hallaron los ladrones,
echáronles la mano,   según venían felones,
dábanles grandes golpes   con muy grandes bastones.

890 Dábanles grandes palos   y grandes carrilladas,
coces soberbiamente,   y muchas palancadas;
llevaban por los cuerpos   tantas de las granadas
que todas las menudas   quedaban olvidadas.

891   Hiciéronles decir   toda la pleitesía,
de qué tierra vinieron,   para qué romería,
y cómo los había   preso Santa María,
porque le habían hecho   ellos gran villanía.

892   Antes de los albores   fueron bien capturados,
y cuando el sol salió   hallólos bien domados;
llamábanlos las gentes   traïdores probados,
que contra la Gloriosa   fueron tan denodados.

893   Luego, a las misas dichas,   se reunïó el concejo;
todos tenían sabor   de hacerles mal trebejo.
Sobre el lego cativo   tomaron mal consejo:
alzáronlo de tierra   con un duro vencejo.

894   Un devoto canónigo,   hombre de santa vida
que tenía su amor   en Dios bien encendida,
cuando la toca vio   con la mano cosida
decía que tal justicia   no fue antes oída.

895   El hombre bueno quiso   de la toca trabar,
en vez de la Gloriosa,   en su velo besar;
mas al cristiano bueno   quísolo Dios honrar
despegóse la toca   al punto del pulgar.

896   De allí a los pocos días   (Dios lo quiso guiar)
acaeció que vino   el obispo al lugar:
le trajeron al clérigo   por se lo presentar,
a ver si lo mandaba   o tener o soltar.

897   Al clérigo trajeron,   las manos bien ligadas,
los hombros bien sobados   de buenas palancadas,
dijéronle las nuevas   de él y sus trasnochadas,
y cómo hacía las cosas   que Dios tenía vedadas.

898   Confesóse él mismo,   y por su misma boca
dijo su pleitesía,   su mantenencia loca,
y cómo a la Gloriosa   despojaron la toca:
nunca hicieron cosa   de ganancia tan poca.

899   Lo tomó el obispo,   lo llevó a León,
manos atrás atadas,   bien a ley de ladrón,
y cuantos lo veían   y sabían la razón,
decían: «Dios lo confunda   a tan loco varón.»

900   El obispo no osó   juzgar la pleitesía
y a concilio llamó   toda la clerecía.
Cuando fueron llegados,   al asignado día,
presentóles el clérigo,   díjoles su folía.

901   Demandóles consejo: ¿qué le dabía hacer?
No le supo ninguno   a ello responder.
Sabía bien el obispo   derecho conocer,
y quiso por su boca   al clérigo vencer.

902   Dijo el obispo: «Clérigo,   ¿hiciste tú tal mal,
o porque te acusaban   lo otorgaste por tal?»
«Señor —le dijo el clérigo—,   mi padre espiritual,
maldad como la mía   nunca la he hallado igual.

903   Cuanto de mí te dicen   es todo gran verdad,
no te dicen el diezmo   de mi mucha maldad.
Señor, por Dios te sea,   y por la caridad,
no cates a mi mérito,   mas cata a tu bondad.»

904   Dijo el obispo: «Amigos,   esto es aguisado:
el clérigo no es nuestro   ni de nuestro obispado;
por nos no es de derecho   que sea condenado;
que lo juzgue su obispo,   su merced, su pecado.

905   Por del obispo de Ávila   él se ha aclamado,
se clama por su clérigo   y por de su obispado;
juzgar ajeno clérigo   por ley está vedado,
podría yo por ello   ser después mal retado.

906   Mas pongo por sentencia   que sea acotado,
que si encontrado fuera   en todo este obispado
sea luego pendido,   en un árbol colgado:
el que lo perdonare   sea descomulgado.»

907   Y nunca más lo vieron   desde que lo exilaron,
en todo el obispado   nunca lo atestiguaron.
Este milagro nuevo   firmemente apuntaron,
con los otros milagros   en escrito lo echaron.

908   Tú, Madre glorïosa,   siempre seas loada,
que sabes a los malos   dar mala sorrostrada:
sabes honrar los buenos   como bien enseñada,
Madre de gracia llena   por esto eres llamada.

909   Los malos que vinieron   a afrontarte en tu silla
bien los tuviste presos   dentro de tu capilla;
al buen hombre que quiso   besarte la toquilla
bien suelta se la diste,   lo dice la cartilla.

910   Señora tan bendita   y Reína acabada,
por mano de tu Hijo   don Cristo coronada,
líbranos del demonio   y de su zancajada,
del que siempre a las almas   tiende mala celada.

911   Tú nos guía, Señora,   en la derecha vida,
Tú nos gana, al cabo,   buena fin y cumplida.
Guárdanos de mal golpe   y de mala caída;
que las almas, al cabo   tengan buena salida.

                                                    Amén.

MILAGRO XXV [antes XXIV]

De cómo Teófilo hizo carta con el diablo de su ánima y después
fue convertido y salvo.

703   Del pleito de Teófilo   os querría yo hablar:
tan precioso milagro   no es para olvidar,
porque por él podremos   entender y juzgar
lo que vale la Virgen   si la saben rogar.

704   No querré, si pudiera,   la razón alongar:
vosotros tendríais tedio,   yo podría pecar.
De la breve oración   se suele Dios pagar;
de ésa el Criador nos deje   a nosotros usar.

705   Érase un hombre bueno   de bien granada hacienda,
tenía por nombre Teófilo,   como diz la leyenda.
Era hombre pacífico,   no amaba la contienda,
bien sabía a sus carnes   tener bajo la rienda.

706   En el lugar donde era   tenía gran bailía,
de su señor obispo   tenía la vicaría;
entre los de la iglesia   tenía la mejoría,
fuera de que el obispo   tenía la nombradía.

707   Era, en su persona,   de buena contenencia,
sabía tener con todos   paz y buena avenencia;
era hombre templado,   de buena conocencia,
era muy sazonado   de sentido y de ciencia.

708   Vestía a los desnudos,   alimentaba hambrientos,
acogía a los romeros   que venían friolentos,
a los errados daba   buenos castigamientos,
que hiciesen penitencia   de todos fallimientos.

709   No tenía el obispo   embargo ni lacerio,
       salvo cantar su misa   y rezar su salterio.
       Teófilo lo excusaba   de todo ministerio,
       y contar sus bondades   sería relato serio.

710   El obispo lo amaba   de muy grande manera,
       porque así lo excusaba de toda facendera;
       los pueblos y las gentes teníanlo por lumbrera
       porque él era de todos   caudillo y cabecera.

711   Cuando el término vino   en que hubo de finar,
       el obispo no pudo   el punto traspasar.
       Enfermóse y murió,   fuese con Dios a holgar:
       déle Dios Paraíso   (débese así rogar).

712   Las gentes del lugar,   toda la clerecía,
       todos decían: «Teófilo   haya la obispalía;
       entendemos que yace   en él la mejoría,
       él conviene que tenga   esta adelantadía.»

713   Envïaron sus cartas   al metropolitano,
       que —¡por Dios!— de Teófilo no mudase la mano;
       para todos éste era   el consejo más sano:
       lo ál sería invierno,   esto sería verano.

714   Envïaron por él   los del arzobispado,
       dijéronle: «Teófilo,   toma este obispado,
       porque todo el cabildo   en ti es otorgado,
       y de todos los pueblos   eres tú postulado.»

715   Respondióles Teófilo   con gran simplicidad:
       «Señores, mudad mano,   por Dios y caridad,
       porque no soy tan digno   para tal dignidad,
       y hacer tal elección   sería gran ceguedad.»

716   El arzobispo dijo: «Quiero que lo aceptéis;
       esta elección tan justa quiero que la toméis.»
       Don Teófilo le dijo: «Tanto no contendréis
       que contra mi buen grado a ello me llevéis.»

717   Los de la canonjía,   que les plugo o que non,
       tuvieron que volver   a hacer una elección:
       el nuevo obispo impuesto en esta ordenación
       puso a otro vicario   en esa ocupación.

718   Corrían los pleitos todos   al vicario novel,
servíanlo a Teófilo,   mas plus servían a él.
Tuvo celos Teófilo,   trabajóse el doncel,
y se cambió en Caín   el que fuera Abel.

719   En casa del obispo   no era ya tan privado
como solía ser   con el otro pasado;
en su voluntad fue   fieramente turbado,
habíalo la envidia   de su quicio sacado.

720   Teníase por maltrecho   y por ocasionado,
de grandes y de chicos   veíase desdeñado;
cegó del gran despecho   y fue mal transtornado,
pensó fiera locura,   gran yerro, desguisado.

721   Donde moraba Teófilo   en esa obispalía,
había allí un judío   en esa judería:
sabía él cosa mala   de toda alevosía,
que con la hueste antigua   tenía su cofradía.

722   Era un falso truhán   lleno de malos vicios,
sabía encantamientos   y otros maleficios,
hacía el malo cercos   y otros artificios,
Beelzebub lo guiaba   en todos sus oficios.

723   En dar consejos malos   era muy sabedor,
mataba muchas almas   este falso traidor:
como era vasallo   de pésimo señor,
si aquél mal le mandaba,   él hacíalo peor.

724   Cuidábanse los hombres   que con seso quebraba,
no entendían que todo   Satanás lo guiaba;
cuando por aventura   en algo la acertaba
por poco aquella gente   loca no lo adoraba.

725   Lo había colocado   el diablo en gran lugar,
todos a él venían   consejo a demandar,
lo que él les decía   hacíaselo probar,
sabía de mala guisa   los hombres engañar.

726   Teníanlo por profeta   todos, chicos y grandes,
todos corrían a él   como puercos a landes;
los que estaban enfermos   llevábanlos en andas;
todos decían: «Haremos   todo lo que tú mandes.»

727 Teófilo, mezquino,   de Dios desamparado
—venciólo su locura   y muebda del pecado—,
fue a demandar consejo   al truhán endiablado:
cómo podría tornar   a haber su antiguo estado.

728 El judío le dijo: «Si creerme quisieres
pronto podrás tornar   a aquello que tú quieres.
No tengas duda alguna,   que si firme estuvieres
todo será alcanzado,   si no te arrepintieres.»

729 Respondióle Teófilo,   tal un embeleñado:
«Por eso vine a ti,   por seguir tu mandado.»
El judío le dijo: «Quédate asegurado;
cuenta que ya tu pleito   todo está recabado.

730 Vete a holgar a tu lecho,   retorna a tu posada;
mañana al primer sueño,   ya la gente aquedada,
húrtate de tus hombres,   de toda tu mesnada;
ven y toca a la puerta,   y no hagas ál nada.»

731 Fue con esto Teófilo   muy alegre y pagado,
y pensó que su pleito   quedaba bien parado.
Tornóse a su posada   duramente engañado:
mucho más le valiera   que se hubiese quedado.

732 Luego a la otra noche,   ya la gente aquedada,
hurtóse de sus hombres,   salió de su posada,
fue a tocar la puerta,   que ya sabía la entrada:
presto estaba el truhán,   y le abrió sin soldada.

733 Tomólo por la mano,   la noche bien mediada,
sacólo de la villa   a una encrucijada:
«No te santigües —díjole—,   y no temas por nada,
que mañana tu hacienda   estará mejorada.»

734 Vio allí poco después   venir muy grandes gentes
con ciriales en manos   y con cirios ardientes,
con su rey en el medio,   feos y no lucientes;
ya querría don Teófilo   estar con sus parientes.

735 Tomólo por la mano   este truhán traidor,
llevólo hasta la tienda   donde estaba el señor.
El rey lo recibió   con asaz gran honor,
tal hicieron los príncipes   puestos en derredor.

736 Díjole luego el rey: «Don Fulán, ¿qué buscáis?
Qué presente traéis   quiero que me digáis,
o bien qué hombre es éste   que aquí me presentáis;
saberlo quiero luego,   bien es que lo creáis.»

737 El judío le dijo: «Señor rey coronado,
vicario solía ser   éste del obispado,
queríanlo todos mucho,   era hombre muy honrado,
quitáronselo ahora,   de que es menoscabado.

738 Por eso es que ha venido   a tus pies a caer,
a que le hagas cobrar   lo que solía tener.
Él te ha de hacer servicio   en lo que pueda hacer,
tendrás en él un buen   vasallo, a mi creer.»

739 El demonio le dijo: «No sería buen derecho
buscarle yo a vasallo   ajeno tal provecho;
mas reniegue de Cristo   que nos da tal despecho,
y he de hacer yo que torne   en todo su buen hecho.

740 Reniegue de su Cristo   y de Santa María,
hágame carta firme   a mi placentería,
ponga en ella su sello   a la postrimería,
y tornará a su grado   con muy gran mejoría.»

741 Teófilo, con la gana   de en gran precio subir,
al placer del dïablo   hubo de consentir:
hizo con él su carta,   y la hizo guarnir
con su sello, que él mismo   no podía mentir.

742 Partióse de él con esto,   retornó a su posada;
cerca era de gallos   cuando hizo su tornada:
no se la entendió nadie   esta su cabalgada,
fuera de Dios, a Quien   no se le encubre nada.

743 Pero perdió la sombra,   fue siempre desombrado,
perdió la color buena,   quedó descolorado.
Porque lo quiso Dios,   no de obra del pecado,
retornó el sin ventura   a haber todo su estado.

744 Retornó el fementido   a haber todo su estado,
reconoció el obispo   que se había equivocado
el día que lo había   de su cargo apartado:
«Señor —dijo Teófilo—   séaos perdonado.»

745 Si antes fue Teófilo   muy bien quisto y amado,
fue después más servido   y mucho más preciado:
Dios señero lo sabe,   Él que es bien decorado,
si le venía por Él   esto, o por el pecado.

746 Vivió algunos días   en esta bienandanza,
amor con el obispo   teniendo, y gran privanza,
recibiendo del pueblo   mucha rica pitanza:
mas al cabo lo hirió   Don Cristo con su lanza.

747 Estando este vicario   en esta vicaría,
cogió muy gran jactancia   y mayor osadía,
concibió vana gloria   y mayor ufanía:
entendíanselo todos   que traía lozanía.

748 El Señor, que no quiere   muerte de pecadores,
mas que salven las almas   y enmienden los errores,
se volvió hacia este enfermo   de mortales dolores,
y que estaba engañado   de los malos traidores.

749 Los bienes que había hecho   en tiempos transcurridos
el buen Señor no quiso   que le fuesen perdidos;
avivó sus sentidos,   antes amortecidos,
abrió luego los ojos   que tenía adormidos.

750 Respiró un poquitillo   y volvió en su sentido,
reflexionó en su hacienda,   y se vio mal traído;
reflexionó aún más   en qué había prometido:
allí cayó Teófilo   en tierra amortecido.

751 Dijo dentro de sí: «Mezquino malhadado,
del otero en que estuve,   ¿quién me ha derribado?
La alma tengo perdida,   el cuerpo despreciado,
el bien que yo perdí   no lo veré cobrado.

752 Mezquino pecador,   no veo dónde arribar,
no encontraré quién quiera   a Dios por mí rogar;
muero como quien yace   en medio de la mar,
y que no ve terreno   por do pueda escapar.

753 Mezquino, y ay de mí,   que nací en hora dura,
matéme con mis manos,   me mató mi locura:
me había asentado Dios   en muy buena mesura,
pero ahora he perdido   toda buena ventura.

754 Mezquino, aunque me quiera   volver a la Gloriosa,
que dice la Escritura   que es tan pïadosa,
no me querrá escuchar,   que está de mí sañosa
porque la renegué,   hice esta esquiva cosa.

755 No fue mayor la culpa   de Judas el traidor
que por pocos dineros   vendió a su Señor;
yo pequé sobre todos,   mezquino pecador,
y no será por mí   ninguno rogador.

756 Perdido estoy con Dios   y con Santa María,
perdido con los santos   por esta alevosía;
corté todas las cimas   en que los pies tenía:
que no hubiese nacido   mucho mejor sería.

757 El día del Juïcio,   yo falso traïdor,
¿con qué cara vendré   ante Nuestro Señor?
Hablarán de mí todos,   mezquino pecador,
y no vendrá a la junta   otro que yo peor.

758 En mala hora vi   aquella vicaría,
escuché al dïablo,   busqué mi negro día.
Matóme aquel truhán,   el de la judería,
que mató a otros muchos   con su mala maestría.

759 No me faltaba nada   ni andaba mendigo,
todos honra me hacían   y les placía conmigo;
pero fui a buscar   mejor que pan de trigo:
yo me busqué el cuchillo,   y yo fui mi enemigo.

760 Tenía qué vestir,   tenía qué calzar,
tenía para mí,   tenía para dar;
para mercado, día   bien negro fui a buscar;
debríame yo mismo   con mis manos matar.

761 Bien sé que de esta fiebre   no podré terminar,
que no hay menge ni físico   que me pueda prestar,
sino Santa María,   estrella de la mar,
¿mas quién será el osado   que la vaya a rogar?

762 A mí, mezquino hediondo,   que hiedo más que can
—can que yace podrido,   no can que come pan—,
no me querrá oír,   esto lo sé de plano,
porque fui contra ella   muy torpe y muy villano.

763   Si a los santos quisiera   poner por rogadores,
       como de mi mal pleito   son todos sabedores,
       sañosos son los mártires,   todos los confesores,
       mucho más los apóstoles   que son mucho mayores.

764   No quiero por los pies   la cabeza dejar:
       a la Madre gloriosa   quiérome yo acostar.
       Caeré ante sus pies   delante de su altar;
       atendiendo su gracia   allí quiero finar:

765   Tendré allí mis ayunos,   haré mis aflicciones,
       lloraré de los ojos,   rezaré oraciones,
       castigaré mis carnes,   cebo de vermezones,
       y parará en mí mientes   en algunas sazones.

766   Aunque la renegué   como loco sandío
       porque fui engañado   por un falso judío,
       firmemente lo creo,   y en su merced me fío,
       que de ella nació Cristo   que fue salvador mío.

767   Si yo voy a su templo   mañana de mañana,
       me habrá de suceder   lo que a la Egipcïana,
       que tomó gran profazo   como mala villana
       hasta que la Gloriosa   le fue su entremediana.

768   Pero aunque me lo sufra   Dios por su gran piedad,
       que pueda entrar adentro   a ver su majestad,
       vendrá un rayo o fuego   u otra tempestad
       que a muchos hará daño   sólo por mi maldad.

769   Y aunque quizás todo esto   me quiera Dios sufrir,
       y me permita en paz   mi rencura decir,
       por cual razón empiece   no puedo comedir,
       ni pienso cómo pueda   allí mi boca abrir.»

770   Desamparó su casa   y cuanto que tenía,
       a nadie dijo nada   de lo que hacer quería,
       se fue para la iglesia   del lugar do vivía,
       llorando de los ojos   todo cuanto podía.

771   Echóse allí a los pies   de la Santa Reína,
       que de los pecadores   es consejo y madrina.
       «Señora —dijo— valgas   a esta alma mezquina;
       ante tu merced vengo   a buscar medicina.

772   Señora, estoy perdido   y estoy desamparado,
mal encartamiento hice,   estoy mal engañado:
di, no sé por qué guisa,   el alma mía al pecado;
y ahora entiendo al fin   que hice mal mercado.

773   Señora tan bendita,   Reína coronada,
Tú que siempre haces preces   por la gente desviada,
no sea rechazado   hoy yo de tu posada;
si no, dirán algunos   que ya no puedes nada.

774   Señora, Tú que eres   puerta de paraíso,
en quien el Rey de gloria   tantas bondades quiso,
torna hacia mí, Señora,   tu tan precioso viso,
que estoy sobradamente   del mercado repiso.

775   Torna, Madre, hacia mí   tu cara tan preciosa;
con derecho lo estás,   si estás de mí sañosa,
pero no vaya peor   de lo que va la cosa:
tórnate hacia Teófilo,   Reína muy gloriosa.»

776   Cuarenta días estuvo   en esta contención,
sufría días y noches   fiera tribulación;
de ál no se acordaba,   si de esto solo non:
clamar a la Gloriosa   de firme corazón.

777   Plúgole al Rey del cielo   que al cuarenteno día,
contendiendo Teófilo   en esta terquería,
le apareció de noche   Santa Virgo María:
díjole fuertes verbos,   mostró su felonía.

778   Díjole: «¿En qué te andas,   hombre tan sin ventura?
escribes sobre el hielo,   contiendes en locura;
harta estoy de tu pleito,   dasme gran amargura,
eres muy porfioso,   me enojas sin mesura.

779   Haces peticïones   locas y sin color:
tú nos has renegado,   buscaste otro señor.
Don renegado malo,   que Judas mucho peor,
no sé por ti quién quiera   rogar al Crïador.

780   Yo tendría vergüenza   a mi Hijo de rogar,
y no me atrevería   mi razón a empezar.
Aquél que renegaste,   a Quien diste pesar,
no nos querrá oír;   menos, te perdonar.»

781   «Madre —dijo Teófilo—   por Dios y caridad,
       no cates a mi mérito,   mas cata a tu bondad:
       todo cuanto Tú dices   es la pura verdad,
       porque soy sucio y falso,   y lleno de maldad.

782   Repiso estoy, Señora,   válgame penitencia:
       esa salva las almas,   tal es nuestra creencia,
       esa salvó a Pedro   que hizo gran falencia,
       y lavó a Longino   de muy grande violencia.

783   La santa Magdalena,   de Lázaro la hermana,
       pecó muy sin mesura,   pues fue mujer liviana;
       eso mismo te digo   de la Egipcïana;
       pero a ambas sanó   la que todo mal sana.

784   David hizo también   tres pecados mortales,
       todos feos y sucios,   y todos principales;
       hizo su penitencia   con gemidos corales,
       y lo perdonó el Padre   de los penitenciales.

785   Esos pueblos de Nínive   que estaban condenados
       hicieron penitencia   llorando sus pecados
       y todos sus errores   les fueron perdonados:
       muchos serían destruidos   que fueron excusados.

786   Esta razón, Señora,   a Ti te toca ver,
       haciendo penitencia   si me debe valer.
       Madre, si Tú quisieses   y fuese tu placer,
       en mí este juïcio   no debía perecer.»

787   Él se calló con tanto;   habló Santa María
       y dijo: «Traes, Teófilo,   revuelta pleitesía.
       Yo bien llevé mi afrenta,   bien la perdonaría;
       pero a lo de mi Hijo   yo no me atrevería.

788   Aunque tú me negaste,   hiciste tan sucio hecho,
       quiérote aconsejar   un consejo derecho:
       vuélvete hacia mi Hijo   que te tiene despecho,
       porque tiene que fue   de ti harto maltrecho.

789   Ruégalo muy de firme   y con muy gran vehemencia,
       reniega del demonio,   confirma tu creencia:
       Él es muy pïadoso   y de gran conocencia;
       Él mata, Él vivifica,   que tanta es su potencia.»

790 «Madre —dijo Teófilo—   siempre seas loada;
fue gran día de Pascua   cuando fuiste fraguada.
Mucho está ahora mi alma   con esto confortada,
y trae tu palabra   medicina probada.

791 Pero yo no osaría   a tu Hijo rogar;
por mi ventura mala   busquéle gran pesar;
pero fío en Él   como debo fiar,
y quiero mi creencia   toda te demostrar.

792 Creo que hay un Dios,   y que es Trinidad:
Trinidad en personas,   y una la Deidad.
No hay en las personas   nula diversidad,
Padre, Hijo y Espíritu   uno son de verdad.

793 Creo de Jesucristo   en la encarnación,
que nació de ti, Madre,   por nuestra redención,
predicó el Evangelio,   luego sufrió pasión,
y en el día tercero   hizo resurrección.

794 Creo bien firmemente   también en su ascensión,
que nos envió la gracia   de la consolación;
creo en la postrimera   regeneración,
cuando buenos y malos   tendrán su galardón.

795 Madre, todo lo creo   y tengo por certano
todo aquello que Cristo   manda creer al cristiano,
mas tengo gran vergüenza,   y miedo soberano
porque fui, mi Señora,   contra Él muy villano.

796 A hombre tan malo y sucio   y mal testimoniado,
no ha de querer oírme,   porque no es aguisado.
Madre —tanto lo temo—,   sería rechazado,
quedaría nuestro pleito   todavía empeorado.

797 Si esto ha de ir a bien,   si me quieres prestar,
debes en este pleito   Tú, Madre, trabajar:
otro procurador   no me mandes buscar,
porque aunque lo buscase   no lo podría encontrar.

798 Tú eres para todo,   loado sea el Criador:
para rogar a tu Hijo,   tu Padre, tu Señor.
Todo lo que Tú mandes   o tuvieres sabor,
todo lo habrá de hacer   con mucho y bueno amor.

799 Lo que nunca hiciste   por otro pecador
hazlo ahora por Teófilo   y por Nuestro Señor.
Tórname Tú en la gracia   de tu bendita flor,
la flor que Tú pariste   sin tacha y sin dolor.

800 Señora muy bendita,   Reína principal,
aún en esta osadía   quiérote decir ál:
si no cobro la carta   que hice por mi mal,
contaré que no soy   quito del mal dogal.»

801 Dijo Santa María: «Don sucio, don malillo,
la carta que tú hiciste   con ese mal caudillo
y luego la sellaste   con tu sello de anillo,
en el infierno yace   en chico rinconcillo.

802 A causa de tu pleito   mi Hijo no querría
descender al infierno   tomar tal romería,
porque es lugar hediondo,   hedionda cofradía:
tan sólo sometérselo   sería gran osadía.»

803 «Oh Señora bendita   de entre las mujeres,
tu Hijo querrá bien   lo que Tú bien quisieres,
y habrá de darte todo   lo que Tú le pidieres:
a mí vendrá la carta   si sabor de ello hubieres.

804 Do quiera que la tenga   el dïablo metida,
sólo con que Él lo quiera   será luego rendida.
Señora que de todos   eres salud y vida,
no puedo más rogarte,   ni sé qué más te pida.»

805 Dijo Santa María,   buen confuerzo probado:
«Teófilo, queda en paz;   te veo bien lazrado.
Iré yo a ver si puedo   realizar el mandado:
Dios lo mande que sea   aína realizado.»

806 La Madre tan bendita,   esta razón tratada,
quitósele de ojos   y no pudo ver nada;
pero la voluntad   teníala confortada,
porque es el solaz suyo   medicina probada.

807 Si antes fue Teófilo   de gran devocïón,
mucho mayor, después,   fue su compuncïón.
Tres días y tres noches   estuvo en oración,
ni comió, ni bebió,   ni salió de lección.

808   Semejaban sus ojos   dos fuentes perennales,
hería con su cabeza   en los duros cantales,
sus puños en sus pechos   daban golpes atales;
decía: «Válasme, Madre,   así como a otros vales.

809   Válasme, Madre santa,   escucha mis clamores,
Tú que haces cosas tales   y otras mucho mayores,
Tú que sabes mi cuita   y entiendes mis dolores,
no me olvides Tú, Madre,   solaz de pecadores.»

810   Mucho penó Teófilo   en este triduano,
yaciendo sobre el suelo   con rezo cotidiano.
Nunca tanto en sus días   penó ningún cristiano,
mas su lacerio al cabo   no le cayó en vano.

811   La Reína de gloria,   Madre Santa María,
lo visitó de nuevo   cuando fue el tercer día,
trayéndole saludes   y nuevas de alegría
cuales querría todo hombre   que está en la enfermería.

812   «Sabe —le dijo—, Teófilo,   que tus oracïones,
y tus gemidos grandes,   y tus aflicciones,
llevadas son al cielo   con grandes procesiones;
lleváronlas los ángeles   cantando dulces sones.

813   Está de tu conducta   mi Hijo muy pagado,
el tuerto que tú hiciste   haslo bien enmendado:
si bien perseverases   como has empezado,
tu pleito está bien puesto   y bien asegurado.

814   Yo hablé de tu pleito   de toda voluntad,
yo me hinqué de rodillas   ante la Majestad;
hate Dios perdonado,   te hizo gran caridad,
conviene que tú seas   bien firme en tu bondad.»

815   «Madre —dijo Teófilo—   de Dios Nuestro Señor,
por ti me viene esto,   de ello soy sabedor;
quitas del juicio malo   a un hombre pecador
que yacería en infierno   con Judas el traidor.

816   Pero con todo esto   que Tú has alcanzado
aún no estoy bien seguro,   ni estaré bien pagado
hasta que vea la carta   y recobre el dictado
que hice cuando hube   de tu Hijo renegado.

817   Madre, si yo tuviese   la cartilla cobrada
      y si dentro de un fuego   yo la viese quemada,
      aunque luego muriese,   no se me daría nada:
      porque tengo hoy, Señora,   mi alma mal enredada.

818   Madre, bien sé que estás   de este pleito enojada,
      mas si Tú me fallaces   ya no me tengo a nada.
      Tú que esta cosa tienes,   Señora, comenzada,
      hazme render la carta,   será bien acabada.»

819   «No quedará por eso   —dijo la Glorïosa—;
      no quede por tan poco   empecida la cosa.»
      Quitóse de delante   la Reína preciosa,
      fue a buscar esta carta   de guisa presurosa.

820   Alegróse Teófilo   que yacía quebrantado;
      no era maravilla,   que estaba muy lazrado:
      retornó a su estudio,   al que tenía usado;
      nunca fue en este siglo   confesor más penado.

821   Retornó a su estudio,   a hacer su penitencia,
      en comer, en beber,   tener gran abstinencia;
      en la Madre gloriosa   ponía toda creencia:
      Dios por Ella le habría   de dar su bienquerencia.

822   En la noche tercera   yacía él adormido,
      que sufría gran martirio,   tenía poco sentido;
      vino la Glorïosa   con recaudo cumplido,
      con su carta en la mano,   queda sin todo ruido.

823   La esposa de don Cristo,   que es doncella y parida,
      se la echó por encima,   diole una sacudida:
      respondió don Teófilo,   pasó de muerte a vida,
      que encontró en su regazo   la carta mal metida.

824   Con esto quedó Teófilo   bien alegre y lozano,
      que veía la cartilla   retornada a su mano:
      allí tuvo que estaba   de la fiebre bien sano;
      apretó bien la carta,   rezó su triduano.

825   El confesor Teófilo   tuvo gran alegría
      porque en su potestad   de nuevo la veía;
      rindió gracias a Dios   y a la Virgen María,
      porque ella había adobado   toda su pleitesía.

826 Decía: «Señora buena, siempre seas loada,
siempre seas bendita, siempre glorificada.
Para los pecadores eres buena probada,
cual nunca otra nació tan dulce y tan uviada.

827 Siempre seas bendita y tu fruto loado,
porque tu nombre es santo mas el suyo medrado.
Tú me sacaste, Madre, del pozo endiablado
do siempre *sine fine* yacería ahogado.

828 Oh, Señora bendita, Madre Santa María,
cuánto te lo agradezco decir no lo sabría.
Señora, dame seso, dame sabiduría
con que pueda alabarte como yo lo querría.

829 Reína poderosa de los hechos honrados,
que siempre te trabajas en salvar los errados,
Tú me gana, Señora, perdón de mis pecados,
que alabe dignamente tus bienes tan granados.

830 Madre del Rey de gloria, por tu mucha piedad
alímpiame los labios, también la voluntad,
que pueda dignamente alabar tu bondad,
porque has sobre mí hecho gran caridad.»

831 La mañana siguiente de pasada esta cosa
(que le trajo la carta la Madre glorïosa),
era día domingo, una feria sabrosa,
en que anda la gente cristiana muy gustosa.

832 Vínose el pueblo todo para la misa oír,
tomar el pan bendito, el agua recibir;
queríala el obispo de la villa decir,
quería el hombre bueno su oficio cumplir.

833 El confesor Teófilo, un lazrado cristiano,
se fue para la iglesia con su carta en la mano,
se puso a los pies del buen misacantano,
confesó su proceso, tardío y temprano.

834 Hizo su confesión pura y bien verdadera,
cómo su vida fue desde la edad primera,
después cómo la envidia lo sacó de carrera
que lo hizo cegar por extraña manera.

835   Cómo fue al judío,   un truhán renegado,
      cómo le dio consejo   tan sucio y desguisado,
      cómo con el demonio   hubo pleito trabado
      y cómo fue por carta   el pleito confirmado.

836   Cómo por la Gloriosa   recobró aquel dictado
      que con su propio sello él había sellado;
      no dejó de decir   menudo ni granado
      hasta que dijo todo   por lo que había pasado.

837   Mostró luego la carta   que en el puño tenía,
      en que toda la fuerza   del mal pleito yacía;
      santiguóse el obispo   que tal cosa veía;
      era cosa tan grande   que apenas lo creía.

838   *Ite missa est* dicha,   la misa ya acabada,
      toda la gente estaba   por irse, saborgada;
      hizo signo el obispo   con su mano sagrada,
      quedó la gente toda   do estaba colocada.

839   «Oíd, —dijo— varones,   una bien fiera hazaña,
      como nunca la oísteis   en el siglo tamaña;
      veréis cómo el demonio   trae la mala maña:
      los que no se le guardan, tan mal que los engaña.

840   A este nuestro canónigo   y nuestro compañero
      moviólo su locura,   que es falso consejero:
      fue a buscar al demonio,   que es sabedor y artero,
      por cobrar un oficio   que tuviera primero.

841   Bien lo supo engañar   el falso traïdor:
      le dijo que negase   a Cristo, su Señor,
      y a la Virgen María,   que fue buena soror,
      y tornaríalo luego   en todo su honor.

842   Otorgóselo este   mezquino pecador;
      hizo con él su carta,   esto fue lo peor,
      que con su mismo sello   robró esa labor.
      De tal amigo guárdenos   Dïos, Nuestro Señor.

843   Dios, que siempre desea   salud de pecadores,
      Aquél que por salvarnos   sufrió grandes dolores,
      no quiso que granasen   estas tales labores
      porque eran barbechadas   de malos labradores.

844   Si la Virgo gloriosa   no le hubiese valido
      estaba el desdichado   fieramente torcido,
      pero su santa gracia   ya lo ha acorrido
      y ha cobrado la carta: si no, estaría perdido.

845   Yo la tengo en el puño,   aquí la podéis ver;
      no cabe en esto duda   y lo debéis creer;
      debemos ahora todos   a Dios gracias render
      como a la Santa Virgo   que lo quiso valer.»

846   Rindieron a Dios gracias   mujeres y varones,
      hicieron grandes laudes   y grandes procesiones,
      lloraban de los ojos   diciendo bendiciones
      a la Madre gloriosa,   buena en todas sazones.

847   El *Te Deum laudamus*   fue altamente cantado,
      Tibi laus, tibi gloria   fue muy bien reiterado;
      decían *Salve Regina,*   cantábanla de grado,
      con otros cantos dulces   de son y de dictado.

848   Después mandó el obispo   hacer muy gran hoguera;
      a la vista del pueblo   que dentro la iglesia era,
      echó entonces la carta   dentro de la calera:
      ardió, se hizo ceniza   pergamino con cera.

849   Desde que el pueblo hubo   tenido su clamor,
      la carta fue quemada,   gracias al Criador;
      recibió *Corpus Domini*   el santo confesor
      a la vista del pueblo   que estaba alrededor.

850   Al instante que Teófilo,   cuerpo martirizado,
      recibió *Corpus Domini*   y fue bien confesado,
      fue a ojo del pueblo   de claridad cercado,
      de un resplandor tan fiero   que no sería pensado.

851   Quedó el pueblo certero   de que era un hombre santo,
      y que era de gran mérito   por quien Dios hacía tanto,
      y que Dios lo cubría   de tan precioso manto
      y tomaba el demonio   en ello gran quebranto.

852   Relucía su cara,   tales rayos echaba
      como la de Moisés   cuando la Ley llevaba,
      o como San Andrés   cuando en la cruz estaba:
      el Criador con esto   poca honra no le daba.

853   Cuando esta cosa vieron   los pueblos y las gentes
       que salían de su cara   tales rayos lucientes,
       cantaron otras laudes,   otros cantos recientes:
       en loar la Gloriosa   todos eran ardientes.

854   Perseveró Teófilo   en su contemplación,
       no cogió vana gloria   ni lo movió elación;
       retornó a la iglesia   donde vio la visión,
       nunca fue más devoto   en ninguna sazón.

855   Entendió el hombre bueno,   Dios lo hizo certero,
       que le andaba bien cerca   el día postrimero:
       partió cuanto tenía,   no le quedó dinero,
       diolo todo a los pobres,   hizo buen sementero.

856   Pidió perdón a todos   los de la vecindad,
       perdonáronle todos   de buena voluntad;
       besó mano al obispo,   hizo gran honestad,
       y murió al tercer día: hízole Dios piedad.

857   Tres días solos vivió   después de comulgado,
       desde que el documento   fue ceniza tornado:
       murió en aquella iglesia   en que fue visitado;
       fue en ese lugar mismo   el cuerpo soterrado.

858   Así finó Teófilo   el bien aventurado:
       el yerro que había hecho   —el Señor sea loado—
       bien lo supo enmendar: Dios quedó de él pagado,
       valiéndole la Virgen,   la que tenga buen grado.

859   Señores, un milagro   como el que hemos oído
       no debemos por nada   echarlo en el olvido;
       si no, seremos todos   hombres de mal sentido,
       que no tenemos seso   natural ni cumplido.

860   Así dice San Pablo,   el buen predicador,
       que fue leal vasallo   de Dios Nuestro Señor,
       que todas las leyendas   que son del Crïador,
       todas salud predican   al hombre pecador.

861   Podemos bien con esto   entender y juzgar
       cuánto val penitencia   a quien la sabe usar:
       si no fuera por ella,   podémoslo jurar,
       don Teófilo sería   ido a muy mal lugar.

862   Si la Madre gloriosa   que le quiso valer
no lo hubiese escuchado,   no lo venía a ver;
quien a mí me quisiere   escuchar y creer,
viva con penitencia,   y salvo podrá ser.

863   Amigos, si queréis   vuestras almas salvar,
si quisierais vosotros   mi consejo tomar,
haced confesión vera   y no queráis tardar,
y tomad penitencia,   pensadla de guardar.

864   Quiéralo Jesucristo   y la Virgo gloriosa,
sin la cual no se hace   ninguna buena cosa,
que así mantengamos   la vida laceriosa
que ganemos la otra,   durable y luminosa.
                    Amén.

865   La Madre glorïosa,   de los Cielos Reína,
la que fue para Teófilo   prestable medicina,
nos sirva Ella de guarda   en esta luz mezquina,
que caer no podamos   en la mala ruïna.
                    Amén.

866   Madre, de tu Gonzalo   no olvides el amor,
que fue de tus milagros   el versificador.
Haz Tú por él, Señora,   tus preces al Criador,
porque es tu privilegio   valer al pecador:
gánale Tú la gracia   de Dios Nuestro Señor.
                    Amén.

GLOSARIO Y NOTAS

Además de las anotaciones y esclarecimientos, este glosario contiene:

a) Los arcaísmos, según el criterio expuesto en el prólogo.

b) Las voces poco usuales o empleadas con un sentido que no es el corriente.

c) Las voces empleadas en más de un sentido.

El orden de las acepciones es, en general, el de su aparición en el texto, pero ha sido alterado cuando la claridad de la exposición lo exigía. También, de un modo general, los adjetivos se hallarán en el sustantivo que califican, y los participios figuran bajo el infinitivo del verbo. Ciertos artículos más complejos (que van entre corchetes cuando la voz que los encabeza no figura en el texto de Berceo) agrupan varias voces para estudiar más claramente algunos problemas. No he creído necesario señalar los pasajes en que aparecen ciertas palabras muy empleadas y utilizadas siempre con el mismo sentido.

Las obras citadas más de una vez son las siguientes:

A.   Diccionario de la lengua castellana publicado por la Real Academia Española, XVII.ª edición, 1947.

Barcia.   Roque Barcia: Primer diccionario etimológico de la lengua española. Madrid, Álvarez hnos., 1881-1883, 5 vols.

Becker.   Richard Becker: Gonzalo de Berceos Milagros und ihre Grundlagen, mit einem Anhange: Mitteilungen aus der lat. Hs. Kopenhaguen, Thott 128. Strassburg, Heitz, 1910 (Tesis de Estrasburgo).

Blume.   Clemens Blume, S. J.: Hymnodia gotica. Die mozarabischen Hymnen des alt-spanischen Ritus. Leipzig, O. R. Reisland, 1897 (Analecta hymnica Medii Aevi, XXVII).

Branche. Dom Jacques Branche: Les sacrés éloges de la Glorieuse Mère de Dieu. Lyon, C. Valfray, 1638.

Bulletin Hispanique.   Daniel Devoto: *Notas al texto de los "Milagros de Nuestra Señora" de Berceo* (En: *Bulletin Hispanique*, LIX: 5-25, 1957).

Cabrol.   Dom Fernand Cabrol et Dom Henri Leclercq: *Dictionnaire d'archéologie chrétienne et de liturgie*. París, Letouzey et Ané, 1924-1951. 15 vols. en 30 tomos.

Copenhague.   V. Becker.

Covarrubias.   Sebastián de Covarrubias Horozco: *Tesoro de la lengua castellana o española* (ed. de Martín de Riquer). Barcelona, Horta, 1943.

Curtius.   Ernst Robert Curtius: *Literatura europea y edad media latina* (trad. de M. Frenk y A. Alatorre). México, Fondo de Cultura Económica, 1955.

Daniel.   Hermann Adalbert Daniel: *Thesaurus hymnologicum*. Halis-Lipsiae, Anton-Barthii-Loeschke, 1841-1856. 5 vols.

Du Cange.   Du Cange: *Glossarium mediae et infimae latinitatis* (ed. G. A. L. Henschel). Paris, Didot, 1840-1850. 7 vols.

Godefroy.   Frédéric Godefroy: *Dictionnaire de l'ancienne langue française...* Paris, Libraire des Sciences et des Arts, 1937-1948. 10 vols.

G. Menéndez Pidal.   Gonzalo Menéndez Pidal: *G. de Berceo. Los Milagros de Nuestra Señora*. 7.ª ed. Zaragoza, Ebro, 1962 y 1965.

La Curne.   La Curne de Ste.-Palaye: *Dictionnaire de l'ancien langage françois*. Paris-Niort, Champion-Favre, 1875-1882. 10 vols.

Lanchetas.   Rufino Lanchetas: *Gramática y vocabulario de las obras de Gonzalo de Berceo*. Madrid, Suc. de Rivadeneyra, 1900.

Marden.   Charles Carroll Marden: *Cuatro poemas de Berceo* [la iglesia robada; milagro de Teófilo]. Madrid, Hernando, 1928 (Anejo IX de la *Revista de Filología Española*). ————: *Berceo. Veintitrés milagros*. Madrid, Hernando, 1929. (*Id.*, X.)

Migne.   J. P. Migne (ed.): *Patrologiae Cursus completus. Patres latini*. Paris, 1844-1864. 221 tomos (incluidos los índices) Otras series de Migne se citan en el texto.

Neuvonen.   Ero K. Neuvonen: *Los arabismos del español en el siglo XIII*. Helsinki, 1941. (Studia Orientalia, edidit Societas Orientalis Fennica, X, 1.)

Patch.

Howard R. Patch: *El otro mundo en la literatura medieval* (trad. de J. Hernández Campos). México, Fondo de Cultura Económica, 1956.

Sánchez.

Tomás Antonio Sánchez: *Colección de poesías castellanas anteriores al siglo XV*. Madrid, Sancha, 1779-1790. 4 vols.

Solalinde.

Antonio G[arcía] Solalinde: *Berceo. Milagros de Nuestra Señora*. Madrid, La Lectura, 1922. [5 eds. posteriores.] (Clás. castellanos 44.)

Tentative Dictionary

Bogg-Kasten-Keniston-Richardson: *Tentative dictionary of medieval Spanish*. Chapell Hill, 1946. 2 vols. mimeogr. con paginación corrida.

Ward.

H. L. D. Ward: *Catalogue of romances in the department of manuscripts of the British Museum*. London, the trustees, 1883-1893. 2 vols.

Wartburg.

W. von Wartburg: *Problemas y métodos de la lingüística* (trad. de D. Alonso y E. Lorenzo). Madrid, C. S. I. C., 1951.

Aarón. 41 *b*. Sumo sacerdote hebreo. Después del castigo de Coré, Datán y Abirón, "toda la multitud de los hijos de Israel murmuraban contra Moisés y Aarón" (*Libro de los Números*, XVI, 41). El Señor habló a Moisés haciéndole pedir una vara a cada uno de los doce príncipes de las tribus, con el nombre de cada uno sobre su vara: "y la vara del que yo eligiere entre ellos florecerá; y *así* haré cesar las quejas de los hijos de Israel con que murmuran contra vosotros" (*Id.*, XVII, 5). La vara de Aarón floreció "de suerte que, arrojando pimpollos, brotaron flores, de las que, abiertas las hojas, se formaron almendras" (*Ibid.*, 8). Esta vara milagrosa se guardó en el Arca de la Alianza (*Ibid.*, 10; San Pablo, *Epístola a los hebreos*, IX, 4); Berceo lo recuerda en el *Sacrificio de la Misa*, 14 *d*. La comparación entre Nuestra Señora y la vara de Aarón reaparece en la estrofa 7 de los *Loores*:

A ti cataba, Madre   el signo del bastón
que partió la contienda   y estuvo por Aarón;
leño sin raíz y seco,   llevó fruto en sazón:
y Tú pariste, Virgo   de toda lesïon.

V. también *Moisés* y *María, nombres de*.

abajar. 655 *a*. 'Bajar', en su valor reflexivo de 'inclinarse uno hacia el suelo' (A.).

abarrer. 'Barrer', en su sent. fig. de 'tomar lo que hay en alguna parte sin dejar nada' (A.).

abrigo. 297 *b*. 'Paraje defendido de los vientos' (A.). Su uso es, naturalmente, metafórico.

abundado, -a. 624 *a.* 'Ant. abundante' (A.). // 656 *b.* 'Ant. rico, opulento' (A.).

acabado. 692 *c.* 'Perfecto, completo, consumado' (A.).

acaecer. 2 *b*, 13 *a*, 700 *b.* 'Hallarse presente' (A.). // 352 *b.* 431 *b*, 896 *b.* 'Suceder' (A.).

acampar. 380 *b.* 'Detenerse y permanecer en despoblado' (A.).

acedo, -a. 4 *d.* 'Ácido, agrio' (A.). V. [*fórmula negativa*].

aclamar. 100 *b.* Ant. 'llamar', en el sentido de 'invocar' (A.). // 205 *b*, 305 *d*, 650 *c*, 905 *b.* La voz tiene aquí un sentido vecino del *proclamare* de Du Cange: acogerse a una jurisdicción; reconocer, aceptar la soberanía de alguien sobre uno. Y éste es el sentido de *aclamados* en 100 *b*: los de la Virgen son aquellos que la invocan poniéndose bajo su amparo.

acoger. 272 *b.* 'Fig. Tratándose de noticias, doctrinas, opiniones, etc., asentir a ellas' (A.).

acordar. 7 *d.* Disponer o templar, según arte, los instrumentos músicos o las voces para que no disuenen entre sí. (A.). // 307 *b.* Determinar o resolver de común acuerdo, o por mayoría de votos (A.). // p. p. *acordado.* 102 *b*, 516 *d.* Ant. 'cuerdo, sensato, prudente' (A.).

acorrer. 'Socorrer' (A.).

acostar. 8 *d*, 764 *b.* 'Arrimar o acercar' (A.). Para el primer ejemplo, véase también [*fórmula negativa*]. // 12 *a.* 'Echar o tender a alguno para que duerma o descanse' (A.).

acotar. 906 *a.* 'Expulsar de un coto o jurisdicción'. V. *Bulletin Hispanique,* núm. 18.

Acre. 588 *c.* San Juan de Acre, puerto de Siria cercano a Jerusalén y célebre en la historia de las Cruzadas; fue la capital, y la última de las posesiones cristianas de Palestina.

acreer. 640 *c*, 644 *b*, 684 *d.* 'Ant. dar prestado sobre prenda o sin ella' (A.). Hoy sólo subsiste la voz *acreedor, -a.*

achacar. 196 *d.* 'Atribuir, imputar' (A.). El p. p. vale por 'culpados'.

adelantadía. V. *postular.*

adiano. 155 *b.* 'Crecido (dícese generalmente de edad)' (A.). Aparece con frecuencia en el *Alexandre,* con sentido de 'fuerte, hermoso, valiente' (A. Morel-Fatio, *Recherches sur le titre et les sources du* Libro de Alexandre. En: *Romania,* IV: 7-90, 1875; pág. 36). Para su etimología, que Morel-Fatio no encontraba, cf. Carolina Michaëlis de Vasconcelos, *Contribuições para o futuro diccionario etimológico das linguas hispánicas* (En: *Revista Lusitana,* XI: 1 sigs., 1908).

adobar. 414 *c*, 698 *c*, 699 *b*, 825 *d.* 'Aderezar, componer' (A.).

adonado. 280 *a*, 472 *c.* 'Ant. colmado de dones' (A.). Para otra forma, v. Menéndez Pidal, *Notas para el léxico románico* (En: *Revista de Filología Española,* VII: 1, 1920).

adormentado, -a. 108 *a.* 'Ant. dormido' (A.).

adormido, -a. 255 *b*, 749 *d*, 822 *a.* 'Ant. dormido' (A.); en el primer ejemplo, en la acepción fig. de dormirse 'descuidarse, obrar con poca inteligencia'.

afincar. 206 *b.* 'Instar con ahinco' (A.).

afrenta. 475 *c.* 'Ant. peligro, apuro o lance capaz de ocasionar vergüenza o deshonra' (A.).

agalla. 87 *c.* 'Excrecencia redonda que se forma en el roble, alcornoque y otros árboles y arbustos por la picadura de ciertos insectos al depositar sus huevos' (A.). La más corriente es la del roble, denominada por antonomasia "nuez de agalla", rica en tanino, y que se usa en la confección de tintes. La expresión aparece en otros pasajes de Berceo (*Duelo,* 19 *c:* "ellos por las mis voces tres agallas no daban", y *San Lorenzo,* 22 *d:* "no daba una gállara por hombre lisonjero"; este último pasaje confirma el sentido de la voz, puesto que *gállara* designa solamente las agallas vegetales, y no las amígdalas ni el órgano respiratorio de los peces y batracios). Sobre la expresión —aún hoy proverbial— "valer —o no valer— algo una agalla", v. *diezmo.*

aguijar. 141 *a.* 'Acelerar el paso' (A.).

aguisado, -a. 796 *b*, 904 *a.* 'Ant. justo, razonable' (A.).

Agustín, San. 26 *c.* Aurelio Agustín, Doctor de la Iglesia, n. en Tagaste en 354 y m. en 430 en Hipona, villa de la que era obispo. Además de los pasajes de sus obras en que se ocupa de la Virgen María (por ejemplo, el cap. II del Sermón ccxxv; Migne, vol. 38-39, cols. 1.096-7) pasaba, en la Edad Media, por autor de varias obras mariales (*Exposición del Magníficat; Sobre la Asunción de la Santa Virgen,* etc.), lo que explica que Berceo lo coloque junto a San Gregorio Magno.

ál. 'Lo otro, otra cosa' (A.).

alabancia. 661 *d.* 'Alabanza, en su significado desusado de *excelencia*' (A.).

alba. 64 *c.* V. *casulla.* 'Cendal finísimo y transparente' (F. Fita. En: *Boletín de la Real Academia de la Historia,* VII: 60, 1885). Cf. también *Bulletin Hispanique,* núm. 1.

albricia. 311 *d.* 'Regalo que se da al que trae una buena noticia' (A.).

alcavera. 330 *c.* 'Ant. casta, familia, tribu' (A.). Cf. *Sacrificio,* 146 *b.*

alegría. 313 *c*, 346 *a.* 'Grato y vivo movimiento del ánimo..., palabras, gestos o actos con que se manifiesta...' (A.). // 697 *d.* (pl.). 'Regocijos y fiestas públicas' (A).

alimpiar. 290 *c*, 830 *b.* 'Ant. limpiar' (A.).

aliviado. 678 *c.* P. p. de *aliviar* 'aligerar, hacer menos pesado' (A.). *Ricamente aliviado* significa 'aligerado de riquezas'.

aljama. 650 *a*, 680 *a.* 'Sinagoga' (A.). Berceo precisa, en el *Duelo* 178, "aljama de los judíos", y vale 'judería, junta de judíos' (G. Menéndez Pidal).

alma. En 275 *d* se ha conservado su artículo femenino, por razones métricas y por no ser del todo insólito su uso. Quevedo, en el prólogo del *Cuento de cuentos,* aboga todavía por esta forma.

almejía. 448 *b.* 'Manto pequeño y de tela basta que entre los moros de España usaba la gente del pueblo' (A.). Pero debe observarse que Berceo habla de una "rica almejía", y que también vestían almejías las Santas Mujeres, "hermanillas" de Nuestra Señora (*Duelo* 20 *b*). Cabe, pues, un significado más amplio: "Por extensión: 'manto' que podía ser hasta lujoso" (Neuvonen, pág. 73).

alongar. 438 *a,* 658 *a.* 'Alejar' (A.). // 704 *a.* 'Alargar' (A.).

amansar. 254 *c,* 395 *b,* 396 *a.* 'Apaciguarse, amainar' (A.).

amodorrido, -a. 528 *c.* 'Que padece modorra' ('sueño muy pesado') (A.).

amor. 894 *b.* La voz es hoy solamente masculina, pero el arcaismo sobrevive en el habla popular ("La amor mía, la mía amor", en el estribillo de una bellísima canción).

ampolla. 323 *c.* 'Vinajera', 'cada uno de los dos jarrillos con que se sirven en la misa el vino y el agua' (A.).

andar. 146 *a.* Este verso es un refrán, cuya forma más corriente es hoy "Quien mal anda mal acaba".

andas. 726 *c.* Berceo escribe *andes,* como en catalán, lo que hace la rima perfecta.

Andrés, San. 852 *c.* Apóstol. Este prodigio, que no aparece en todas las versiones de su pasión —las cuales, por otra parte, están lejos de concordar entre sí— se lee en un himno de San Beda en honor del Apóstol:

> ...Haec dixit, et celestibus
> emissa lux a sedibus
> circumdedit fortissimum
> Christi corusca martyrem
> splendorque sole clarior...
> (Himno XII. Migne, vol. 94, cols. 633-634)

Anfridi. 405 *b.* Es la localidad francesa de Amfreville-sur-Iton, en el departamento del Eure. Cf. *Bulletin Hispanique,* núm. 7.

antigo, -a 246 *a.* 'Ant. antiguo' (A.). V. *hueste antigua.*

Anunciación. V. *Ildefonso de Toledo, San.*

apartado. 514 *b.* 'Aposento desviado del tráfago y servicio común de la casa' (A.).

apostóligo. 251 *a.* 'Ant. apostólico, Papa', 'el Santo Padre' (A.). Berceo no "traduce el *apostolicus* del manuscrito de Copenhague", como dice Solalinde, sino que se conforma a un uso común de toda la Romania: cf. *San Lorenzo,* 6 *b.*

apuesto. 874 *d.* 'Ant. oportuno, conveniente y a propósito' (A.).

aquedar. 730 *b,* 732 *a.* 'Ant. dormir' (A.).

arcediano. 700 *a*, 702 *a*. 'En lo antiguo, el primero o principal de los diáconos. Hoy es dignidad en las iglesias catedrales' (A.). En una versión de este milagro, compuesta por Jean Mielot, quien presencia las fiestas de Constantinopla es el arcediano de Lieja, el "arcediacre de Liege" (ed. facsimilar de George F. Warner Westminster, Nichols & Sons, 1885, núm. xxxiv).

ardura. 'Ant. estrechez, angustia, apuro' (A.).

armarios. 323 *a*. Quizás se trate de armarios en el sentido moderno de la palabra ('muebles con puertas y anaqueles en lo interior, para guardar objetos' (A.); pero la alusión a los libros que arden también (322 *c*) induce a pensar que se trata del latinismo *armaria* 'bibliotheca' (Du Cange, s. v.): y se llamaba *armarius* 'bibliotecario', o *cantor* (praecentor) al religioso a quien incumbía el cuidado de los libros (en especial los libros litúrgicos).

arrastrapajas. 273 *a*. "Término despectivo para designar a un labrador" (Solalinde).

arribar. 752 *a*. 'Llegar la nave al puerto' y también 'convalecer, ir recobrando la salud o reponiendo la hacienda', así como 'llegar a conseguir lo que se desea' (A.).

artero, -a. 595 *a*. 'Mañoso, astuto', aunque "hoy se toma siempre en mal sentido" (A.).

artificio. 722 *c*. 'Máquina o aparato para lograr un fin con mayor facilidad que por los medios ordinarios', y también 'disimulo, cautela, doblez' (A.).

arveja. 505 *d*. V. *diezmo*.

asaduras. 417 *c*. 'Conjunto de las entrañas' (A.).

asegurar. 689 *a*. 'Ant. dar firmeza o seguridad, con prenda que haga cierto el cumplimiento de una obligación' (A.). Cf. el moderno *segurador* 'fiador'.

asentar. 58 *c*. 'Sentar' (A.). // 662 *c*. 'Ajustar', en el sentido de 'concertar y ponerse de acuerdo' (A.).

astroso, -a. 679 *b*, 876 *c*. 'Vil, abyecto, despreciable' (A.).

atal. 808 *c*. Ant. 'tal' (A.).

atender. 'Esperar, aguardar' (A.).

atenedor. 197. *a*. 'Parcial', 'partidario' (A.). Cf. *Loores*, 230 *a*.

atenencia. 504 *c*. 'Ant. amistad, parcialidad, concordia' (Berceo emplea esta voz otras tres veces en los *Milagros* —27 *a*, 50 *a*, 378 *a*—; en el *Santo Domingo*, 736 *c*; etc.).

aterrado, -a. 226 *d*. 'Abatido', 'desanimado' (A.). [derivado de *tierra*, no de *terror*]. Cf. *Santo Domingo*, 393 *c*.

atestiguar. 907 *b*. 'Ant. testimoniar'; 'nunca dieron testimonio de su presencia' (A.).

audiencia. 93 *b* 208 *d*. 'Tribunal'. (A.). El segundo pasaje significa: "será juzgada definitivamente según haya merecido".

avenencia. 707 *b.* 'Conformidad y unión' (A.).

Ave María. Berceo cita varias veces la *Salutación Angélica: Milagros,*
145 *a* y *c.* "Decía *Ave María* y más de la escritura" (para Sánchez,
"Este verso repetido parece artificio del Poeta, y acaso es descuido
de los copiantes"; nos parece más probable lo primero); 272 *d:*
"*Ave gratïa plena* que pariste al Mesías"; 277 *b:* "decíale tres palabras: *Ave, gratïa plena*"; 803 *a:* "Oh Señora bendita de entre las mujeres"; cf. "a la que dijo Gabriel: *Dios contigo*" (*Duelo,* 3 *d;* cf. *Loores,*
12 *c*). Berceo se atiene, pues, al texto del *Evangelio* de San Lucas (I:
28): "Y habiendo entrado el ángel adonde ella estaba, le dijo: Dios
te salve ¡oh llena de gracia! el Señor es contigo; bendita tú eres
entre *todas* las mujeres".

   Para que se comprenda plenamente este uso fragmentario de la
oración —y el encarecimiento repetido "y más de la escritura"—,
conviene resumir el artículo *Salutation angélique* del diccionario de
Cabrol y Leclercq: el Ave María se introdujo en la liturgia latina
hacia el siglo VI, quizás por obra de San Gregorio Magno. A la salutación de Gabriel se agregó la de Santa Isabel: "¡Bendita tú eres
entre *todas* las mujeres, y bendito es el fruto de tu vientre!" (*Lucas,*
1: 42), y a esta fórmula, denominada gregoriano-milanesa, se fueron
agregando todas las otras que componen la oración actual. Su uso
litúrgico no significa que la plegaria (aún en sus formas todavía no
completas) fuera corriente. "En medio de la ignorancia general, la fórmula gregoriano-milanesa surge en el siglo VII en pleno país de liturgia
mozárabe": la usa San Ildefonso de Toledo, según el testimonio de
uno de sus biógrafos (¿Julián?). En el siglo XI, San Pedro Damián
(m. en 1072) cuenta que un clérigo decía cada día el *Ave María* hasta
benedicta tu in mulieribus (véase Migne, 145, col. 456), y comenta:
"Si obtuvo la conservación de su cuerpo [cf. nuestro *Milagro* III] porque cantaba tan solamente un versículo en honor de María, ¡cuánto
más deben esperar, como eterna recompensa, quienes dicen a esta
Reina del universo todo el oficio parvo!" (cf. [*oficio parvo*]). Todavía
en el siglo XII, en que el uso de esta plegaria es general, su fórmula
varía: "A veces, se entiende por *Ave María* estas dos palabras solamente, sin más; el resto de la Salutación Angélica se omite". Se entiende bien, entonces, el cuidado con que Berceo señala, dos veces
en la misma estrofa, que el ladrón devoto decía "*Ave María* y más de
la escritura".

avenir. 445 *a.* 'Suceder'. (A.).

aventadero. 321 *a.* Ant. 'aventador, moscadero' (como se dice en el verso
siguiente) (A.).

aventura. 724 *c.* 'Casualidad' (A.).

aves. 7 sigs. 26, 141 *d.* Berceo emplea un *topos* habitual en las descripciones del paraíso o del *locus amœnus* (cf. Patch., págs. 39, 43, 63-64
y nota 66, 116, 156, 212, 220, 278 y nota 133, 303-304 y nota 211, etc.).
Las aves cantan allí las horas canónicas, los oficios o sus parodias, o
baladas y lais, es decir, música religiosa o música profana (esta última avanza en proporción a medida que nos adelantamos hacia el Re-

nacimiento); en todos los casos, de sus distintos cantos surge una ordenada armonía total. A pesar de su persistencia en las visiones religiosas, este *topos* parece tener, para Patch, antecedentes en la mitología céltica. No es infrecuente tampoco que, como todos los elementos del otro mundo, las aves asuman una significación simbólica, como en Berceo (a veces los pájaros son almas que entonan la alabanza del Señor). Para mayores datos sobre el paisaje ultramundano, véase [*fórmula negativa*], *fuente, olor, sencido;* sobre el canto de estas aves, v. también [*música*].

azadones. 873 *b,* 877 *a.* Berceo cita, como instrumentos de labranza, los *legones (Santo Domingo,* 381 *b)* y la *azada (íd.,* 726 *d).* Pero no parece probable que dos ladrones que premeditan (*barruntaron la cosa...*) un robo con fractura vengan de otras tierras "con sendos azadones", siendo, para más, uno de ellos un clérigo. Lo más probable es que *azadón* sea aquí un instrumento de la familia del *ascia* latina tardía, que tantos derivados ha dejado en las lenguas romances (cf. *asciatus* 'cuchillo grande', *ascicula* 'hacha pequeña', *asciola* en Du Cange; *asse, asseau,* instrumentos de tonelero y de carpintero, en Godefroy). Debe tratarse, en este caso, de un hierro de brazos desiguales encajado en un bastón corto, y fácil, por lo tanto, de ocultar. (Cf. Cabrol, s. v. *ascia.*)

azúcar. 25 *c.* "Hasta varios siglos después de Berceo, era producto poco frecuente y más estimado que la miel. (Ver *Partidas,* VII, título VII, ley IV [donde se dice que quien substituye miel por azúcar en los jarabes o electuarios "hace falsedad])." (Nota de G. Menéndez Pidal). Cf. A. Campos Turmo, *Siete siglos ha...* (En: *Siembra* [Madrid], oct. 1946, págs. 16-18). Véase, sin embargo, Neuvonen, pág. 139: "según Reinhardt [*Kulturgeschichte der Nutzpflanzen,* I: 443] se cultivó en España desde el siglo VIII".

báculo. V. *Martín, San.*

bagasa. 161 *d.* 'Ŕamera' (A.).

bailía. V. *postular.*

baldón, en. 627 *c.* M. adv. ant. 'de balde' (A.).

bálsamo. 39 *c.* Es substancia aromática que fluye de diversos árboles, o también composición hecha a base de substancias aromáticas, de uso medicinal, suntuario o litúrgico. Debe interpretarse en este último sentido, como nombre genérico de varias materias aromáticas. V. *María, nombres de.*

ballestero. 244 *c.* Tirador de ballesta; y ballesteros se denominaban también ciertos oficiales menores, vinculados con la ejecución de la justicia (A.). Berceo parece aludir aquí a un cuento popular que se nos escapa; cf. las expresiones proverbiales referentes a los que no dan en el blanco. La voz ha quedado en otros refranes: "abad y ballestero..." etc.

baño. Berceo emplea varias veces expresiones relacionadas con el placer de bañarse: *Milagros* 152 *b,* 448 *d,* y 609 *d;* compárese *Santa Oria*

131 d: las vírgenes la visten con ricos paños, aunque ella "no estaba acostumbrada a entrar en tales baños". Lo mismo —por contraste— en *Santo Domingo* 152 d: "todos los que aquí estamos yacemos en mal baño"; y el *Martirio de San Lorenzo* (102 a) es "un baño tal como lo oís contar". (La voz reaparece en *San Millán* 314 a [baño funeral] y *San Lorenzo* 57 b [lavatorio de pobres]). El sentido de "bañarse", tal como se usa en los *Milagros:* 'estar a gusto', 'estar ledo', y que sólo se da en algunas expresiones modernas del tipo "bañarse en agua de rosas" (es decir, donde el acento expresivo está puesto más bien en la materia utilizada que en la acción de bañarse), debe ponerse en relación con la antigua fórmula francesa correspondiente: *baigner, se baigner, se baigner en* 'deleitarse' 'complacerse en', etc. (V. La Curne de Sainte-Pelaye, y sobre todo Huguet, *Dictionnaire de la langue française au XVIe siècle,* I (París, Campion 1925, s. v.,* con casi dos columnas de ejemplos).

baraja. 206 d. 'Riña, contienda, reyerta' (A.). Cf. *Santa Oria* 15 c.

báratro. 85 d. Abismo del Ática, por el que los atenienses despeñaban a los criminales. La voz ha pasado a designar el infierno, tanto pagano como cristiano (A., 1.ª y 4.ª acepciones). Esta mezcla de elementos judíos con otros de estirpe clásica se advierte ya en los oráculos sibilinos (s. II d. C.):

Entonces en Gehena, en la lobreguez de la media noche,
serán arrojados a los monstruos del Tártaro...

(Patch, págs. 93-94). Berceo emplea la voz *tártaro* en el *Duelo* 85 a: la usaba ya S. Valerio del Bierzo, m. en 695: v. María Rosa Lida de Malkiel en Patch, pág. 371.

barbechar. 843 d. 'Arar o labrar la tierra, disponiéndola para la siembra' (A.). Cf. *Santo Domingo,* 378 d.

barón. V. [*feudales, términos*].

barruntador. 311 c. 'Que barrunta'; y *barruntar* es 'prever, conjeturar o presentir por alguna señal o indicio' (A.). Pero mejor casa aquí el ant. ! *barrunte* 'espía'.

barruntar. 379 b. Sospechar, 'prever...' (cf. barruntador). // 873 a. Aquí vale 'preparar', prevenir, plantear el robo.

basca. 84 c. 'Desazón, angustia' (A.).

Beati immaculati. 262 d. Palabras iniciales del salmo CXVIII: "Bienaventurados los que proceden sin mancilla..."; en la liturgia hispánica, este salmo se canta en la lauda de vísperas, el lunes que sigue al Domingo de Ramos.

Beelcebub. 78 a, 722 d. Divinidad adorada por los filisteos. La voz significa "señor de las moscas", ya por corrupción de un nombre más augusto, ya porque lo fuera efectivamente, a semejanza de otras divinidades paganas. En tiempos de Cristo era ya, para los judíos, "príncipe de los demonios" (*Lucas,* XI, 15). Cf. *The Jewish Encyclopaedia,*

II (New York-London, Funk and Wagnalls, 1902), págs. 629-630. V. además [*feudales, términos*].

Berceo. 2 *a*. Berceo declara también su nombre completo en *Santo Domingo* 757 *a* (Gonzalo... llamado de Berceo), y en *San Millán* 489 *ac* (Gonzalo... natural de Berceo), o sea en sus tres obras más extensas. "El pueblecillo llamado Berceo pertenece hoy a la provincia de Logroño y a la diócesis de Calahorra" (Solalinde, pág. vii-viii), y "es agora un lugar de corta población próximo al monasterio antiguo de San Millán de Suso" (Sánchez, II: v; trata allí mismo del apellido *Mejía* que el P. Luis de Áriz dio al poeta). V. también *Gonzalo*.

bestia, catíva. 92 *b*. *Cativo* vale aquí por 'malvado'. *Bestia* significa a veces, como en español moderno, 'animal cuadrúpedo': "en pesebre de bestias diste a luz tu criatura" (*Loores*, 27 b); en otros lugares designa las alimañas: "malas bestias", "bestias fieras" (*San Millán*, 28 *c* y 30 *a*). En este pasaje de los *Milagros*, la expresión significa 'demonio', como en *San Millán* 112 *a*, 263 *a*, etc. donde Beelcebub es "la bestia maldita", "el bestión" (*Id.*, 119 *c*). La expresión partió quizás de la misteriosa Bestia del *Apocalipsis* (XIII, I sigs.) que para la mayoría de los comentaristas es figura del Anticristo; sin dudas contribuyeron a mantenerla las encarnaciones parcial o totalmente teriomorfas del tentador. Lo que es seguro es la difusión y la vigencia de esta denominación: un tratado inglés manuscrito en el siglo xv recomienda seguir la recta senda, que es la que brinda protección contra "las malas bestias" (wykked bestes). Patch, pág. 198 y n. 56, y pág. 135, n. 82.

Bildur. 292 *d*. Fernández y González, hace casi cien años, vio en esta voz una réplica del Balder, Baldar o Baldir germánico (*Berceo o el poeta sagrado en la España cristiana del siglo XIII*. En: *La Razón* [Madrid], I: 222-235; 306-321 y 393-400; pág. 316). Lanchetas, con un acierto raro en él y que por lo demás nadie le reconoce, dice que "Bildur o beldur es palabra vascongada que significa *miedo*". "Como riojano, Berceo se hace eco de algunos vocablos vascos", dice G. Menéndez Pidal (pág. 27). Sobre ellos, véase la contribución de D. Resurrección María de Azkúe, *Leyendo el viejo romance*, al *Homenaje a Menéndez Pidal*, II: 87-92, 1925. Algunos registra el P. Anselmo de Legarda en *Lo "vizcaíno" en la literaura castellana* (San Sebastián, Biblioteca Vascongada de los Amigos del País, 1953).

Bizancio. 682 *a*. Nombre dado a Constantinopla porque Constantino fundó la ciudad que lleva su nombre sobre el emplazamiento de la antigua Bizancio. V. *Constantino*.

bocado. Esta palabra, que puede también tomarse a mal (*bocado* es 'veneno que se da con el alimento') tiene aquí el sentido de excelencia que cobra en las frases *buen bocado* y *bocado sin hueso* (véase A.). El mismo valor moral tiene la voz en el título del "libro llamado Bocados de oro que fizo el rey Bonium de Persia". Compárese con otras expresiones semejantes: "un mediano comer" (625 *d*); véanse *sabroso, pitanza, yantar*. Y piénsese también en ese "vaso de buen vino" que ha pasado a ser símbolo —peyorativo a veces, y otras justamente encomiástico— del propio poeta.

boquirroto. 285 *b.* Mal hablado, lo que se dice hoy "boca sucia". La voz significa ahora 'charlatán, indiscreto'.

Borges. 352 *a.* Es la ciudad francesa de Bourges, capital del departamento del Cher y del distrito de su nombre. V. *Pedro, hostalero.*

boto, -a. 285 *a,* 404 *a.* 'Fig. rudo o torpe de ingenio' (A.).

bueno, -a. 81 *a,* 281 *a.* 'Grande' (A.).

bullir. 78 *c.* 'Agitarse', en el sentido de 'maquinar'. (A.).

burgués. Las diez menciones simples de la voz, y las dos que llevan alguna precisión ("burgués de Bizancio", "burgués don Valerio") señalan la primera acepción, 'natural o habitante de un burgo', que es la corriente en la edad media, tanto en español como en francés. Lo mismo vale para la que lleva el apósito "ciudadano"; no se alude a la condición económica, como podría pensarse, sino que se precisa un lugar de residencia.

cabalgada. 742 *c.* 'Correría'; tenía ant. el sentido de 'correría por país enemigo' (A.); y así la emplea Berceo en *Santo Domingo,* 700 *d.* Para el valor especial de 'correría', véase Américo Castro: *La realidad histórica de España* (México, Porrúa, 1954), pág. 109.

cabecera. V. *cabeza.*

cabeza. La parte más importante de una persona o cosa. Vale por ciudad capital ("Colonia, cabeza de reinado", 160 *a*); también por 'lo más importante': "no quiero por los pies la cabeza dejar" (764 *a*), con un valor semejante al que tiene en el refrán "Más vale ser cabeza de ratón que cola de león". *Cabecera,* 'cabeza, jefe, cabecilla', decimos en 710 *c,* donde el original lee *carrera.*

cabezal. 482 *d.* 'Almohada pequeña, generalmente cuadrada o cuadrilonga, en que se reclina la cabeza' (A.).

cabildo. 'Cuerpo o comunidad de eclesiásticos capitulares de una iglesia catedral o colegial', y también 'capítulo que celebran algunas religiones ['órdenes religiosas'] para elegir sus prelados y tratar de su gobierno' (A.). En Berceo, la voz designa: el cabildo [elector] de la catedral (310 *c*); el cabildo de las monjas (546 *d*); el cabildo elector de obispo (714 *c*).

caboso, -a. 702 *c.* 'Ant. cabal, perfecto' (A.).

cabrio. 323 *b.* 'Madero colocado paralelamente a los pares de una armadura de tejado para recibir la tablazón'. (A.).

cadena, ir en. 374. *d.* 'Ir condenado'. *Cadena* era nombre de una pena de gravedad variable, "llamada así porque antiguamente los condenados a ella llevaban sujeta al cuerpo una cadena"; este nombre se dio también, más tarde, a la cuerda de galeotes; y hoy *estar en cadena,* sobre su sentido literal, se dice también del que está "muy sujeto, oprimido y mortificado" (A.).

caer. 80 *b.* 'Estar situado... cerca de alguna parte' (A.). // 81 *d.* 'Venir un cuerpo de arriba abajo por la acción de su propio peso' (A.). // 348 *b* y 349 *c.* 'Dejar de ser, desaparecer' (A.). // 36 *d.* 'Cuadrar' (cf. 'caer bien, o mal, una cosa').

Caín. 718 *d.* En el *Génesis,* IV. I y sigs., se narra la historia de Caín y de la envidia que tuvo a su hermano.

calaño, -a. 159 *b,* 352 *d,* 609 *b,* 700 *d.* 'Ant. compañero, igual, semejante' (A.).

calcar. 883 *a.* Hoy es 'apretar con el pie'; su p. p. vale aquí por 'clavado'.

calentura. 406 *d.* 'Fiebre' (A.). // 613 d. 'Ant. calor' (A.).

calera. 848 *c.* 'Horno donde se quema la cal' (Covarrubias) o la piedra caliza (A.). Aquí significa 'hoguera'.

calura. 611 *c.* 'P. us. calor' (A.). Cf. *San Millán,* 245 *a.*

cambiado, de corazón. V. *corazón.*

can. Sabido es el valor injurioso de la voz *perro* (Solalinde, en nota al verso 362 *a,* hace notar que el Cid llama "perros traidores" a los infantes de Carrión en el verso 3263 del *Poema;* Berceo usa una imagen semejante en el *Duelo,* 39 *bc*). Para apreciar debidamente el encarecimiento de Teófilo (762 *a*), recuérdese que cierto demonio exorcizado por Santo Domingo "hacía continencias [en realidad, 'incontinencias'] más sucias que un can" (334 *d*).

cancelario. V. *notario.*

canción, gran. 886 *c.* 'Gran renombre' (*Tentative Dictionary*). V. *Clemens papa.*

candeal. V. *trigo.*

canonjía. 717 *a.* La canonjía es la prebenda del canónigo, y "los de la canonjía" designa a los canónigos. Esta construcción es usual en Berceo; compárese: "los de la judería", 'los judíos' (649 *d*).

cantal. 808 *b.* 'Canto de piedra'. (A.).

cantar. 686 *d.* "No salir cantando" significa 'salir quejoso, salir perdedor'.

cantar y leer. 354 *b.* "Escuela de cantar y leer" designa una escuela primaria donde se aprendía —como en todos los establecimientos medievales similares— algo de música (especialmente lo necesario para poder seguir o ayudar en la celebración religiosa). Trato del estudio de Carleton F. Brown, *Chaucer's "Litel Clergeon".* (En: *Modern Philology,* III: 467-91, 1905-6), fundado en un pasaje de Chaucer muy semejante a éste de Berceo, en mi tesis sobre *La música en Berceo.*

cantilena. 277 *c.* La voz vale hoy por "frase repetida", y más si es molesta. Aquí significa 'pieza litúrgica recitada, no cantada', y está ya cargada de su valor iterativo. Para la historia de este término, v. Antonio Viscardi, *Cantilena* (En: *Studi Medievali,* IX: 204-219, 1936).

canto. 3 *a.* 'Borde, punta o esquina' (A.). 'De cada esquina manaba una fuente': en la estrofa 21 se nos puntualizará que las fuentes eran cuatro, como los evangelios que simbolizan. Compárese con el jardín del *Parlement d'Amour* de Baudet Herenc: "Cantaban los pájaros, y en las cuatro esquinas había fuentes de donde manaba agua en abundancia"; y en los dos poemas, "las cuatro fuentes posiblemente sean una reminiscencia de los cuatro ríos del Paraíso Terrenal". (Patch, pág. 221-222).

capellanía. 230 *d*. Capellán es 'cualquiera eclesiástico, aunque no tenga capellanía' (A.).; "quitarle la orden de la capellanía" es, entonces, 'prohibirle que celebre'.

capellano. 331 *b*. Ant. 'capellán'.

capítulo. 300 *c* y 301 *a*. "Junta que hacen los religiosos y clérigos regulares a determinados tiempos, conforme a los estatutos de sus órdenes, para la elección de prelados y para otros asuntos' (A.).

carga. 481 *b*. Cargar, 'usado con algunos adverbios, como *mucho, demasiado*, etc., significa llenarse, comer o beber destempladamente' (A.). Compárese, con esta "carga del vino", la expresión popular argentina *cargado* 'bebido, ebrio'.

caridad. 614 *a*. Berceo habla, traslaticiamente, de las "caridades", "bondades" y "virtudes" del manto de Nuestra Señora; se entiende que las obra por Su intercesión. // En Berceo aparecen muy frecuentemente unidas las expresiones rogativas *por Dios* y *por caridad* en una sola frase, "por Dios y caridad" (182 *a*, 444 *a*, 636 *d*, 715 *b*, 781 *a*; compárese *Santo Domingo* 593 *b*, *San Millán* 74 *d*, *San Lorenzo* 10 *b* y 64 *b*; *Himno II*, 4 *c*). Separadas, en 903 *c*; "por Dios y la Gloriosa", en 572 *a*; "por Dios y San Pelayo", en *Santa Oria* 53 *b*.

carnal, hombre. V. *hombre carnal*.

carona, a la. 407 *d*. 'Sobre la piel'. Solalinde da otros ejemplos de textos medievales.

carpellida. 364 *a*. El pasaje de Berceo aparece citado en el estudio de E. G. Parodi, *Saggio di etimologie spagnuole e catalane* (En: *Romania*, XVII: 52-74, 1888), núm. 23, *escarapelar*. La voz ha sido tratada exhaustivamente por John E. Keller, *Old Spanish* garpios (En: *Hispanic Review*, XXII: 228-31, 1954); significa tanto "arañarse" como "lamentarse". El contexto de Berceo y su posible fuente latina ("eiulando clamare cepit") deciden por la segunda acepción. V. *rascado*.

carrera. 123 *c*. 'Curso o duración de la vida humana' (A.). // 216 *a* 'romería, peregrinación' // 442 *a*, "seguir su carrera", y 604 *b* "tomar carrera", 'ir por su camino'. // 519 *d*, "abrirle carrera" 'hacerle seguir'. En todos estos últimos casos, la voz está vinculada a su sentido moderno de 'camino real o carretera'; lo mismo en 834 *c*, "la envidia lo sacó de carrera", con metáfora semejante a la de *descarriar* y como la que ha dado los argentinismos *descarrilar* y *descarrilado*, por 'descarriar' y 'descarriado' // 634 *b* 'fig., camino, medio o modo de hacer alguna cosa' (A.).

carrillada. 890 *a*. 'Ant. bofetón'. (A.). Sánchez anota que "En las Montañas de Santander se dice *carrillada* por *bofetada*".

carta. 713 *a*. 'Mensaje'. // 740 *b*, "carta firme". V. [*feudales, términos*]. // 835 *d* "por carta" 'por escrito, por medio de la carta firme'.

cartilla. 'Escrito'. La voz designa, en 817 *a* y 824 *b*, la *carta firme* del pacto con el diablo; y en 909 *d*, la fuente de donde Berceo tomó el milagro de *La iglesia robada*, y que no ha sido identificada aún.

casa. 77 *c*, 92 *c*. 'Casa profesa, la de religiosos que viven en comunidad' (A.).

casamiento. 333 *d*. 'Ant., dote' (A.).

casar. 240 *b*. Hoy es 'conjunto de casas que no llegan a formar pueblo' (A.); pero en Berceo tiene un valor mucho más restringido: designa, en *Santo Domingo* 332 *b*, la celda de Santa Oria. En el ms. editado por Carroll Marden se lee "solares" en lugar de "casares", y éste parece ser el sentido exacto de la voz en los *Milagros*.

castigamiento. 708 *c*. V. *castigos*.

castigar. 'Ant. advertir, prevenir, enseñar' (A.). Éste es el sentido de "a vosotros castigo" (534 *a*) y "como bien castigados" (576 *d*); en "el que lo castigaran lo tenía sin cura" (161 *b*) parece contener un matiz de reprimenda ya más severo.

castigo. Tiene los sentidos ant. de 'reprensión, aviso, consejo, amonestación o corrección', y 'ejemplo, advertencia, enseñanza' (A.). En 191 *d* cabe 'enseñanza', en 451 *c* 'consejo, ejemplo', y en 484 *d* un valor conjunto de 'enseñanza' y 'penitencia'.

casulla. 60 *b*, 62 *c*, 68 *b*. 'Vestidura litúrgica que se pone el sacerdote sobre las demás que sirven para celebrar el sacrificio de la misa'. (A.). V., como para *alba*, el *Bulletin Hispanique*, núm. 1.

catadura. 116 *d*. 'Gesto o semblante' (A.). // 357 *b*, 879 *b*. 'Mirada' (A.).

catar. 223 *c*, 242 *a*, 442 *b*, 517 *b*, 598 *b*, 599 *a*. 'Mirar' (A.). // 254 *d*, 903 *d*, 781 *b*. 'Mirar' en sus sentidos de 'pensar, juzgar, inquirir' (A.); los dos últimos ejemplos, idénticos, son una frase que Berceo repite con cierta frecuencia. // 358 *c*, 507 *d*, 538 *c*. 'Ver, examinar' (A.). // 572 *b*, 579 d. 'Ant. guardar, tener' (A.); en los dos ejemplos, se refiere a la *mesura*, y era frase hecha.

cátedra. 58 *c*, 64 *a*, 68 *a*. 'Asiento elevado' (A.).

cativo, -a. 92 *b*. V. *bestia* // 893 *c*. 'Ant. cautivo' y —más verosímilmente— 'malo, infeliz, desgraciado' (A.).

caudal. 29 *c*, 43 *d*. 'Ant. principal' (por extensión, se dice del fuego, 371 *d*, en el sentido de 'grande, cuantioso'). (A.). // 48 *b*, 584 *a*. 'Caudaloso' (aunque el segundo ejemplo también puede corresponder al primer sentido). (A.). // *651 *b*. 'Hacienda, bienes de cualquiera especie y más comúnmente dinero. Ant., capital o fondo' (A.).

cazurro. 647 *d*. Juglares de clase inferior; la voz pasó a tener valor injurioso. Sobre los estudios de Carolina Michaëlis de Vasconcellos (En *Zeitschrift für romanische Philologie*, XX: 176-7, 1896; cf. también XXVI: 31) y de H. R. Lang (En: *Revue Hispanique*, XVI: 9, n. 2, 1907, véase el completísimo de don Ramón Menéndez Pidal en su *Poesía juglaresca y juglares* (ahora en la nueva ed., Madrid, Instituto de Estudios Políticos, 1957).

cebarse. V. *cebo.*

cebo. 765 *c.* Tiene el valor general de 'alimento' (el primer sentido del lat. *cibus*) que la voz ha perdido hoy en el español (cf. *Santo Domingo* 16 *c*). Lo mismo sucede con *cebarse* 'alimentarse': hoy la voz no tiene ya este valor. El pasaje de 137 *c,* "se ceban [en el cielo] los ángeles con el buen candeal trigo" puede ponerse en relación con pasajes como éste: "Christus vere noster cibus", en un himno publicado por H. A. Daniel (*Thesaurus hymnologicus,* I, pág. 275).

cegajoso, -a. 416 *c.* 'Que habitualmente tiene cargados y llorosos los ojos' (A.). Vale aquí por 'ciego, cerrado a la evidencia'.

ceja. 505 *c.* "Revolver" vale todavía hoy por 'meter en pendencia' (A.); "revolver mala ceja" significa 'poner en aprietos'. Compárese con la expresión corriente "mirar con malos ojos".

celada, tender una. 590 *c,* 910 *d.* Frase hecha que significa 'preparar acechanzas y engaños'.

celar la llama, no se puede. 509 *b.* Frase proverbial; el amor (o sus efectos) se comparan en los refranes con el fuego y el humo, porque ninguno de ellos puede ocultarse. A. consigna "Dineros y amores, diablos y locura, mal se disimulan".

Celinos. 871 *c.* Ceínos de Campos, en la provincia de Valladolid, diócesis de León.

cerco. 722 *c.* Es el círculo que traza el hechicero a su alrededor para guardarse de los demonios o espíritus que evoca.

cerraja. 877 *a.* 'Cerradura' (A.).

certano, -a. 368 *d,* 653 *c,* 795 *a.* 'Ant. cierto' (A.). En el primer ejemplo, "los hiciera certanos" significa 'les diera la seguridad'.

certero, -a. 96 *b,* 309 *a,* 538 *d,* 851 *a,* 855 *a.* 'Seguro' (A.). // 104 *b,* 606 *b.* 'Bien informado' (A.).

certinidad. 444 *c.* 'Certeza' (A.).

cesto. 694 *c.* V. *escriño.*

ciencia. 225 *a.* 'Fig. saber o erudición' (A.).

cillero. 'Bodega, despensa o sitio seguro para guardar algunas cosas' (A.).

cirial. 323 *c,* 734 *b.* 'Cada uno de los candelabros altos que llevan los acólitos en algunas funciones de iglesia' (A.).

clamor. 176 *d,* 849 *a.* "Invocación en forma de antífona. Se entonaba en la misa, antes de la epístola, y también en ciertos días de fiesta [segundo ejemplo]. También se ejecutaba en el oficio de difuntos [y a este uso parece corresponder el primer pasaje]. (Férotin, *Liber mozarabicum sacramentorum,* París, F. Didot, 1912, página XXXV). El *clamor* "es de origen popular... y contiene un elemento de aclamación, popular también, pero que nos es hoy desconocido" (Dom Louis Brou, *Le psallendum de la messe et les chants connexes.* En: *Ephemerides Liturgicae,* LXI: 13-54, 1947). // 216 *c.* 'Grito, o voz que se profiere con vigor y esfuerzo' (A.). // 809 a. 'Voz lastimosa que indica aflicción o pasión de ánimo' (A.).

claustra. 464 c. 'Claustro' (A.). Cf. *Santo Domingo, 88 a.*

claustrero, -a. 353 b. 'Ant. decíase del que profesaba la vida del claustro' (A.).

clavero. 83 b. 'Llavero, persona que tiene a su cargo la custodia de las llaves de una plaza, ciudad, iglesia, etc., y por lo común el abrir y cerrar con ellas' (A.). // 309 d. "Llavero. En las órdenes militares, dignidad a cuyo cargo estaba la defensa de su principal castillo o convento, y por extensión, persona a cuyo cargo está la principal defensa de una cosa" (G. Menéndez Pidal). Para otro uso traslaticio y semejante de dignidades eclesiásticas, v. *notario*.

Clemens papa. 886 d. San Clemente papa, primero de este nombre, que vivió en el siglo I. Su *Pasión* cuenta cómo convirtió a una dama romana, llamada Teodora, cuyo marido, celoso, la hizo seguir y entró detrás de ella en el recinto donde San Clemente celebraba la misa; y tanto él como sus servidores fueron cegados por obra de Dios y vagaban por la iglesia sin ver a los fieles ni encontrar las puertas. Después de otros hechos milagrosos, Sisinio se convirtió. La liturgia hispánica conserva esta historia en un himno de la *inlatio* [que corresponde al *praefatio* del rito romano] de la misa de San Clemente (Migne, vol. 85, col. 148; *Hymnodia gotica* de Blume, pág. 145, núm. 102, estrofa 2). V. *Bulletin Hispanique*, núm. 17, donde señalo mi deuda con el R. P. B. de Gaiffier en lo que se refiere a la aclaración de este pasage. Sobre la expresión *Clemens papa*, conviene señalar que era lo bastante general como para que un músico flamenco del siglo XVI, Jakob Clément, latinizara su apellido, con perentoria aclaración, en "Clemens non papa".

clerecía. 251 a, 421 a, 426 a. 'Número de clérigos que concurren con sobrepellices a una función de iglesia' (A.). // 30 b, 332 a, 452 d, 580 a, 900 b, 712 a. 'Conjunto de personas eclesiásticas que componen el clero' (A.).

Cluny. 182 c. Localidad francesa, situada en Saone-et-Loire, en la que Guillermo el Piadoso fundó en 910 una abadía benedictina. Sus abades —y en especial San Odón— hicieron de ella la sede y centro de la reforma que, abarcando múltiples campos (monasticismo, liturgia, escritura, artes), invadió toda Europa en los siglos X y XI. Al movimiento cluniacense se debe la unificación de la liturgia católica y, directamente, la abolición del rito hispánico. (Véase el capítulo *Grégoire VII, Cluny et Alphonse VI* en el excelente libro del abate P. David, *Études historiques sur la Galice et le Portugal du VIe au XII siècle*. Paris, Les belles lettres, 1947, págs. 341-439). V. *Hugo*.

cobrar. 'Recuperar' (A.).

cofradía. 540 c. 'Congregación o hermandad' (A.). // 721 d. 'Gremio, compañía o unión de gentes para un fin determinado' (A.). El sentido colectivo que dará los significados germanescos de "muchedumbre de gente" y "junta de ladrones" aparece en las dos máximas y opuestas cofradías: la hedionda del infierno (802 c) y la dulce de la Gloria (234 d). Berceo llama también a ésta *compañía,* y las almas son en ella *vecinas* (274 c). Cf. también *Santa Oria* 110 b y *Signos* 51 d.

cogulla. 560 c. 'Hábito o ropa exterior que visten algunos religiosos monacales' (A.). Designa aquí el hábito de la abadesa.

Colonia. 160 a. La ciudad de Colonia, situada en la margen izquierda del Rin, era capital del principado electoral del mismo nombre. Por esto, y no por la razón que da Lanchetas, Berceo la llama "cabeza de reinado", o sea capital.

color. 743 b. Berceo usa la voz como sustantivo femenino, como se la emplea a veces todavía hoy, y como era corriente en la lengua clásica. // 644 c y 779 a, "sin color". V. *colorado.*

colorado, -a. 51 c (dichos c.), 89 a (palabra c.). En la literatura latina, la voz *color* designaba "el carácter general del discurso". "En la Edad Media, el concepto cambió de sentido; se llamaron entonces *colores* las diversas formas del *ornatus uerborum;* así los *Colores rhetorici* de Onulfo de Espira". (Curtius, pág. 506, nota 21.) El tratado de San Ildefonso (v.) fue "famosísimo en la Edad Media precisamente por sus *colores rhetorici:* el libro de 'dichos colorados' en palabras de Berceo". (María Rosa Lida de Malkiel, reseña del libro de Leonid Arbusow, *Colores rhetorici.* En: *Romance Philology,* VII: 223-225, 1953-1954; lo citado es de pág. 225.) Las *palabras coloradas* son 'razones atinadas', cuya expresión condice con su profundidad y sensatez. *Sin color,* de la misma manera, no significa 'sin ornato', sino 'vano, sin peso'. Más tarde se pasó de *colorado, colorido* o *coloreado* 'adornado', a 'fingido': 'Aplícase a lo que se funda en alguna apariencia de razón o de justicia' (aparte de 'que raya en deshonesto') es la acepción que da hoy la A. Y usando este sentido clásico puede Alfonso Reyes, con un hábil juego de palabras, decir de una fotografía en colores

> que es un consejo el retrato,
> no un *engaño colorido.*

(*Berkeleyana (1941).* México, 1953, pág. 33.)

comedir. 769 c. 'Ant. pensar, premeditar o tomar las medidas para algunas cosas' (A.).

compaña. 'Compañía' (A.).

compañía. 'Sociedad o junta' (A.). Berceo llama así a la Gloria (135 a, 245 c) y a los moradores de un convento (281 d). Cf. *cofradía.*

comprar. 477 c. Compárase la expresión "bien lo habréis de comprar" con las frases proverbiales "no se lo llevó de balde", "no lo sacó gratis", "no se lo robó", etc. (En la Argentina se dice "no se lo va a llevar de arriba"; *de arriba* 'gratis', 'regalado', 'sin pagar').

compunción. 807 *b*. 'Sentimiento o dolor de haber cometido un pecado' (A.).

comunicanda. 373 *c*. Es un latinismo que vale lo mismo que 'comunión' (Du Cange), y completa el sentido de parodia del oficio fúnebre que tiene todo el pasaje.

concejo. 422 *c*. 147 *b*, 893 *a*. El ayuntamiento, 'corporación compuesta de un alcalde y varios concejales para la administración de los intereses de un municipio' (A.). // 422 *a*. 'La gente allí reunida' (Cf. *San Lorenzo* 19 *c*). En 424 *c*, Berceo especifica: "convento y concejo", 'tanto los que están reunidos en la iglesia como los que pertenecen al clero'.

concilio. 65 *b*. 'Junta o congreso de los obispos y otros eclesiásticos de la iglesia católica, o de parte de ella, para deliberar y decidir sobre las materias de dogmas y de disciplina' (A.). Sánchez hace notar que "Berceo llama impropiamente *general* a este concilio", que fue, en efecto, nacional y no ecuménico, "acaso por los muchos obispos que le celebraron, que fueron 20". Solalinde señala que "Berceo siguió su fuente con fidelidad: 'in generali concilio confirmata', dice el ms. de Copenhague". Sobre la fiesta instituida por este X Concilio Toledano, v. *Ildefonso de Toledo, San*.

condesar. 694 *d*. 'Ant. poner en custodia y depósito una cosa' (A.).

condición. 660 *b*, 667 *d*. Latinismo, 'negocio' (Du Cange).

conducho. 699 *b*. 'Comida, bastimento' (A.).

confesado. 850 *b*. *Confesar* no figura en la A. con el sentido de integrarse o reintegrarse a una confesión, 'declaración de fe'; éste es el sentido de la voz en este pasaje: "recibió el sacramento y quedó bien reconciliado con su fe" (v. *reconciliar*). Para el sentido corriente de *confesarse* en Berceo, v. *maestrar*.

confesión. 71 *b*. Es el *confíteor*, 'oración que se dice en la misa y en la confesión' (A.).

confesor. 'Cristiano que profesa públicamente la fe de Jesucristo y por ella está pronto a dar la vida. En este sentido llama la Iglesia confesores a ciertos mártires' (A.). Berceo cita los confesores en 29 *c* y 763 *c*, y da el título de confesor a San Ildefolso (66 *b*) y a Teófilo (820 *d*, 825 *a*, 833 *a*, 849 *c*); sigue en eso un uso hispánico general: un calendario mozárabe de 1072 da este título a Santa Leocadia (Cabrol, s. v. *confessor*).

confuerzo. 805 *a*. 'Ant. confortación' (A.). Cf. *Santo Domingo* 225 *c*.

confundir. 554 *b*. 'Convencer o concluir a uno en la disputa', y también 'humillar, abatir, avergonzar' (A.). Cf. *vencer*.

congregación. 492 *d*, 574 *a*. 'Cofradía' (A.). // 546 *c*. 'En algunas órdenes regulares, capítulo' (v.). (A.).

conjurar. 444 *b*. 'Rogar encarecidamente, pedir con insistencia y con alguna especie de autoridad una cosa' (A.).

conocencia. 707 *c*, 789 *c*. 'Ant. (hoy vulgar) conocimiento' (A.).

conseja. 505 *a.* 'Relato'. (Cf. *sentencia*).

consejo. 146 *c,* 517 *d,* 525 *a,* 591 *c,* 594 *d,* 613 *d,* 634 *a,* 636 *d.* 'Ant. modo, camino o medio de conseguir alguna cosa' (A.), de donde nace su sentido más general de 'ayuda, auxilio'. // 646 *c.* 'Entendimiento o razón, en cuanto discierne las cosas' (A.). // 893 *c.* 'Parecer o dictamen que se da o toma para hacer o no hacer una cosa' (A.).

consistorio. 552 *a.* 'Junta o consejo. Se dice del que tenían los emperadores romanos o del que celebra el papa con los cardenales, pero el nombre se aplica también en algunas partes de España al ayuntamiento o cabildo secular' (A.). Vale aquí por 'la reunión'.

Constantino. 626 *abc.* Emperador romano, apodado el Grande, n. en 274 y m. en 337. Promulgó en 313 el Edicto de Milán, que establecía la libertad religiosa y devolvía a los cristianos los bienes confiscados. Sobre la ciudad que lleva su nombre, v. *Bizancio.* En el verso *c* de la copla, Berceo alude a la célebre *Donatio Constantini,* documento apócrifo que suele fecharse hoy hacia mediados del siglo VIII, y por el cual el emperador cedía al jefe de la Iglesia, sucesor del apóstol —y a quien Berceo llama "San Pedro" por sinécdoque— su palacio, la villa de Roma y las provincias adyacentes de Italia. Sobre el uso del nombre del apóstol para designar al papa, recuérdese que el *Roman de la Rose* aclara quién es un personaje llamado Pedro con estas palabras:

Par Pierre voil le Pape entendre

y similar es la designación dantesca de "il maggior Piero". Del mismo modo, los revolucionarios franceses apellidaban "Capeto" a las personas de la familia real.

contención. 776 *a.* Acción de contender.

contender. 'Insistir, continuar'. (Vale ahora 'reñir, disputar...')

contenecia. 707 *a.* 'Ant. continente' (en el sentido de 'aire del semblante y actitud y compostura del cuerpo'). (A.).

continens et contentum. 326 *a.* "Lo de dentro y lo de fuera" (G. Menéndez Pidal).

convento. 95 *a,* 178 *d,* 299 *a,* 318 *b,* 553 *c,* 561 *a.* 'Comunidad de religiosos o religiosas que habitan en una misma casa' (A.). // 105 *b.* 'Casa o monasterio en que viven los religiosos o religiosas bajo las reglas de su instituto' (A.). // 138 *c,* 459 *c,* 629 *c.* 'Ant. concurso, concurrencia, junta de muchas personas'. (A.). // 424 *a.* V. *concejo.*

corada. 467 *b.* Covarrubias, citado por Solalinde, explica que es "lo interno del animal, dándole nombre el corazón". Berceo lo usa aplicado a personas (cf. *Signos,* 74 *b*), con el valor de 'entrañas'.

coral. 784 *c.* V. *gemido.*

corazón cambiado, de. 338 *a.* 'Con ánimo mudado', 'variada su intención'.

corona. 612 *d.* 'Aureola' (A.). La corona es, además, recompensa que el Rey del Cielo otorga a sus servidores: recuérdese la ronda infantil de Santa Catalina ("con su corona y su palma") y, en la obra de Berceo, la visión de *Santo Domingo* (228 sigs.) y la de *Santa Oria* (81).

coronado, -a. 48 *c,* 52 *a,* 57 *a,* 58 *a,* 414 *a.* Corona es 'tonsura de figura redonda que se hace a los eclesiásticos en la cabeza, rapándoles el pelo, en señal de estar dedicados a la Iglesia', y por tanto, *coronado* es 'clérigo tonsurado u ordenado de menores, que goza el fuero de la Iglesia' (A.). La frase "legos y coronados" (24 *b,* 495 *a*) significa 'todos', y es una de las maneras que tiene Berceo de decir "todo el mundo" (*San Millán* 421 *c;* compárese: "legos y clérigos", *id.* 425 *c;* "de legos y de clérigos, por casar e casados", *id.* 206 *d;* "grande ni chico, ni enfermo ni sano", *id.* 248 *c;* "moros y cristianos", como en el *Cid,* en *Santo Domingo* 582 *b;* etc.). // La expresión "reina coronada" (Nuestra Señora), y hasta "rey coronado" referido al demonio (737 *a*), no es un mero expletivo sino una fórmula de valor casi legal: "hay ejemplos antiguos —dice Sánchez, tomo I, pág. 117— de aplicar al sucesor el nombre de *Rey,* y el verbo *reynar* antes de entrar en posesión de la corona". V. también [*feudales, términos*].

Corpus Domini. 163 *c,* 269 *b,* 356 *b,* 849 *c,* 850 *b.* La Eucaristía. Berceo mismo explica, en el *Sacrificio de la misa* (171 *abc*), lo que entiende por esta expresión:

> Lo que dije del pan,   eso digo del vino:
> todo es *Corpus Domini,*   todo sigue un camino,
> todo es salvación   para el hombre mezquino...

correón. 407 *d.* Aumentativo de *correa;* aplicado aquí no por la materia de que está hecho, sino por la forma en que ciñe.

correr las bodas. 336 *a.* No encuentro en A. esta expresión, usual en el Romancero; el *Diccionario ideológico* de Casares, donde tampoco la hallo, consigna las frases "correr las amonestaciones" y "correr las proclamas".

corrompido, -a. 348 *d. Corromper* es hoy, tan solamente, 'pervertir o seducir a una mujer' (A.).

corso, -a. 436 *d.* 'Carrera' (Solalinde). La expresión *a corso* se usa hoy solamente para designar el transporte a lomo hecho con gran rapidez (A.).

corteza y meollo. 16 *c.* Patch señala (pág. 143-144) la filiación de esta interpretación alegórica: Orígenes, San Cipriano (que veía en los cuatro ríos, como Berceo, los cuatro evangelios), San Ambrosio, San Agustín, y San Juan Crisóstomo. Recuérdense las advertencias similares del *Libro de Buen Amor,* el final de las octavas antepuestas a *La Celestina,* la "substantifique moëlle" de Rabelais.

coz. 273 *c,* 890 *b.* 'Golpe que da una persona moviendo el pie hacia atrás' (A.). Pero vale aquí, directamente, por 'patadas, puntapiés' (Cfr. *Sacrificio,* 216 d.). De manera análoga, "cocear" es 'pisar' en *Santa Oria* 30 *d.*

creendero, -a. 308 *d*, 309 *b*. 'Ant. recomendado, favorecido' (A.).

criado, -a. 19 *c*, 31 *d*, etc.; 63 *d*, etc. 'Hijo' // 334 *c*, 578 *b*. 'Ant. persona que ha recibido de otra la primera crianza, alimento y educación' (A.); compárese: "De los criados que home cría en su casa maguer non sean sus fijos" (título XX de la *Partida* IV.). En el primer caso se trata de los hijos propios; en el segundo, de un hijo adoptivo. // 354 *c*. "*Criado* vale tanto como discípulo: 'Demandó al maestro licencia el criado', dice Berceo en este sentido (*San Millán,* copla 24); y así lo notó ya don Tomás Antonio Sánchez en el *Glosario* que puso a las mismas poesías." (Amador de los Ríos, *Hist. crít. de la lit. esp.,* t. III, pág. 238). // 295 *a*. 'Ant. cliente: persona que está bajo la protección o tutela de otra' (A.).

cristiano. 503 *b*. 'Fig. alma viviente, prójimo' (A.).

Cristo, lanza de. 746 *d*. Fray Gil, que también vendió su alma al diablo, fue herido en el pecho por la lanza de un caballero que no era otro que Cristo. (A. Valbuena Prat. *Hist. de la lit.,* ed. de 1950, III, página 89 y n. 1).

cruzarse. 588 *a*. 'Tomar la cruz, o sea alistarse en una cruzada' (A.).

cuarenteno, -a. 777 *a*. 'Ant. cuadragésimo' (A.). La voz no es anticuada como sustantivo femenino.

cubierta. 200 *d*. 'Pretexto, mala razón' (A.).

cuchillo, buscar su. 759 *d*. Alusión al refrán "Escarbó el gallo y descubrió el cuchillo", u otro similar, con que se designa a los que buscan su propio daño.

cuestas. 478 *d*. 'Ant. costillas' (A.). "A cuestas" (342 *d*, 400 *d*), "en sus cuestas" (666 *c*) 'sobre los hombros o las espaldas' (A.).

cuidar. 'Pensar' (A.). En 127 *c* hay, como lo sospechaba Solalinde, alusión a un refrán.

cumbral. 323 *b*. Compárese con *cumbrera,* 'caballete del tejado' (A.).

cumplimiento. 299 *c*. Sufragio, obra buena que se aplica por las almas del Purgatorio' (A.). Cf. *Santa Oria* 178 *d*.

cumplido, -a. 60 *d*. "Bueno y cumplido" 'acabado, perfecto'; es locución frecuente en Berceo. // 101 *d*, "de corazón cumplido", 'con todo el corazón' (compáresele 'cumplidamente').

cumplir. 476 *a*. 'Ejecutar, llevar a cabo' (A.).

cura. 161 *b*. 'Ant. cuidado' (A.).

curar. 73 *d*. 'Cuidar, remediar' (A.).

dar. 887 *c*. 'Con la partícula *de* y algunos substantivos, caer del modo que éstos indican' (A.).

David. 34 *c*. La muerte de Goliat a manos de David, que Berceo vuelve a aludir en el *Sacrificio* 36 *d*, se halla en el *Libro I de los Reyes,* cap. XVII, versículos 49 y 50 // 784 *a*. Los tres pecados de David, perdonados luego por el Señor, son: su adulterio con Betsabee y la muerte de Urías (*II Reyes*, XI), y su vanidad al mandar hacer el censo de los hebreos (*id.*, XXIV, y *I Paralipómenos*, XXI).

decebir. 15 *c*, 558 *a*. 'Ant. engañar' (A.). Cf. *Duelo*, 83 *c*.

decorado. 745 *c*. "De coro" significaba antiguamente 'de memoria' (la expresión ha sido estudiada, sucesivamente, por D'Ovidio, Tobler, Pietsch, Lucien Foulet, Henri Gavel, Spitzer); "decorado" pasó por lo tanto a ser sinónimo de 'instruido': "De himnos y de cánticos... decorado" (*Santo Domingo*, 38 *b*, y *San Millán* 22 *b*); y de ahí pasó a significar 'sabedor, enterado', como en este ejemplo de los *Milagros*.

deidad. 792 *b*. 'Sér divino o esencia divina' (A.). V. *diversidad*.

delgado, -a. 877 *d*. 'Ant. poco, corto, escaso' (A.). Cf. *Sacrificio*, 132 *c*.

demandar. 108 *c*. 'Preguntar' (A.). // 901 *a*, 725 *b*, 727 *c*. 'Pedir' (A.).

demonio. V. [*feudales, términos*].

demostrador. 311 *d*. Demostrar es aún hoy 'enseñar'; "darían buena albricia los demostradores" significa 'recompensarían a los que lo señalaran o indicaran'.

Deo gratias. 606 *d*. 'Gracias a Dios', expresión latina que suele usarse hasta como saludo.

deportar. 128 *b*, 355 *d*, 674 *c*. 'Solazarse'.

derechero, -a. 90 *c*, 244 *a* (pastor d.), 314 *a* (pastor d.). 'Justo, recto, arreglado' (A.). "Alcalde derechero" se lee también en *Signos* 49 *a*, aplicado una vez más a Cristo; y con la misma voz, *derechero*, el Centurión rinde homenaje al Crucificado:

> Dijo entonces Centurio, un noble caballero,
> dijo un testimonio grande y bien verdadero:
> "Varones, este pobre hombre fue derechero;
> enviado fue de Dios, era su mensajero."
> (*Duelo* 119).

Compárese con su fuente : "Así que vio el centurión lo que acababa de suceder, glorificó a Dios diciendo: Verdaderamente era éste un hombre justo". (*Lucas*, XXIV: 47).

derecho, -a. 503 *c*. 'Recto, igual, sin torcerse a un lado ni a otro' (A.). Los "tiempos derechos" que se gozaban en toda estación eran 'iguales', en el sentido de 'apacibles', 'moderados'. // 620 *b*. 'Justo, fundado, razonable, legítimo' (A.).

derechura. 171 *a*. 'Calidad de derecho', y 'ant. derecho' (A.).

desaguisado. 106 *c*. 'Hecho contra la ley o la razón' (A.).

desamparar. 'Ausentarse, abandonar un lugar o sitio' (A.). Teófilo desampara su casa y sus posesiones (770 *a*), el romero al mundo (217 *c*). el alma a su cuerpo (128 *d*, 138 *b*). Quedan desamparadas las monjas expulsadas de su convento (566 *b*) y los náufragos sin abrigo material y espiritual (602 *c*). Recuérdese el valor figurado de "amparo" 'abrigo o defensa' (89 *d*, 278 *d* / 279 *a*, 519 *c*, 887 *a*, 727 *a*, 772 *a*); cf. también *exilio*.

desaventura. 161 *c.* 'Desventura' (A.); y *desaventurada* (440 *c*), 'desventurada' (A.).

descolorado, -a. 743 *b.* La pérdida del color como consecuencia de conducta reprochable se ve también en *Signos* 46 *ab:* "los envidiosos..., que por el bien del prójimo andan descolorados"; equivale al actual "amarillo de envidia". Véase *desombrado*.

descomulgado. 193 *d,* 906 *d.* 'Excomulgado' (A.).

descosido, -a. 418 *c.* La voz no tiene aquí el sentido de ahinco o exceso que cobra en la frase "como un descosido"; significa 'desordenado, falto del orden y trabazón suficiente' (A.); recuérdese que al huir Abderramán del campo de batalla

> todo su muy gran pueblo   fue luego descosido
>
> (*San Millán,* 451 *b*).

descuajado, -a. 91 *d.* 'Arrancado de raíz' (A.).

deseadero, -a. 'Ant. deseable' (A.).

deservicio. 374 *b,* 375 *b.* 'Culpa que se comete contra uno a quien hay obligación de servir' (A.).

deservir. 73 *d,* 375 *b,* 376 *a.* 'Faltar a la obligación que se tiene de obedecer a uno y servirle' (A.).

desguisado. 720 *d.* 'Ant. desaguisado', en su sentido de 'agravio, denuesto, acción descomedida' (A.). // 835 *b.* Id., en su valor adjetivo de 'hecho contra la ley o la razón' (A.).

desmayar. 472 *b.* 'Perder el valor, desfallecer de ánimo, acobardarse' (A.). Recuérdese el romance: "Las huestes de Don Rodrigo / desmayaban y huían...".

desmesura. 406 *b.* 'Descomedimiento, falta de mesura' (A.).

desmesurado, -a. 140 *c.* 'Descortés, insolente y atrevido' (A.).

desombrado, -a. 743 *a.* "F.a creencia general que los que habían pactado con el diablo no hacían sombra con sus cuerpos" (G. Menéndez Pidal). Recuérdese la historia de Peter Schlemihl, tal como la narra A. von Chamisso.

despecho. 739 *c,* 788 *c.* 'Desus. disgusto o sentimiento vehemente' (A.).

despojar. 560 *c.* Desnudar. // 878 *a,* 882 *b,* 898 *c.* 'desnudar', en el sentido fig. de 'despojar una cosa de lo que la cubre o adorna: desnudar los altares' (A.).

desquitar. 601 *a.* 'Darse la muerte'. Cf. *Bulletin Hispanique*, núm. 10.

desterrar. 469 *c.* 'Echar a uno por justicia de un territorio o lugar' (A.). Aquí tiene un sentido más transcendente: v. *exilio*.

devaneo. 190 *c.* 'Desatino, desconcierto' (A.).

día. 'Tiempo que dura la claridad del sol sobre el horizonte'. *Día negro* (97 *d,* 760 *c*), 'infausto', 'en que se padece o conmemora una gran desgracia' (A.). // 157 *d. morir de su día* 'morir cuando le tocó hacerlo naturalmente, no por fuerza ni violencia'. // 580 *c*. pl. fig. 'Vida' (A.). // 583 *a* "mientras aún dura el día". *Curtius* (pág. 137 y sigs.) da ejemplos de este tópico, incluyendo al propio Berceo (*Santa Oria*, 3) y llegando hasta Milton; es el único, dice, de los tópicos antiguos de la conclusión que pasó a la Edad Media: "debemos terminar, porque se hace de noche".

diablo. V. [*feudales, términos*].

dicción. 181 *b* (quita de *d*.), 228 *a* (madre sin d.). La palabra no ha sido explicada satisfactoriamente. Du Cange registra un *indictare* 'acusar'; "sin dicción", "libre de dicción" significaría 'sin culpa', 'libre de pecado'. Cf. *Bulletin Hispanique*, núm. 14, nota 22.

dictado. 'Composición, escrito'. La voz parece designar las Escrituras en 31 *c* (v. *María, nombres de*), los Salmos en 165 *b*, la fuente de Berceo en 405 *b* y escritos hagiográficos similares en 412 *b*; designa, por último, la *carta* de Teófilo en 816 *c* y 836 *a*. V. también *son y dictado*.

dictar. V. *escrito* y *notado*.

diezmeros. 104 *d*. 'Que pagaban el diezmo' (A.), es decir, 'los fieles'.

diezmo. Abundan en Berceo las comparaciones del tipo "no valer un pepino", y, lo mismo que en este ejemplo moderno, pero con significativa variedad, nuestro texto elige casi siempre vegetales menudos ("una arveja" es un ejemplo típico). Sobre estas expresiones (que se cuentan entre las que han valido a Berceo la censura de quienes encontraban su estilo "demasiado bajo y familiar"), véase: Henry R. Lang: *Contributions to Spanish grammar* (En: *Modern Language Notes*, I: 63-65, 1886), pág. 64; Alois Richard Nykl: *Old Spanish terms of small value* (En: *Id.*, XLII: 311-313, 1927), con especial referencia a los poemas de la cuaderna vía y al conocimiento que sus autores, los clérigos, tenían de los artículos menudos —principalmente vegetales y frutos— que servían para el trueque y para el pago del diezmo; George Irving Dale: *The figurative negative in Old Spanish* (En: *Id.*, XLIV: 323-324, 1929), con referencia a estudios similares en otras literaturas medievales y con reparos al artículo anterior; y la respuesta de Nykl: *Old Spanish terms of small value* (En: *Id.*, XLVI: 166-170, 1931), que se reafirma en su aserción anterior apoyándose en el verso 4 *c* de *los Milagros:* "frutas de diversas monedas", es decir, cuya variedad (y valor consiguiente) les permitía servir como diferentes pagos ('monedas') de diezmos diferentes. La reseña de B. Pottier a la primera edición de este libro (En: *Bulletin Hispanique*, LXII: 343, 1960) añade dos referencias: "E. L. Llorens, *La negación en español antiguo* (Madrid, 1929; cf. n. 1, p. 185), y K. Wagenaar, *Étude sur la négation en ancien espagnol jusqu'au XVe siècle* (Groningue, 1930". Los *diezmos reales* (de 'realidad', no de 'rey') son "los que se toman sobre los frutos que la tierra produce" (*Recueil des principales décisions sur les dîmes*, de Roch Drapier, ed. Brunet, Paris, 1741, 2 vols.: I, pág. 2; lo mismo, y también la subdivisión de los diezmos, en las notas del Abate A.-M. Brasier, *Notice sur la dime*. Annecy, impr. Aubry, 1902). El *Traité touchant l'origine des dixmes et l'obligation de les payer,* del canónigo Charles Bault, muestra cómo a mediados del siglo XVII el Parlamento de Tolosa de Francia, siguiendo el ejemplo del de París, "mantenía a la Iglesia en la facultad de tomar los diezmos de todos los granos..., cebollas, ajos, arvejas, habas y otras legumbres, según el uso común, a razón de uno por cada diez." (París, 1687, pág. 229). En *San Millán* 446 sigs., Berceo enumera lo que las tierras deben pagar, "en dineros" o en especies, por los votos hechos al santo; y entre los medios de ganar Paraíso que *Santo Domingo* predicaba, estaba el que "diezmasen en agosto lealmente su cibera [sus granos], / diesen de sus ganados a Dios suert [parte] derechera" (464 *cd*).

[diezmo, topo del]. "A los tópicos de lo *indecible* pertenece también la afirmación de que el autor no dice sino muy poco de lo mucho que quisiera expresar (*pauca e multis*) [nota sobre sus antecedentes clásicos]. Se lee esto muy a menudo en las vidas de santos, género que surgió en el siglo V y que necesitaba de una abundante fraseología panegírica, pues el santo debía haber realizado el mayor número posible de milagros." (Curtius, pág. 232). En Berceo el tópico aparece en esta forma simple (por ejemplo en 623 *d*), pero con mayor frecuencia se lee en una forma que podría denominarse "topo del diezmo": "apenas podemos referir la décima parte [o "el diezmo"] de sus milagros" (cf. *Milagros* 10 *b*, 235 *c*, 100 *c* [mil hombres no contarían la milésima parte]; *Santo Domingo* 33 *d*, 614 *d*, 755 *a*). En *Milagros* 903 *b* la metáfora se aplica a la maldad del clérigo que quiso robar la toca de Nuestra Señora.

dinerada. 478 *c*. Solalinde señala que esta voz desginaba "lo que podía comprarse con un dinero", y que "este sentido de *ración* sirve de base para el metafórico 'a buenas raciones, abundantemente'". Dinerada significa hoy "cantidad grande de dinero", y este sentido puede aplicarse perfectamente a este pasaje. La expresión similar de *San Millán* 450 *c* (Abderramán, que huye del campo de batalla, "a malas dineradas pagó el hospedaje") significa también "a gran precio" (como nuestro "pagar bien caro") sin que el valor de "ración" sea necesario para explicar su sentido.

dinero. 9 *d*, 202 *b*. 'Moneda de plata y cobre usada en Castilla y que equivalía a dos cornados' (A.).

Dios. Sobre el uso del Nombre de Dios como interjección, véase Menéndez Pidal, *Cantar,* pág. 629, pasaje al que también remite Solalinde. Para la expresión "por Dios y caridad", v. *caridad*.

diversidad. 10 *c*. 'Abundancia, copia, concurso de varias cosas distintas' (A.). // 792 *c*. 'Variedad, desemejanza, diferencia' (A.). "Habla el poeta de la diversidad en la esencia, la cual no hay en las tres divinas Personas. Tampoco hay *diversidad* en cuanto significa contrariedad, sino en cuanto significa distinción de las Personas." (nota de Sánchez a este pasaje; y al verso siguiente [las tres Personas son una], agrega: "En la esencia").

diversorio. 552 *b*. "Tanto *hostal* como *diversorio* significan, dentro de un monasterio, la parte que no es la Iglesia, es decir, las salas destinadas a la vida ordinaria." (Solalinde, con un ejemplo del *Alexandre*, ms. *P*, 360 *a*).

diz. 705 *b*. 'Apócope de *dice*, o de *dícese*' (A.).

doblar. 8 *a*. V. [*música*]. // 450 *a*. 'Duplicar'.

dogal. 371 *c* y 800 *d* (fig.). 'Cuerda para ahorcar a un reo o para algún otro suplicio' (A.). Recuérdese "estar uno con el dogal a la garganta, o al cuello" (A.).

dolores. 4, 19 *b*. El "renovar los antiguos dolores" de Nuestra Señora (o, como allí se lee, "refrescar las mis penas") es el tema del *Duelo de la Virgen*.

Domenga, Domingo. V. *Sancho*.

Domni Dios. 373 *c*. Dios Nuestro Señor.

don. 15 *b*, etc. Sobre el uso de *don* con nombres que generalmente no lo llevan, hay nota de Solalinde a este pasaje, y también una extensa entre las de Rodríguez Marín al *Quijote*. // 168 *a*. 'Sin estar acompañado de otro nombre, y por sí solo, *señor*' (A.). Acá se aplica a Cristo, como en *Santo Domingo* 53 *d*: "el don que dijo '*Sicio*'" (cf. *San Juan*, XIX: 28: "Jesús... para que se cumpliese la Escritura, dijo: Tengo sed.").

donoso, -a. No significa, como hoy, 'que tiene donaire y gracia', sino 'que posee dones y Gracia'. Berceo aplica este adjetivo a la sombra de los árboles de su prado (25 *a*), a la ventura del clérigo salvado por la Virgen (131 *c*), y, en otros poemas, a *Santo Domingo* (443 *c*), a las manos del conde Fernán González (*San Millán* 427 *b*), es decir, a su persona; etc.

dormitor. 79 *c*. 'Ant. dormitorio' (A.).

ducho, -a. 149 *a*. 'Diestro' (A.).

dudar. 473 *c*. 'Ant. temer' (A.). // 606 *b*. 'Estar el ánimo perplejo y suspenso entre resoluciones y juicios contradictorios, sin decidirse por unos o por otros' (A.).

dueña. En Berceo, como en el Arcipreste, la voz significa simplemente 'mujer'; se aplica, con valor reverencial, a la Virgen (7 veces); también designa a la parida del milagro XIX, a las monjas del XXI (4 veces) y a su abadesa (id.). Como fórmula de tratamiento con valor vocativo, se emplea con la Virgen (para preguntarle Quién es), con las monjas, y también con la abadesa.

durable. 18 *b*, 864 *d*. 'Duradero' (A.).

duro, -a. 680 *d*. 'Fig. insensible' (A.).

edad, séptima. 502 *d*. Llámanse edades los períodos en que se considera dividida la vida humana: infancia, juventud, etc. A veces se apone el término a un período para designarlo y caracterizarlo mejor: la edad tierna, la edad temprana, la edad madura, provecta, avanzada; además, ciertos períodos menores reciben esta denominación: la edad crítica, la edad de discreción, la edad del pavo (compárese, en francés, "l'âge ingrat"). La consideración de cuántas son las edades del hombre, este microcosmos, es inseparable de la cuestión de las del mundo, ese macrocosmos.

Una tradición clásica, que parte de San Agustín, "relaciona el curso de la historia de la humanidad con los seis días de la creación y con las seis edades de la vida" (Curtius, pág. 51; a los pasajes que cita agréguese Migne, tomo XLI, col. 804). A San Agustín siguen Paulo Orosio, Beda, Escoto Erígena, Joaquín de Floris y hasta Bossuet (cf. la Encyclopaedia of Ethics and Religion de Hastings, s. v. Age); se puede agregar el nombre de Jaraj Baracovi'c, que en el siglo XVII escribió su Cofre adornado con flores sobre las seis edades del mundo ("Giarulla uressena svityem od scest vichof svita". Venecia, 1636). Es de notar que estas seis edades pueden considerarse a veces siete (como los días del Génesis), agregando una edad futura que acabará con la consumación de los siglos. Y siete es, además, el número preferido de los pitagóricos: Armand Delatte, en sus Études sur la littérature pythagoricienne (París, Champion, 1915, pág. 182-185: Fragments arithmologiques sur les âges de la vie de l'homme), muestra que si bien los períodos varían de 4 a 10, el número más constante es 7, y 7 es el número de años de que consta cada período; tenemos así, según las tradiciones más concordantes, 7 a 10 períodos de 7 años, que llevan la cifra de nuestra vida a 56, 63, 70 ó 98 años. La medicina hipocrática adopta este cómputo (cf. W. H. Roscher: Die hippokratische Schrift von der Siebenzahl und ihr Verhältnis zum Altpythagoreismus, 1919), que empalma con las siete edades de la tradición judeo-cristiana: siete son las edades de la vida, según el autor anónimo del poema De arithmetica (Curtius, pág. 704); lo mismo para Alfonso el Sabio, ferviente adepto de todo setenario: "por este cuento de siete... partieron la edad del home" (Prólogo de las Partidas); siete son las del mundo para Pablo de Santa María (Cancionero castellano del siglo XV ordenado por Foulché-Delbosc, II, págs. 155-188). M. Bochard también adopta este número en su Cinquième âge de l'Église (Lyon, 1826), basándose sobre el testimonio del Apocalipsis, cuyos siete sellos, siete trompetas y siete copas o tazas simbolizan, clarísimamente para él, las siete edades del mundo. Quizás no sepamos nunca cuántas eran las edades del hombre para P. V. Boissières, que sólo publicó los dos primeros cantos de su poema Les âges de l'homme en 1819 (la obra lleva como subtítulo "Poema en seis cantos", pero este número puede no coincidir con el de las edades).

Este cómputo hebdomadario no agota los sistemas de las edades. Covarrubias da algunos otros al decirnos que "la vida del hombre se divide en siete edades: niñez, puericia, adolescencia, juventud, virilidad, vejez, decrepitud. Y otros la reparten en menos poniendo tres edades: la edad verde, quando va el hombre creciendo, la adulta, que es varón perfecto, la que se va precipitando y disminuyendo que es la vejez. Al mundo también le dieron sus edades"; y cuenta las seis del sistema agustiniano. Hay quienes dan más: Belle-Serre, abogado del Consejo Soberano del Rosellón, publicó en el año XIII (1805) su estudio sobre *Les six âges de l'histoire sainte, depuis la création du monde jusqu'à la naissance de Jésus-Christ* (reed. en 1811), lo que nos lleva —por lo menos— a siete. A. Barthès-Marmorières, en *Elnathan ou les âges de l'homme* ("traducido del caldeo". París, año X-1802, 3 vol.), las divide en 12: cierto es que parte de la concepción y el nacimiento, e incluye "le séjour éternel". Pero el único sistema que ha rivalizado seriamente con el cómputo hebdomadario es el de las 4 edades de Galeno: infancia, juventud, edad adulta y vejez, relacionada cada una con el diferente equilibrio de los humores, y que ha triunfado en los fisiólogos y hasta en algunos literatos medievales (Philippe de Novare, *Les quatre âges de l'homme:* "les .iiii. tenz d'aage d'ome, c'est anfance et jovant et moien aage et viellece."). De la *Canción de las cuatro edades del hombre,* de Francisco de Castro, hay una edición florentina de 1641; F. G. Zacharia fija también en cuatro las edades de la mujer, como E. Dupuy las de Víctor Hugo. Una tradición peruana —anterior al descubrimiento— establece cuatro edades para el mundo, mientras una comedia de Luis Vélez de Guevara, *Las tres edades del mundo,* coincide con uno de los cómputos humanos de Covarrubias. Y —finalmente— en la cuenta de Hesíodo las edades del mundo y las razas sucesivas de hombres son cuatro o cinco (cf. Kerényi, *La mythologie des grecs.* Paris, Payot, 1952, págs. 223 y 225).

Egipciana. V. *María Egipciana.*

elación. 854 *b.* 'P. us. altivez, presunción, soberbia' (A.).

elector. 'Que elige o tiene potestad o derecho de elegir' (A.). Berceo llama *electores* a los miembros del capítulo de Pavía que, efectivamente, están eligiendo al obispo de la ciudad; su fuente, el ms. de Copenhague, los llama "seniores urbis".

electuario. 162 *b.* 'Preparación farmacéutica, de consistencia de miel, hecha con polvos, pulpas o extractos y jarabes' (A.).

embargado, -a. 221 *d,* 530 *c,* 438 *b,* 611 *d.* P. p. de *embargar* 'suspender, paralizar, enajenar los sentidos' (A.). // 507 *d,* 513 *c.* 'Embarazada'.

embargo. 709 *a.* 'Ant. daño, incomodidad' (A.).

embeber. 101 *b.* 'Poseerse o imbuirse de un afecto, idea o doctrina, de modo que se penetre bien de ellos' (A.).

embeleñado, -a. 'Embelesado, como adormecido con beleño' (A.). Cf. *San Millán,* 344 *c.*

empecer. 505 *d,* 819 *b.* 'Des. dañar, ofender, causar perjuicio' (A.). Cf. *Loores,* 166 *d.*

empezamiento. 459 *a.* 'Ant. comienzo' (A.). Las tres Personas de la Trinidad son "sin empezamiento" (*Loores,* 190 *b*).

encalzar. 380 *d.* 'Ant. perseguir, alcanzar' (A.).

encartamiento. V. [*feudales, términos*].

encerrar. 573 *d. Encerrarse* es 'retirarse del mundo, acogerse a una clausura o religión' (A.). Cf. *Santo Domingo* 325 *d:* Oria "tuvo gran alegría cuando fue encerrada"; el santo mismo "fue monje encerrado" (765 *c*), y la santa "yacía en paredes cerrada" (*Santa Oria* 31 *a*).

encomienda. 174 *c.* 'Encargo' (A.); 'se la dejó encargada, encomendada'.

encubrir. 156 *b.* Hoy significa 'ocultar', y no 'proteger' como en este pasaje.

enemiga. 185 *a,* 187 *b,* 201 *a,* 271 *a,* 403 *a,* 544 *a.* 'Ant. maldad, vileza' (A.).

enemigo. V. *hueste antigua.*

enfermería. 'Casa o sala destinada para los enfermos' (A.). Tal es el sentido de la voz en 292 *a:* la enfermería del convento. En 245 *d* el sentido es figurado ('el lugar donde se sufre, se padece', esto es, 'el infierno'), lo mismo que en el *Duelo* 86 *d* (alusión a la bajada de Cristo a los infiernos). En cuanto a la frase "en la enfermería" de 811 *d,* corresponde a nuestra locución "en capilla", y se dice hoy 'de todo mueble o alhaja de uso común que está en casa del artífice a componerse' (A.).

engañado, -a. 232 *d.* P. p. de *engañar* en el sentido de 'equivocarse' (A.).

enojar. 778 *d,* 818 *a.* 'Causar enojo, molestia, pesar, trabajo' (A.).

enojo. 611 *d.* 'Molestia, pesar, trabajo' (A.). Cf. el italiano *noia,* el francés, *ennui,* y el "enojoso juglar" de *Santo Domingo* 759 *d.*

enseñado, -a. 183 *b,* 908 *c.* 'Educado, acostumbrado. Ú. más con los adverbios *bien* o *mal*' (A.).

entallar. 320 *c.* 'Hacer figuras de relieve en madera, bronce, mármol, etcétera.' (A.).

entender. 742 *b.* 'Conocer, penetrar' (A.).

enterramiento. 105 *a.* 'Entierro' (A.).

entonce. 502 c. 'Ant. entonces' (A.).

entregar. 267 *a.* 'Ant. devolver, restituir' (A.).

entremediano, -a. 767 *d.* 'Intercesor'. Cf. *Loores* 166 *c* y 213 *d.*

enzarzar. 279 *c.* 'Enredarse con las zarzas, matorrales o cualquier otra cosa' (A.).

erecho, -a. 'De pie'. Cf. *Bulletin Hispanique,* núm. 4.

errado, -a. 'Que yerra', o se equivoca (A.); 232 *c;* sustantivado en 536 *d.* "Lengua muy errada" (283 *a*) 'que dice palabras deshonestas'.

erranza. 527 *b.* 'Ant. error' (A.).

escalentado, -a. 466 *a.* 'Ant. caliente, rijoso, en celo' (A.).

escaño. 152 *c.* En realidad, 'escañuelo, banquillo para poner los pies' (A.).

escapulado. 495 *b.* 'Que viste el escapulario'.

escapulario. 200 *d.* 'Especie de delantal largo que cae desde los hombros —de ahí su nombre— y que preserva la túnica o el hábito durante el trabajo'. Cf. *Bulletin Hispanique,* núm. 3. Para la expresión "bajo el escapulario", v. *manto.*

escote. 392 *d.* 'Parte o cuota que cabe a cada uno por razón del gasto hecho en común por varias personas' (A.).

escriño. 695 *c.* 'Cofrecito o caja para guardar joyas, papeles o algún otro objeto precioso' (A.). Corresponde a la voz *scrinium,* que el ms. de Copenhague emplea siete veces, y que Berceo traduce por *escriño, saco, vaso, estuche, cesto* y *tablero* (voz esta última que, usada con el sentido de 'ataúd', se lee en *Santo Domingo* 657 *d* y en el *Apolonio*). Es éste el único verdadero alarde lexicográfico del poeta, tan preciso siempre, y tan ajeno a las enumeraciones de instrumentos, manjares, etc., del Arcipreste de Hita. (Para la tradición de esta "lexicografía versificada" véase Curtius, pág. 200).

scrito. 'Escritura', en el sentido de 'obra o composición literaria' (A.) Así denomina Berceo a su fuente (51 *b*), que es una colección de milagros, identificada por Richard Becker con un ms. de la biblioteca de Copenhague (o con una colección similar). La voz se relaciona con la acción de registrar los milagros: 302 *d* ("poner en escrito"), 328 *b* ("meter en escrito"), 617 *d* ("hacer escrito"; cf. 619 *c:* "poner en libros"), 907 *d* ("echar en escrito").

escrito y notado. 410 *a.* (Cfr. *sacrificio* 3 *d*). *Escribir* —como la voz anticuada *dictar* (cf. *dictado*)— parece referirse al aspecto creativo de la escritura, y *notar* reservarse para la tarea material de escribir.

escritura. 419 *a,* 116 *a.* 'Obra escrita' (A.). Berceo designa sus fuentes con esta voz en ambos pasajes. // 145 *a* y *c.* V. *Ave María.*

esmerar. 36 *c.* 'Limpiar' (A.).

Esmirna. 295 *d.* Berceo lee *Smerna,* y el ms. de Copenhague *Smirna.* Sobre este nombre —que se buscaría en vano en los tratados de angelología y demonología— y sus variantes —que llegan al *Siront* de Adgar—, v. Ward, vol. II, pág. 608: Etienne de Bourbon, nos dice, interpreta la voz *Sevirna* como "consummacio amaritudinis vel amaritudo consummata". Es el único demonio nombrado por Berceo; los cinco a quienes se dirige San Millán (164-165) responden, por boca de uno de ellos, "Habemos tales nombres", sin que el poeta los detalle (quizá por ser "malos de acoplar"). Sobre la dignidad principesca de Smerna, véase [*feudales, términos*].

espacioso, -a. 436 *b.* No 'ancho, dilatado, vasto', sino 'lento, pausado, flemático' (A.).

espantada. 291 *d.* 'Desistimiento súbito, ocasionado por el miedo' (A.).

espantarse. 95 *d.* 567 *a.* 'Admirarse, maravillarse' (A.). Cf. *Sacrificio,* 84 *c.* // 232 *a.* 'Sentir espanto, asustarse' (A.)

espinazo. 532 *d.* Compárese la expresión "No le pesará de ello a vuestro espinazo" con las frases similares modernas "doblar el espinazo" 'humillarse', y "sobarle el espinazo", "medirle, pasearle a uno las costillas", 'sufrir un castigo físico'.

esquivo, -a. 754 *d.* 'Áspero' (A.). Cf. el ant. franç. *eschif* y sus connotaciones peyorativas, y el it. *schivo.*

estado. 326 *c.* 'Medida superficial de 49 pies cuadrados' (A.). En *Signos,* 5 *b* Berceo emplea la voz como medida lineal, como se la emplea en el *Cancionero general* y en los cuentos tradicionales, donde los tesoros o los objetos mágicos están "siete estados bajo tierra".

estrella de los mares, estrella matutina. V. *María, nombres de.*

estuche. V. *escriño.*

estudio. 820 *c,* 821 *a.* 'Fig. aplicación, maña, habilidad con que se hace una cosa' (A.).

Eva. 621 *a.* La oposición entre la Virgen y nuestra primera madre es un tópico corriente de la literatura religiosa, que a veces se centra en la contraposición de *Ave* y *Eva,* como en el himno *Ave Santa María estrella de la mar.* Cf. el artículo de Erasmo Buceta: *Sobre una paronomasia en Gonzalo de Berceo* (En: *Revista de Filología Española,* VIII: 63-64, 1921).

exilio. 286 *b,* 295 *c.* 'Destierro' (A., que da esta voz como anticuada). El prior de Pavía, al morir, "cayó en un exilio", en un lugar "muy áspero", "muy crudo y destemplado". El demonio que Nuestra Señora ahuyenta "huyó y se desterró (469 *c*); de la misma manera, el que San Millán pone en fuga "huyó y desterróse a la tierra extraña" (122 *a*). Esta idea de "exilio" o "destierro" (tan afín con la expresión "desamparar el cuerpo"), de pasaje de una región a otra, se manifiesta también en el deseo de San Millán:

> Amaba de este mundo   ser desembarazado,
> estaba de la vida   temporal muy cansado,
> bien amaría que hubiera   su curso terminado,
> y salir de este exilio   de la maldad poblado.
> (copla 34)

La misma expresión se encuentra en antiguas inscripciones cristianas; Cabrol registra (vol. III, col. 2989-2990) las expresiones "exiit de corpore...de corpore exerunt" y (vol. V, col. 962) "exiit de saeculo" en epitafios antiguos.

expensa. 630 *a.* Hoy se usa en plural: 'gastos, costas' (A.).

extraño, -a. 'De nación, familia o profesión distinta a la que se nombra o sobreentiende; contrapónese a *propio*' (A.). Aplicado a una ciudad (352 *a*), a tierras (446 *c,* 660 *d,* 661 *a,* 700 *a*) a gentes (630 *d;* v. *natura*). // 617 *c,* 834 *d.* 'Raro, singular' (A.).

facendera. 710 *b.* 'Ant. (hoy us. en Asturias y León) hacendera', 'trabajo al que debe acudir todo el vecindario, por ser de utilidad común' (A.).

facero, -a. 314 *d.* 'Al frente' (G. Menéndez Pidal).

falencia. 782 *c*. 'Ant. falta, pecado' (Barcia). V. *Pedro, San*.

fallecer. 227 *a*, 527 *c*, 818 *b*. 'Faltar' (A.).

fallimiento. 708 *d*. 'Ant. falta' (Barcia).

fallir. 657 *a*, 664 *a*. *Fallir* o *falir*, 'ant. engañar o faltar uno a su palabra' (A.). El participio *fallido*, sin embargo, no es anticuado.

farina. V. *trigo*.

felón. 34 *d*, 561 *a*, 889 *c*. No tiene el sentido actual 'que comete felonía', sino que equivale al ant. franc. *félon* y sus derivados: 'violento, cruel'.

felonía. 777 *d*. (Cf. *felón*). 'Cólera, dureza de ánimo'.

feria. 831 *c*. 'Fiesta, día'. Cf. *Bulletin Hispanique*, núm. 15.

Fernando. 869 *a*. Es el rey Fernando III el Santo, hijo de Alfonso IX de León y, por su madre Berenguela, nieto de Alfonso VIII el de las Navas; se ve que no es su hijo, Fernando el Emplazado, por la expresión empleada: "rey de la buena ventura". Hace estas consideraciones Fr. Plácido Romero, archivero de San Millán, y se sirve de ellas para contribuir a datar la época en que vivió Berceo (Sánchez, III, págs. XLVII). V. *Tello*.

festival. 29 *d*. 'Ant. festivo' (A.). Cf. *Sacrificio* 92 *d*.

[feudales, términos]. Arthur B. Myrick, en su artículo *Feudal terminology in mediaeval religious poetry* (En: *Romanic Review*, XI: 1-25, 1920), muestra "cuán firmemente establecido está este concepto de la relación feudal entre el hombre y las Personas de la Trinidad y las jerarquías celestiales" (pág. 1), y que lo mismo ocurre "entre los moradores del infierno, o entre Satán y el cristiano que yerra". Señala así (págs. 10-11) el valor de la voz *vasallo* en Berceo; recuérdese: el labrador avaro fue "vasallo y amigo" de Santa María (276 *d*), que es piadosa con sus vasallos (302 *b*); San Pablo fue "leal vasallo de Dios" (860 *b*); la Virgen es "señora natural" (33 *c; v. natural*). Igualmente (inversamente), el judío del milagro de Teófilo es "vasallo de pésimo señor" (723 *a*), y ofrece al demonio el vasallaje de Teófilo, que hace su "carta" para dejar de ser "vasallo ajeno" (738-739); el demonio del milagro XX es, también, "de mal señor" (479 *b*); y quienes crucifican a Cristo son "vasallos desleales" (*Duelo* 73 *c*). El mundo espiritual está constituido, por lo tanto, como el mundo terrenal, de "vasallos y señores" (24 *c*).

Para cambiar de señor, Teófilo hace una carta. Es la "carta firme" (740 *b*; cf. *feudalis firme, feudo firma*, etc., en Du Cange) o "encartamiento" (772 *b*: "encartamiento o encartación, 'reconocimiento de sujeción o vasallaje' " (A.). Puede medirse entonces el enconado reproche de la Virgen: junto a "tú nos has renegado", el no menos grave "buscaste otro señor" (779 *b*).

Entre las ceremonias de la feudalidad, junto al *encartamiento*, estaba el "hominaticum", por el cual el vasallo se colocaba "entre las manos" de su señor; quizás esta ceremonia explique el valor de "púsolos en su mano" en 653 *b*.

Las jerarquías infernales reflejan la misma concepción feudal. Ya en la Biblia Satán es "princeps huius mundi (*Evangelio de San Juan,* XII: 31), pero su imagen en Berceo, que lo presenta sentado en su tienda, recibiendo el homenaje de sus vasallos y, como "rey", rodeado de los príncipes de las regiones infernales (v. *Esmirna* y *exilio*), es puramente medieval. Y su carácter se refleja en el de sus vasallos, por una correspondencia fundamental dentro del sistema (cf. más arriba, "de mal señor").

La feudalidad también informa las relaciones entre los hombres. Los caballeros que violan la iglesia de Santa María purgan su falta "pechando" lo que cometieron (392 *d*), y los diablos que llevan el alma del labrador avaro le "pechaban al doble" sus trampas (273 *d*). Y así como Cristo "no negó su tributo al señor terrenal" (Loores 50 *d*), los padres de Santa Oria

> eran gente católica,   vivían vida derecha,
> daban a los señores   a cada uno su pecha

(12 *ab*); también los privados de Decio ponen en prisión a San Lorenzo y a otros cristianos, esperando que sus señor les daría, por ello,

> ...muchos dineros,
> o que les haría carta   que no fuesen pecheros.

79 *cd*). Otra voz procedente del sistema feudal es *infurción* (132 *b*); *furción* o *infurción* es 'tributo que en dinero o especie se pagaba al señor de un lugar por razón del solar de las casas' (A.). Y las características de la Iglesia medieval aparecen reflejadas en los *Milagros* (v. *diezmo* y *postular*).

Por último, el uso del término *barón* como título honorífico (28 *c*, 34 *c*, 37 *d*, 341 *a*) procede de las instituciones feudales. Myrick da muchos ejemplos franceses, provenzales, ingleses e italianos de este uso que llega hasta Dante, el cual llama "barón" al Apóstol Santiago el de Compostela. (Cf. *Bulletin Hispanique,* núm. 14.)

fiadura. 680 *c*. 'Ant. fianza' (A.).

fianza. 'Prenda que da el contratante en seguridad del buen cumplimiento de su obligación' (A.).

fiero, -a. 327 *a*, 439 *d*, 850 *d*. 'Grande, excesivo' (A.). Cf. *fieramente,* 101 *b*, 662 *b*.

fiesta general. 57 *b*. Las de todos los santos, los mártires, los confesores, los apóstoles, los fieles difuntos, son fiestas generales. La voz se usa aquí como encomio: la conmemoración de la Anunciación tiene el valor de una fiesta general.

figura. 'Forma exterior de un cuerpo, por la cual se diferencia de otro' (A.). El demonio acomete al monje "con figuras pesadas" ("pesado" es 'duro, áspero, desabrido', A.), y luego, al desaparecer, "deshace su figura" o apariencia. // *hacer figuras.* 361 *d*. 'Hacer movimientos o ademanes ridículos' (A.).

fin. 911 *b.* Berceo usa más comúnmente esta voz en femenino.

finar. 'Fallecer, morir' (A.).

físico. V. *menge.*

flabelo. 324 *c.* 'Abanico' (A.); es el *aventadero* o *moscadero* citado en 321.

flama. 'Llama' (A.). V. también *llama.*

fol. 580 *d.* 'Ant. loco' (Barcia). En todos los otros pasajes, hemos reemplazado esta voz por *loco,* pero en éste hemos preferido conservar la correspondencia entre *foles* y *folía.*

folía. 'Ant. locura' (A.).

folganza. 'Ant. holgura, descanso' (A.).

fondón. 592 *b.* 'Ant. fondo profundo' (A.).

fontano, -a. 575 *b.* 'Ant. fontanal, perteneciente a la fuente', en su sentido de 'pila' (bautismal) (A.).

forado. 213 *b.* Ant. 'agujero' (A.).

forma. 204. *b.* 'Figura, aspecto' (A.).

formado, -a. 427 *b.* P. p. de *formar,* 'dar forma a una cosa' (A.) Del testimonio de Berceo deduce Rodrigo Amador de los Ríos "la existencia de una industria artística, hoy denominada *ceroplástica*" en Toledo durante el siglo XIII (*Reminiscencias de Toledo según los documentos muzarábigos.* En: *Revista de Archivos, Bibliotecas y Museos,* 3.ª época, X: 288 y sigs., 1904; pág. 416).

[fórmula negativa]. Patch muestra cómo, en la literatura que describe el otro mundo, "todos los elementos desagradables se excluyen mediante una cadena de negaciones: ni vientos, ni tormentas, ni escarcha, ni la humedad de la primavera ni el calor del verano ni la sequedad del otoño; las tormentas se desvían y pasan en torno al lugar" (págs. 149-150, a propósito de la *Oratio III* sobre el Paraíso, atribuida a San Basilio). El prado de Berceo, "igual al paraíso", tiene toda clase de frutas, pero no podridas ni acedas; cantan en él toda suerte de aves, pero no torpes o roncas; no sufre por calor ni por frío. En Patch pueden encontrarse innumerables correspondencias de estos encomios, propios —dice María Rosa Lida de Malkiel— "de la descripción grecolatina del Olimpo o de los Campos Elisios" (en Patch, pág. 373). La descripción de los efectos del manto de la Virgen (611 *c*) recurre a la misma fórmula: quien esté abrigado por él no sufrirá ni frío ni calura, ni el viento ni la helada.

fornaz. 366 *a.* 'Ant. horno' (Barcia).

fornicario, -a. 78 *d.* 'Que tiene el vicio de fornicar' (A.).

fornicio. 192 *b,* 462 *c.* 'Fornicación' (A.).

freiría. 81 *d.* Hoy es 'conjunto de freiles'; significa aquí 'convento'.

frontal. 323 *a.* 'Paramento de sedas, metal u otra materia con que se adorna la parte delantera de la mesa del altar' (A.).

fuego. 385 *a.* 'Fig. encendimiento de sangre con alguna picazón y señales exteriores, como ronchas, costras, etc.' (A.). // *fuego de San Marcial.*

'Fuego sacro o sagrado, de San Antón o de San Marcial. Enfermedad epidémica que hizo grandes estragos desde el s. x al xvi, y la cual consistía en una especie de gangrena precedida y acompañada de ardor abrasador' (A.). Era una especie de ergotismo, provocado, según la mayoría de las autoridades, por el pan de centeno atizonado. V. *Bulletin Hispanique*, núm. 6.

fuente. 3 *cd.* Ya se ha visto (s. v. *canto*) que las cuatro fuentes son una probable reminiscencia de los cuatro ríos del Paraíso terrenal; son además un elemento constante del paisaje ultramundano (Patch, *passim*). Curtius señala que el hacerlas "en verano bien frías y en invierno calientes" es una innovación que procede de San Isidoro y de San Agustín (pág. 289, nota 38 de la pág. 288). Una fuente de este tipo aparece todavía en la *Fábula de Narciso* de Francisco de Figueroa. // 35 *a.* V. *María, nombres de.*

fuero. 250 *d.* Compárese con la expresión "de fuero", 'de ley, o según la obligación que induce la ley' (A.).

fustigar. 359 *d.* 'Azotar', o 'vituperar, censurar con dureza' (A.). Berceo lo emplea indudablemente en la primera acepción.

Gabriel. V. *Ave María.*

galardón. 'Premio o recompensa de los méritos o servicios' (A.). Cf. *galardonar* 'dar galardón', 73 *c.*

galea. 593 *b*, 595 *c*, 676 *b.* Galera, 'embarcación de vela y remo, la más larga de quilla y que calaba menos agua entre las de vela latina' (A.).

gallos. 742 *b.* Como el encuentro con el demonio se realiza hacia la media noche (733 *a*, 734 *a*). Solalinde cree que este pasaje "no puede referirse a los primeros gallos, sino a los *mediados,* como designa el *Poema del Cid* a los que cantan a las tres de la madrugada". Cf. R. Menéndez Pidal, nota al verso 324 de su edición del *Poema* en la colección *Clásicos castellanos:* "*a los mediados gallos,* cuando cantan los segundos gallos, a las tres de la madrugada; 1701. El Cantar no menciona nunca los primeros gallos, los de media noche; su canto del gallo es el que anuncia el amanecer: 235, 316". Compárese, sin embargo, *Santo Domingo* 458 *a:* "los monjes que madrugan a los gallos primeros".

gatera. 323 *b.* "[Ár. *gattaira*?] *f. pl.* maderas del techo" (Tentative Dictionary). *Gatera* es también el hueco que se practica en puertas y paredes para paso de los gatos o para ventilación (A.), y que "se preserva del agua cubriéndolo con un tejadillo a modo de buhardilla de muy reducidas dimensiones" (P. Clairac y Sáenz, *Diccionario general de arquitectura e ingeniería,* t. III. Madrid, A. Pérez Dubrull, 1884, *s. v.*); el nombre se aplica a otros tipos de orificios arquitectónicos: "Recordaba el paso por el puente levadizo de la fortaleza; las negras gateras, de las que aún colgaban cadenas mohosas..." (Alejo Carpentier, *El Acoso,* Buenos Aires, Losada [c. 1956], pág. 88); pero lo más probable es que se trate aquí del "*gatillo* (de *gato,* porque agarra)...

Trozo de madera que sirve para unir dos o tres maderos clavándose a ellos: equivale a *barrote*". (Clairac y Sáenz, *ob. cit.*)

Gedeón. 34 *a*. Alude Berceo al vellocino que el rocío mojó, "quedando todo el terreno enjuto" y que, al contrario, permaneció seco, viéndose "mojada del rocío toda la tierra"; y fueron las dos señales que el Señor otorgó a Gedeón, a su pedido, para que estuviera seguro de que Él salvaría a Israel por su mano. (*Jueces*, VI: 36-40). Cf. *Loores*, copla II; y no se olvide que un.ángel impuso a Gedeón su tarea de luchar contra los Medianitas saludándolo con la fórmula "Dominus tecum..." (*Jueces*, VI: 12; cf. E. Duprat, *L'Apostolat de Marie à travers les siècles*. París, Oudin, 1908, pág. 26). Recuérdese el comienzo del soneto de Juan López de Úbeda que lleva el n.º 91 en el *Romancero y cancionero sagrados* (*BAE*, XXXV, pág. 54):

> Aquel vellón que nunca se mojaba
> estando el campo en pura agua bañado
> el ser vos engendrada sin pecado,
> Virgen, madre de Dios, representaba...

Y confundiendo graciosamente dos tradiciones, el Licenciado Parra, en un poema *A Nuestra Señora, de sus nombres,* la llamará "ebúrnea torre, vellocino de oro" (A. Rodríguez-Moñino, *El manuscrito "Diversas curiosidades"*... Madrid, Tip. S. Aguirre Torre, 1955, pág. 28). V. *María, nombres de.*

gemidos corales. 784 c. *Coral,* como adjetivo, es hoy sólo un derivado de *coro;* el de *corazón* es *cordial*. Berceo traduce aquí el versículo 9 del Salmo XXXVII.

general. (V. también *concilio* y *fiesta*). La voz designa, dice Covarrubias, "en la milicia la cabeza suprema en el ejército o armada", y "en las órdenes de religión la cabeza de toda ella". Éste es el sentido total con el que Berceo denomina a la Virgen "Reína general" (88 *a*).

gesta. 370 *d*. 'Hazaña, hecho memorable'.

giga. V. [*música*].

Giraldo. Protagonista del *Milagro* VIII; recibe este nombre en la mayoría de las versiones: en la de San Anselmo (Migne, CLIX, col 337/338-340), la "usual version" de Ward (II, pág. 588), etc.

glera. 442 *b*, 674 *d*. 'Ant. arenal' (A.). Parece más bien 'mar cercano a la playa'.

gobernar. 623. *b*. 'Guiar y dirigir' (A.); en 143 *b* parece ser el 'ant. sustentar o alimentar' (A.).

goloso. 681 *a*. 'Dominado por el apetito de alguna cosa' (A.).

Gonzalo. Berceo se nombra al comienzo y al final de los *Milagros,* como también se nombra en otros poemas. "En la Edad Media era frecuente que el autor no se mencionase a sí mismo, evitando de este modo la *"vanitas terrestris"*. Si, a pesar de estos preceptos, un autor menciona su nombre, lo hace (afirma Schwietering) 'para lograr, por las oraciones de los oyentes y lectores, el perdón de sus pecados' y a veces también porque menciona al mismo tiempo el nombre de la persona que le ha encargado la obra". (Curtius, excurso XVII: *La mención del autor en la Edad Media*, pág. 710 sigs. Es de notar que las conclusiones de Curtius son distintas de las de Schwietering.) V. también *Berceo*.

gracia. En 764 *d*, vale por la Gracia divina, 'beneficio, don o favor 'independiente del merecimiento particular', y a un tiempo, quizás, por 'perdón o indulto'. Sánchez anota, en 261 *c*, que "esta exageración es desmesurada, y mal puesta en boca de la Virgen: porque Dios puede hacer a los pecadores mayores gracias que la que aquí se refiere". En 794 *b*, la "gracia de la consolación" es el consuelo y conformidad.

grado. 120 *d*, 740 *d*, 858 *d*. Más que 'cada uno de los diversos estados, valores o calidades que, en relación de menor a mayor, puede tener una cosa' (A.), la voz tiene aquí el sentido absoluto de 'dignidad', 'jerarquía'. El valor desiderativo del último pasaje no parece desvinculado de la acepción siguiente. // 'Voluntad, gusto'; se usa sólo en ciertas locuciones y frases hechas (A.). Berceo emplea: *de grado* (1 *b*, 547 *d*), *sin grado* (173 *d*, 560 *c*, 656 *c*), *contra mi grado* (716 *d*); usa, además, *tener en grado* 'agradecer' en 520 *d*.

granado, -a. Dícese del fruto 'formado, grande' (A.); Berceo lo emplea contraponiéndolo a *menudo*, para expresar una totalidad: 478 *b*, 890 *cd*, 836 *c*. // fig. 'Notable y señalado; principal, ilustre y escogido' (A.): aplicado a los milagros de Nuestra Señora: 100 *a*, 623 *c*; al daño sufrido por el clérigo ignorante: 226 *b*; a la honra que da Nuestra Señora a sus amigos; 316 *c*; a precios y bienes de fortuna: 318 *d*, 626 *d*, 705 *a*; a los bienes de Nuestra Señora; 829 *d*.

granar. 843 *c*. 'Formarse y crecer el grano de los frutos en algunas plantas' (A.). Uso figurado: 'prosperar'.

grano. V. *diezmo*.

Gregorio Magno, San. 26 *c*. Papa, nacido hacia 540, muerto en 604. Reformador de la liturgia, el canto llano se denomina también "gregoriano" porque fue su codificador y reformador. Aparece entre los predilectos de Nuestra Señora, sin duda porque su nombre está vinculado al origen del "Regina cœli": "En el año 589 [léase: a comienzos de la cuaresma del año 590; cf. Cabrol, art. *Litanie*], Roma fue asolada por la famosa peste que hacía caer muertos, estornudando, a hombres y mujeres. Para detener los progresos del mal, San Gregorio el Grande llevó en procesión por toda la ciudad la imagen de Santa María Mayor. Vio entonces en el aire, en un lugar llamado hoy Castello Sant'-Angelo, un ángel que envainaba una espada ensangrentada. Y oyó también a los ángeles que cantaban: "Regocijáos, Reina del Cielo, porque Aquél cuya Madre habéis merecido ser ha resucitado, etc.'. El santo pontífice agregó: "Ruega a Dios por nosotros, etc.'. La peste cesó inmediatamente, y desde entonces se comenzaron a cantar las grandes letanías cada año, el 25 de abril." (Abate Paul Jouhanneaud, *Dictionnaire d'anecdotes chrétiennes* (1851), en la *Nouv. encycl. théologique* de Migne; relato basado en Sigonius).

guarida. 554 *d.* Hoy significa 'amparo, refugio'; ant. 'remedio, libertad' (A.).

guarir. 543 *c.* 'Ant. curar' (A.). En 654 *b*, 684 *c*, 690 *a*, Berceo emplea la expresión figurada "tenerse por guarido", 'tenerse por salvo', // 607 *c.* 'Ant. guarecer, refugiar, guardar' (A.).

guarnir. 741 *c.* 'Guarnecer, en el sentido ant. de corroborar, dar autoridad' (A.).

guerreros. 691 *a.* Que guerrean: *guerrear* es 'rebatir o contradecir' (A.). // V. *hueste antigua.*

guía. 649 *a.* 'La acción de guiar, encaminar o dirigir'. "Con Dios y con su guía" significa 'con Dios y con la guía de Dios' (cf. *caridad* para estas expresiones geminadas). Un pasaje igualmente oscuro se lee en *Santo Damingo* 241 *b;* una de las tres coronas que gana el santo se la da Nuestra Señora, dice el mensajero celeste, "porque la su iglesia consagró la tu guía", es decir, porque tú guiaste [mostraste la manera, encaminaste] la consagración de su iglesia'.

guión. 870 *d.* 'Fig. el que va delante, enseña y amaestra a alguno' (A.).

guisar. 877 *d.* 'P. us. disponer, preparar'. Es el ant. *aguisar:* 'aderezar y disponer alguna cosa; proveer de lo necesario' (A.).

guizque. 676. *b.* 'Palo con un gancho en una extremidad' (A.).

haba. V. *diezmos.*

haber. 559 *b.* 'Hacienda, caudal' (A.). *Haber monedado,* 876 *b*, 'moneda', Cf. *Santo Domingo* 7 *d*, 420 *d; Signos* 42 *a*, donde se ve claramente su valor de 'dinero'.

hábito. 568 *c.* Parecería que Berceo jugase del vocablo con los dos significados de la voz: ya 'vestido o traje que cada uno usa según su estado, ministerio o nación, y especialmente el que usan los religiosos y religiosas', ya 'costumbre adquirida por la repetición de actos de la misma especie'. Indudablemente, el pasaje significa: encontraron al ermitaño en una situación singular. // *hábito honrado.* 468 *a.* 'Ropaje singular, de gran valor'. // *hábito reglar.* V. *reglar.*

hacienda. 750 *b.* 'Negocio, asunto' (A.).

halagar. 134 *c.* 'Fig. agradar, deleitar' (A.).

hazaña. 222 *b*, 352 *b.* 'Acción o hecho, y especialmente hecho ilustre, señalado y heroico' (A.). En el primer ejemplo, su uso es irónico; para el segundo caso, cf. *San Millán* 262 *b.*

hecho. 739 *d.* "Su buen hecho", 'su preeminencia anterior'.

herbolado. 340 *c.* *Herbolar* o *enherbolar* es 'inficionar, poner veneno en una cosa' (A.). *Herbolado* es 'envenenado', que ha bebido *hierba* 'veneno hecho con hierbas venenosas', voz usada más frecuentemente, como lo hace Berceo, en plural. (A.).

herir. 476 *c.* 'Golpear' (A.). Cf. Wartburg, 189-190.

hielo, escribir sobre el. 778 *b.* Refrán. Sus formas más usuales son hoy "escribir en el agua [recuérdese el epitafio de John Keats, y el título de una novela de Miomandre] o en la arena", o "edificar —o sembrar— en la arena"; y todas las formas denotan la vanidad de un esfuerzo.

hierbas. V. *herbolado.*

higo, valer un. 341 *d.* (Cf. *Duelo* 176 *c,* y el menosprecio del "astroso figo" en *Santa Oria* 60 *d;* valoración del higo y la manzana en *Milagros* 246 *c).* A. registra la expresión actual "no valer una cosa un higo", fr. fig. y fam. 'no valer ni un comino'. Para todas estas expresiones, v. *diezmo.*

holgar. 141 *c,* 711 *c.* 'Alegrarse de una cosa; divertirse, entretenerse con gusto en una cosa' (A.). // 513 *a,* 730 *a.* 'Descansar' (A.).

holgura. 171 *b.* 'Regocijo' (A.). La voz aquí designa la Gloria.

hombre carnal. 610 *a.* 'Sér terrenal' (A.).

honestad. 218 *d,* 856 *c.* 'Ant. honestidad' (A.).

honrado, -a. 737 *c.* 'Respetado' (A.). // *Hábito honrado,* v. *hábito.*

horadado, -a. V. *pugés.*

horas. 283 *d,* 284 *b,* 332 *b.* No se refiere Berceo a las horas canónicas sino a las horas de la Virgen; aún hoy, *horas* significa 'librito o devocionario en que está el oficio de Nuestra Señora y otras devociones', y 'este mismo oficio' (A.). V. [*oficio parvo*]. Sobre las ventajas de recitar el oficio parvo v. *Ave María.*

horrura. 283 *b.* 'Horrores'. Véase la nota de Solalinde.

hostal. 57 *c.* 'Casa, alojamiento'. // 551 *a.* V. *diversorio.*

hostalero. V. *Pedro.*

hueste antigua. 721 *d. Estantigua* o *estantiga* es el nombre de una procesión nocturna, generalmente de ánimas en pena más bien que de demonios, que infunde pavor y espanto. La voz ha sido estudiada por Don Ramón Menéndez Pidal (En: *Revue Hispanique,* VII: 5-9, 1900) y por Doña Carolina Michaëlis de Vasconcellos (En: *Ibid.*: 10-19); sobre la creencia popular, vaése el estudio de F. A. Coelho: *De algumas tradiçoes de Hispanha e Portugal. A propósito de "estantigua".* (Ibid.: 390-453, 1900). Berceo denomina *hueste antigua* a la procesión infernal; y al demonio convienen, en efecto, las dos voces de la expresión. "Aquella antigua serpiente, que se llama diablo, y *también* Satanás", se lee en el *Apocalipsis,* XII: 9 (lo mismo en XX: 2) y "la palabra hebrea Satán significa 'enemigo', 'adversario' " (A. Boulogne, *Choses de l'autre monde.* Lille, Lefort, s. f. [1863], pág. 120, n. 1). La expresión acuñada *antiquus hostis* "se atribuye a San Gregorio Magno (*Expositio moralis,* lib. III in secundum caput Job)" (Vicente Risco, en: *Revista de Dialectología y Tradiciones Populares,* II: 392, 1946). Berceo traduce *hostis,* además, como "enemigo": "enemigo antiguo" 187 *a),* "enemigo malo" (78 *a),* "mortal enemigo" (297 *c,* 451 *d,* 659 *b;* cf. *Santo Domingo* 327 *a);* y en el habla corriente, "el enemigo" señala hasta hoy, por antonomasia, al demonio. Y también traduce Berceo *hostis* como 'guerrero': los demonios son, así, "los guerreros antiguos" (246 a), "los malos guerreros" (96 d); cf. *San Millán* 56 d, "el mortal guerrero".

Hugo, San. 182 c. Abad de Cluny, nacido en Semur (Brionnais) en 1024, y muerto en 1109; fue elegido Abad en 1049. De gran importancia en la historia de su monasterio, fue también un personaje relevante en la historia general de su tiempo, y tuv̲ destacada intervención, como legado y consejero papal, en las querellas entre el Papado y el Santo Imperio Romano Germánico. Su fiesta se celebra el 29 de abril.

Sobre este pasaje de Berceo, anota Sánchez que San Hugo "Abad VI de Cluny, recibió en su monasterio a Pedro llamado el Venerable... [que fue a su vez Abad, y] que entre otras obras escribió dos libros de milagros: murió el año 1156. Puede creerse que fue Pedro y no Hugo el que escribió este milagro, bien que no se halla en las obras de estos Abades publicadas por Manier en la Biblioteca Cluniacense."

humildoso, -a. 491 c. 'Ant. humilde' (A.). Cf. *San Millán* 15 d, humildosamente.

Iago. 200 b, 201 d. "*Iago*, 'Santiago'; como eran diablos los que le hablaban, no le querían anteponer el título de 'Sant'." (Solalinde). Sobre el papel del Apóstol en este *Milagro*, v. *Miguel Arcángel, San.*

idiota. 221 b. 'Ayuno de toda instrucción' (A.).

ijada. 537 b. 'Cualquiera de las dos cavidades simétricamente colocadas entre las costillas falsas y los huesos de las caderas' (A.).

ijar. 585 d. 'Ijada' (A.).

Ildefonso de Toledo, San. Este santo obispo, recordado por Berceo en los *Loores* 202 c a causa de este mismo suceso, ganó el favor de Nuestra Señora por las dos razones que dice el poeta y son las siguientes:

51 cd. El libro de San Ildefonso aludido en este pasaje es el *Libelus de uirginitate Sanctae Mariae contra tres infedeles, more synonymorum conscriptus a beato Ildefonso, Toletanae sedis episcopo.* Existía en un códice de San Millán de la Cogolla (cf. Pérez Pastor, en: *Boletín de la Real Academia de la Historia*, LIII: 469-512, 1908, y LIV: 5-19, 1909); y ha sido estudiado por Vicente Blanco García: *San Ildefonso de Toledo: De Virginitate Beatae Mariae. Historia de su tradición manuscrita, texto y comentario gramatical y estilístico.* Madrid, Centro de Estudios Históricos, 1937 (Textos de la Edad Media española, sección 3 a.). Cf. *colorado.*

52 a-c. Como el día de la Anunciación (25 de marzo) caía frecuentemente en Cuaresma, y no podía por lo tanto celebrarse con la debida solemnidad (cf. 56 ab), el décimo Concilio de Toledo, en 656, trasladó esta festividad al 18 de diciembre (cf. estrofa 55). Cabrol anota que "parecería... que el concilio español, más que innovar, siguió un uso establecido ya en otras iglesias" y que siguió extendiéndose. Al volverse a celebrar la Anunciación el 25 de marzo, se instituyó el 18 de diciembre en fiesta de la Expectación (cf. Dom Guéranger, *Notre-Dame dans l'année liturgique.* París, Plon [c. 1944], págs. 28-29),

lo que desplazó al 24 de enero, en la iglesia toledana, la celebración "de la *Descensión de Nuestra Señora*, y de la casulla que dio a San Ildefonso" (Sánchez, pág. 284).

Según la tradición (cf. 62 *a*, "tu misa nueva de esta festividad"), San Ildefonso compuso una misa para la Anunciación celebrada el 18 de diciembre; pero sobre (y contra) la participación del santo en esta festividad y su liturgia, véase el folleto del P. Antonio Ballerini, S. J.: *Quaestio an Sanctus Hildefonsus episcopus toletanus Conceptae Virginis festum in Hispaniis instituerit*. Parisiis, apud Jacobum Lecoffre et socios, 1856. 87 págs.

impla. 320 *b*, 880 *b*. 'Toca o velo de la cabeza usado antiguamente, y tela de que se hacían estos velos' (A.).

infurción. 132 *b*. V. [*feudales, términos*].

invierno y verano. Berceo usa a veces estos términos en oposición (303 *c*: 'este mundo y la Gloria'; 713 *d*: 'desacierto y buena resolución'). Cf. *Santo Domingo* 617 *d* y *San Lorenzo* 24 *d*. Pero generalmente los apone para significar 'siempre'; 306 *d*, 503, *c*. Cf. *Santo Domingo* 47 *a*, 191 *d*, 356 *d*; *San Millán* 172 *d*. Usa además (*Milagros* 584 *d*), con el mismo sentido, la expresión "en [tiempo] caliente y en frío".

Isaías. 28 *c*. Entre las profecías de Isaías, las más señaladas por la literatura marial son la del Hijo de una Virgen (capítulo VII, versículo 14; cf. *Loores* 26 *d*) y la del renuevo de la Vara de Jesé (capítulo XI, 1 y sigs.), aludida también en la cantiga *Beneyto foi o día...* de Alfonso el Sabio (cf. *Loores*, 8). Berceo resume en *Santa Oria* 133 *ab* su concepto mariano del profeta: "Madre, díjole Oria, si tú eres María / de la que tanto habló el varón Isaías...".

ite missa est. Fórmula final de la misa (838 *a*) que, figuradamente, significa que algo está hecho o recabado (136 *c*). Sobre la persistencia de este uso metafórico, véase el artículo de Pedro Grases: *Salmantino "en íteles y véntiles"*. (En: *Nueva Revista de Filología Hispánica*, I: 85-86, 1947).

Jerónimo. 309 *d*, 311 *b*, 312 *a*. San Jerónimo de Pavía. Fue elegido, de la manera que relata Berceo, en 778; murió en 787. Su fiesta se celebra el 22 de julio.

Jonás. 454 *a*. Alude Berceo a la *Profecía de Jonás*, II, 1 sigs.: "Y había el Señor preparado un grande pez, para que se tragara a Jonás; el cual estuvo tres días y tres noches en el vientre del pez...". La profecía se recuerda en el *Evangelio de San Mateo*, XII: 40; cf *Nínive*.

Judas. 201 *b*, 755 *a*. El mal discípulo, y su castigo (cf. *Loores* 120 *c*) se toman, dentro de la tradición medieval, como el traidor y el castigo por excelencia.

judería. 649 *d*. Más que el 'barrio destinado para habitación de los judíos' (A.), la voz parece valer aquí por el 'ant. judaísmo' (A.). Sobre la construcción "los de la judería", cf. *canonjía*.

juglar. 647 *d*. Sobre la cantidad de habilidades histriónicas o líricas que cubre este nombre —y que van desde la función de trovador hasta la de titiritero y malabarista— se extiende D. Ramón Menéndez Pidal *en su Poesía juglaresca y juglares.* Véase también el estudio de Raleigh Morgan Jr.: *Old French jogleor and kindred terms. Studies in mediaeval romance* (En: *Romance Philology*, VII: 279-325, 1954).

juicio. 192 *a*, 240 *a*, 241 *d.* 'Dictamen' (A.).

justos y pecadores. 24 a, etc. Otra aposición frecuente en Berceo, con el valor de 'todos'. Cf. *Santo Domingo* 742 *d, Loores* 171 *d, Signos* 65 *b, Santa Oria* 113 *b.* En *Signos,* 20 *d,* la variante "justos y condenados".

kiries. 697 *c.* 'Deprecación que se hace al Señor, llamándole con esta palabra griega, al principio de la misa. U. m. en pl:' (A.). V. *prosa.*

labor. 843 *c.* 'Labranza, en especial la de las tierras que se siembran. Hablando de las demás operaciones agrícolas, u. m. en plural'. (A.).

lacerado, -a. 394 *b.* 'Infeliz, desdichado' (A.). // *lazrado, -a* p. p. de *lazrar,* 'ant. padecer y sufrir trabajos y miserias' (A.). Los dos términos, y otros emparentados con ellos, han sido estudiados por Yakov Malkiel: *La familia léxica, lazerár,* laz(d)rar, lazeria. (En: *Nueva Revista de Filología Hispánica,* VI: 209-276, 1952).

laceria. 286 *c.* 'Trabajo, fatiga, penas' (A.).

lacerio. 12 *bc,* 317 *c,* 709 *a.* 'Ant. laceria, miseria, pobreza' (A.).

lacerioso, -a. 864 *c.* 'Que padece laceria o miseria' (A.).

lande. 726 *b.* "Lande, y más común y más propiamente *llande* se llama [a la bellota] en algunos pueblos del Obispado de Santander". (Sánchez).

lasedad. 529 *a.* 'Ant. lasitud'. Berceo usa en este pasaje la voz *cansedad,* hoy por entero desusada, aunque viven —y figuran en A.— *cansera* y el participio irregular *canso,* de los estudiados por A. Zamora Vicente: *Participios sin sufijo en el habla albaceteña* (En: *Filología* [Buenos Aires], II: 342-343, 1950).

laude. Es difícil establecer cuándo la voz significa 'alabanza' (su empleo más frecuente), y cuándo designa un responso, generalmente acompañado de aleluya, que se canta en la misa hispánica y en ciertos oficios. En este último sentido parece usarse en 30 *b,* 370 *c,* 612 *c,* 846 *b.* Las *laudes recientes* de 853 *c* probablemente designen cantos religiosos —no litúrgicos— en lengua vulgar, del tipo de la *lauda* franciscana contemporánea de Berceo.

Laudetur Deo. 702 *b.* Lat.: "Alabado sea Dios".

lazada. 154 *b.* 'Lazo corredizo' (A.). Cf. *Sacrificio* 210 *a* (el lazo de Judas).

lazo 153 *b.* 'Lazada, lazo corredizo' (A.). 532 *b.* 'Caer uno en el lazo, fr. fig. y fam. Ser engañado con un ardid o artificio' (A.).

lazrado, -a. V. *lacerado, -a.*

lección. 41 *c.* Con el valor general de 'lectura', 'lo que leemos', la voz
designa las fuentes que el poeta utiliza (cf. *Santo Domingo* 28 *c,*
538 *b,* 645 *b,* etc.). // 301 *a,* 807 *d.* Nombre que reciben todas las
lecturas litúrgicas, tanto en la misa como en los oficios. Su longitud
no estaba determinada (de ahí la desmesurada *lección* de Teófilo;
cf. *Tu autem*). También se da el nombre de *lectio* a la primera serie
de lecturas de la misa, o epístola, y es de señalar que en el rito hispánico, los leccionarios (o colecciones de *lectiones*) más importantes —salvo los cinco códices de Toldeo, el de León y el de Cardeña—
proceden de sitios a los que está unido el nombre de Gonzalo de
Berceo: San Millán (cuatro códices) y Santo Domingo de Silos
(tres, entre ellos el más antiguo y principal, el *Liber commicus* del
siglo XI). (Cabrol, s. v. *épîtres* y *leçon.*)

ledo, -a. 448 *d.* 'Alegre, contento, plácido' (A.).

leer. 625 *bc.* V. *leyenda.*

leña, llevarla a cuestas. 342 *d.* Leña significa 'fig. y fam., castigo, paliza'
(A.). "Cargar a uno de leña, darle muchos palos", registra Covarrubias. Vale aquí por 'castigo', si bien no en el sentido corporal.

letanía. 300 *b.* 'Oración compuesta de una serie de invocaciones a Dios,
a la Virgen, a los Santos' (A.). // 97 *a.* 'Lista, retahila, enumeración
seguida de muchos nombres, locuciones o frases' (A.).

levantar. 701 *a.* 'Fig. erigir, establecer, instituir' (A.).

leyenda. La voz designa: la relación de un milagro (617 *d*), la fuente
de Berceo o sea el *Milagro de Teófilo* (705 *b*), las Escrituras (860 *c;*
para el pasaje citado, v. *Pablo*). Es el sentido que guarda aún hoy
esta voz: 'historia o relación de la vida de uno o más santos' (A.).
"Leer" señala la relación entre Berceo y su fuente: "De un clérigo
lemos..." (101 *a*), es la acotación natural del que utiliza fuentes escritas para trasmitirlas. Pero ¿cuál es el valor exacto de "un precioso
milagro os querría leer" (625 *b*)? Aún no está de acuerdo la crítica
sobre el valor de estas formas de dirigirse a un auditorio: ¿reme-
do de la técnica juglaresca? (no olvidemos que Berceo, como algunos poetas medievales, se llama a sí mismo *juglar* de tal o cual
santo). ¿Expresión de una fórmula real, en una poesía realmente
escrita para ser leída en alta voz a un círculo de devotos? Quizás
estos pasajes donde el poeta emplea el verbo *leer* inclinen a aceptar
la segunda hipótesis. (Cf. Georges Cirot: *L'expression dans Gonzalo
de Berceo.* En: *Revista de Filología Española,* IX: 154-170, 1922,
y también Bernard Gicovate: *Notas sobre el estilo y la originalidad
de Gonzalo de Berceo.* En: *Bulletin Hispanique,* LXII: 5-15, 1960).

librar. Verso *c* del epígrafe del *Milagro* 21; 537 *d.* Recuérdense dos de
los sentidos de la voz: 'sacar o preservar a uno de un trabajo, mal
o peligro', y 'parir la mujer' (A.). // 900 *a.* 'Juzgar, decidir' (A.).

ligero, -a. 595 *b.* 'Ágil veloz, pronto' (A.). Cf. *Signos,* 56 y 57.

liviano, -a. 155 *a,* 675 *a,* 888 *d.* 'Leve, de poco peso' (A.), y, en consecuencia, lo mismo que *ligero.* // 521 *b.* 'Fig. lascivo, incontinente' (A.).

logrero, -a. 681 *a.* 'Usurero' (A.).

Longino. 782 *d.* Siete santos —por lo menos— llevan este nombre, y varios de ellos pasaron de la persecución al martirio. Un soldado llamado Longino se convirtió a la vista del martirio de San Pablo; otro, encargado de custodiar a San Víctor en la prisión, fue convertido por el santo, con sus dos compañeros. Pero el que Berceo alude es seguramente el Longinus martirizado en Cesarea de Capadocia, que se cree es el mismo que abrió con su lanza el costado de Cristo (cf. *Sacrificio.* 194 *d*); su fiesta se celebra el 15 de marzo. (Véase sin embargo el pasaje del *Duelo* citado en *derechero.*)

lozano, -a. 67 *a,* 229 *a.* 'Que tiene lozanía' (en su sentido de 'orgullo, altivez') (A.). // 162 *d.* 'Que tiene lozanía' (pero en su sentido de 'viveza y gallardía, nacidos de su vigor y robustez' (A.). El empleo de esta voz en 238 *b* y 824 *a* también responde a este valor. V. también *pleito.*

luego. 'Prontamente, sin dilación' (A.).

luengo, -a. 106 *b.* 'Largo' (A.). // 661 *d.* 'Elevado, considerable'.

lugar, 240 *c,* 334 *d.* 'Población pequeña, fundo, heredad'; en el segundo caso su empleo es figurado.

lumbrera. 290 *c.* 'Luz'.

luz. La luz del día (491 *a*) se toma a veces por el día mismo; y así sucede en el verso magnífico de los *Loores:*

Siete días pasados, vino la luz octava...

(30 *a*).

Pero Berceo va más allá, y denomina al mundo corporal "esta luz mezquina" (*Milagros* 865, *c*), contraponiéndola a la verdadera luz ("Tú, Cristo, que luz eres", reza el himno de Completas —"Christe, qui lux es et dies"— parafraseado por Berceo). Sobre las expresiones de nuestro poeta relacionadas con la luz y con la visión, cf. el artículo citado en *ojo.*

llama. En 650 *d* es imagen del infierno; y en 509 *b* pasa el recuerdo seguro de un refrán. Cf. *celar la llama.*

llano, -a. 'Allanado, sin dificultad' (A.).

llecho. 695 *a.* La voz es difícil; el *Tentative Dictionary* da sólo la indicación de que se trata de un adjetivo, seguido de un interrogante; y propone la significación "convenido?" para la variante *plecho* que se lee en otro de los manuscritos.

llorando de los ojos. 301 *d,* 389 *b,* 398 *d,* 540 *a,* 541 *a,* 765 *b,* 770 *d,* 846 *c.* Fórmula épica muy empleada (cf. *Poema de Mio Cid,* 370, 375, etcétera), que es también común en los antiguos poemas franceses.

madrina. 129 *b,* 449 *c,* 515 *d.* Vale, sin duda, por 'la que tiene, representa o asiste a otra persona al recibir ésta ciertos sacramentos, honores o grados', y, al mismo tiempo, 'la que favorece o protege a otra persona en sus pretensiones, adelantamientos o designios' (A.). Lanchetas da rotundamente 'partera', valor quizás no del todo indefendible en los dos primeros ejemplos; no en el tercero.

maestrar. V. *maestro.*

maestría. 28 *a.* 'Arte y destreza en enseñar o ejecutar una cosa' (A.). Sobre el valor de *maestría* en el vocabulario técnico de los poetas del siglo XIII, hay nota en mi estudio sobre *La música en Berceo.* || 135 *b,* 258 *d,* 758 *d.* [Ant. engaño, fingimiento o artificio y estratagema', y 'ant. remedio, medicina, medicamento' (A.). Se ve que la voz podía tomarse a buena o a mala parte, y así Berceo especifica si se trata de *buena* (135 *b*) o *mala maestría* (758 *d*). || 591 *d.* 'Ant. maestraje, oficio de maestre de una embarcación' (A.).

maestro. Según Sánchez (II, vii) es éste "título que le correspondería por su sabiduría, y porque se ocuparía en la enseñanza de los fieles". Solalinde cita este pasaje, así como otro correspondiente de la *Antología* de Menéndez y Pelayo (II, xxxii), y los rebate diciendo que no se trata ni de sabiduría ni de ser "maestro en poesía", como opina Menéndez y Pelayo, y que *Maestro Gonzalo de Berceo* (2 *a*) "no debe querer decir más que confesor, como lo atestigua el verso 492 *a* de los *Milagros* y el documento de Garci Gil." (*Introducción,* página viii). Y no solamente *maestro* vale por 'confesor', como en estos dos lugares, sino que también *maestrar* significa 'confesar': 399 *a,* 401 *a,* 494 *b.* En el *maestrados* de 401 *a* juega también otro matiz semántico: en el mecanismo de la confesión participa el examen de conciencia y su subsiguiente esclarecimiento del ánimo del confesando; de ahí que *maestrado* valga también por 'aleccionado', 'que ha logrado ver claro dentro de sí'. Y éste es el valor del *novio maestrado* de 343 *a*; y es el que cobra la voz en la estrofa 11 de *San Millán:*

> Durmió cuanto Dios quiso   sueño dulce y templado,
> mientras yacía durmiendo   fue por Dios inspirado,
> y cuando abrió los ojos   se despertó maestrado:
> por partirse del mundo   olvidó su ganado.

|| 591 *b.* 'maestro de la nave, ant. piloto' (A.).

Magdalena, Santa. 783 *ab.* (cf. *Duelo,* 21 *a* "María la de Magdalo", y 68 *ab* "María Magdalena, cómo la recibió estando a la cena"). Los diccionarios hagiográficos modernos distinguen entre *Santa María de Betania,* nacida en esa villa, hermana de San Lázaro y de Santa Marta, y *Santa María Magdalena,* galilea, que recibe su nombre del castillo de Magdalum, situado cerca del mar de su país. Pero la cuestión no fue muy clara durante mucho tiempo, y la expresión de Berceo: "Santa Magdalena, de Lázaro la hermana, ... fue mujer liviana" responde a una tradición muy antigua. San Gregorio, Orígenes, San Ambrosio y San Beda confunden a tres santas diferentes bajo el nombre de Santa Magdalena o Santa María Magdalena; y otros Padres las reducen a dos. Sin desechar la hermosa obra de Malón de Chaide, véanse resumidas estas divergencias en la *Opinión de M. Bossuet sur les trois Magdalènes* (1675) y la *Opinion de M. Fleury sur le même sujet* (1684); ambos textos figuran juntos en los *Nouveaux opuscules de M. l'Abbé Fleury.* París, Vve. Nyon, 1807, págs. 182-195.

magnificar. 543 *b.* 'Engrandecer, alabar, ensalzar' (A.).

maitines. 'Primera de las horas canónicas, que se rezaba antes de amanecer' (A.).

majadura. 386 *a.* 'Acción de majar' y 'fig. azote, castigo' (A.).

majar. 387 *d.* 'Machacar, golpear, herir', con la idea de 'continuar, insistir' (A.).

majuelo. 420 *c.* 'En Rioja, cepa nueva' (A.). Vale por 'retoño, brote', tanto de maldad (así en este ejemplo) como de cosa buena: cf. *Santo Domingo* 500 *ac* "Nosotros lo encontramos como viña dañada... y es ahora majuelo, en buen precio tornada...".

mala. 419 *a.* Vale por "hora mala" u "hora menguada". Expresiones supersticiosas análogas abundan en Berceo; compárese: "nació en hora dura" (375 *b* y 753 *a*); ["no debía haber nacido"], en 633 *d,* 884 *d,* 756 *d;* "en mala hora engendrado" (871 *a*); etc.

malatía. 540 *d.* 'Ant. enfermedad' (A.).

malfetría. 258 *b,* 424 *d.* 'Ant. hecho malo, maldad' (A.).

malquerencia. 504 *b.* 'Mala voluntad a determinada persona o cosa' (A.).

maltraer. 550 *a.* 'Ant. maltratar, injuriar, reprender con severidad' (A.).

mandado. 173 *a,* 729 *b.* 'Orden, precepto, mandamiento' (A.). // 310 *a,* 343 *c,* 567 *d,* 805 *c.* 'Comisión que debe ser desempeñada en paraje distinto' (A.). // 52 *d,* 570 *a,* 694 *a.* 'aviso, noticia' (A.).

manear. 875 *b.* Más que 'mover una cosa de una parte para otra' (A.), cabe interpretar, como lo hace Solalinde, apoyándose en otro texto antiguo, 'manejar'.

mano. 9 *b: mano de rotero.* V. *[música].* // 653 *b:* "poner en manos de alguien". No tiene aquí esta frase el sentido corriente de 'confiar, encomendar', sino un sentido más especial y circunstanciado. V. *[feudales, términos].* // 713 *b,* 715 *b: mudar mano.* 'Mudar de manos' significa hoy 'pasar una cosa o un negocio de una persona a otra' (A.). Vale aquí por 'cambiar de parecer, mudar una resolución'. No se olvide que *mano* vale también por 'poder, imperio, mando' (A.).

mantenencia. 898 *b.* Más que 'ocupación' (A.), es 'género de vida, conducta' (Lanchetas); así es en *Santo Domingo* 101 *d* y San Millán 376 *b.*

manto. 252 *b: traer bajo el manto* (cf. 200 *d* "bajo el escapulario", y 558 *d* "debajo los vestidos"). Compárese con la expresión corriente "so capa", 'con aspecto falso o pretexto' (A.).

manzana. 113 *b*. Compárese "Sano como una manzana. Loc. fig. y fam. con que se pondera la buena salud de una persona" (A.).

manzaneda. 4 *b*. 'Ant. manzano' (A.). La voz se conserva en muchos topónimos.

maña. 237 *c*. 'Vicio o mala costumbre, resabio' (A); "maña sin sal" es 'vicio desabrido, sin excusa alguna'.

Marcial, San. Obispo de Limoges. V. *fuego*.

María Egipciana, Santa. 521 *a*, 767 *b*, 783 *c*. (En los dos últimos pasajes es Teófilo quien la cita; y en *Loores* 201 se la nombra inmediatamente después del vicario de Cilicia.) Nacida hacia 354 y muerta hacia 431, llevó una vida disoluta en su juventud hasta que acompañó una peregrinación a Jerusalén: allí la Gracia la tocó, y vivió retirada en el desierto cincuenta y siete años sin ver un ser humano, hasta que, ya cercana la muerte, San Zózimo, por mandato divino, la encontró y le dio la comunión. Un león, según la leyenda, cavó su sepultura.

María, nombres de. *Coplas* 31-41. Es tradicional, de Boubée en adelante, que se cite, a propósito de los nombres de la Virgen, la obra de Anselm Salzer: *Die Sinnbilder und Beiworte Mariens in der deutschen Literatur und lateinischen Hymnenpoesie des Mittelalters* (XLII. Versammlung deutscher Philologen und Schülmanner gewidmet von dem k. k. Ober-Gymnasium der Benedictiner zu Seitenstetten in Nieder-Osterreich. Linz, 1893). En efecto, allí aparecen denominaciones como "árbol del Paraíso" (6, 66), "jardín" (68), "árbol" (301), etcétera, similares a la comparación general de la pradera y la Virgen, que abre los *Milagros* (V. *sencido*). Pero lo que importa esclarecer es la cuestión de ese "dictado" (31 *c*), donde florecen todos los nombres que Berceo enumera después.

Puede pensarse, ante todo, en algo semejante a una letanía. Se sabe que desde el siglo XII aparecen repertorios de nombres de Nuestra Señora encuadrados en oraciones "que pueden ya considerarse como letanías de la Santa Virgen" (R. P. Angelo De Santi, S. J.: *Les litanies de la Sainte Vierge,* trad. par l'Abbé A. Boudinhon. Paris, Lethielleux [c. 1900], pág. 10). Y algunos de los nombres que acopla Berceo (por ejemplo: "Ella es llamada el puerto... y puerta...", 35 *cd*) parecerían proceder de piezas de carácter letánico, como una, enteramente compuesta de paronomasias (Ave et Eva, Virgo et virga, coelum et cella), que reza:

> Portus et porta, ora pro nobis.
> Portus salutis, ora pro nobis.
> Porta virtutis, ora pro nobis.
>
> (De Santi, *ob. cit.,* pág. 90)

Pero todas las denominaciones proceden de una fuente única, el "dictado" por excelencia: la Biblia. Claro está que se trata de una fuente tanto directa como indirecta; los Padres de la Iglesia han aplicado constantemente a Nuestra Señora denominaciones del Antiguo y

del Nuevo Testamento. La lista que sigue resume algunos datos tomados de la *Somme des grandeurs de Marie* del Abbé Z.-C. Jourdain
(Paris, Walzer, 1890-1894. 2 vols.); las indicaciones de siglos (entre
paréntesis) señalan en qué épocas se encuentran estos nombres en versiones primitivas de las letanías (y proceden de la obra de De Santi).

Estrella de los mares (copla 32, cf. 73 *a*, 501 *b*, 517 *c*, 761 *c*).
Estrella matutina (33 *b*); cf. 256 *a*. *Números* XXIV: 17. Apli-
can este pasaje San Felipe Apóstol, San Ildefonso, San Juan Damasceno, San Juan Crisóstomo, San Agustín, Vorágine, etc. (XII,
XIII, XIV).

Templo. (33 *a*; cf. 526 *a*). III *Reyes* VI: 9 sigs. Comparación
usual, de San Basilio en adelante (XII).

Vellocino de Gedeón (v. *Gedeón*). Usan este símil San Ambrosio,
San Gerónimo, San Pedro Crisólogo, San Juan Damasceno,
etcétera (XII).

Fuente. (35 *a*; cf. 526 *b*, 867 *c*). [Suprimimos en adelante las enumeraciones de Padres de la Iglesia, que repetirían los mismos
nombres.] *Isaías*, LVIII: 11 (cf. *fons signatum* en el *Cantar de
los Cantares*, etc.).

Puerto. (35 *c*). *Isaías*, LX: 4-5 (XII).

Puerta. (35 *d* y 36 *ab;* cf. 774 *a*.) Entre los muchos textos que
hablan de la puerta del cielo o del templo, aplicados después a
Nuestra Señora (*Génesis*, XXVIII: 17; *Levítico*, I: 2-3, y XIV:
11-12, etcétera), cabe señalar la *puerta cerrada* de *Ezequiel*,
XLIV: 1-2, y su apertura, *íd*., XLVI: 1 sigs. (XI, XII, XIII,
XVI.)

Sión, atalaya, protección. (37 *ab*). *Isaías*, XXVI: 1-3 (textos para-
lelos en *Cantar*, VIII: 10, *Jeremías*, VIII: 14, etc.) (XII).

Trono de Salomón (37 *cd*). V. *Salomón*. (Otros textos en *Jeremías*, III: 17, etc.)

Vid. (39 *a*). *Eclesiástico*, XXIV: 23 (también *Oseas*, X: 1, etc.)
V. *Vid*. Aunque en el *Cantar* también se hallan los términos
enumerados en la copla 39 (bálsamo, 1: 2; granada, IV: 3, y
VI: 6; cedro, V: 15; palma, VII: 7), es casi seguro que su
acumulación procede del *Ecclesiástico*, XXIV, en que la Sabiduría se elogia a sí misma: y se dice *oliva* (versículo 19), *cedro*
(17), *bálsamo* (20 y 21), *palma* (18).

Vara (39 *d*, 40, 41) (de Moisés y de Aarón). V. *Aarón y Moisés*.
(XII).

Para que nada falte, también ha sido signo de la Virgen el árbol
de *Daniel* IV: 18, "in cuius ramis conversantur volucres Coeli", similar al que se eleva en medio del prado intacto.

Mientras no se descubra la fuente de la *Introducción* —y nada
nos dice que Berceo no haya sido capaz de adaptar, sin necesidad
de fuente, la visión del Otro Mundo y del Paraíso a la figura de
Nuestra Señora— de la enumeración de sus nombres pueden desprenderse dos conclusiones:

1) El *dictado* aludido no tiene por qué ser la referencia a una fuente general de la alegoría de la Introducción (cf. Solalinde, xxi, y xxii, nota 2). La voz puede designar, ya una. colección de epítetos mariales, como las que formarán las letanías actuales (cf., en 300 *b*, la letanía dicha después de maitines), ya las Sagradas Escrituras, fuente primera de la literatura religiosa (cf. 754 *b*).

2) Aquí, como en el resto de su obra, el establecer sus fuentes no disminuye en nada la originalidad de Berceo. La colocación general de las estrofas 31 a 41 dentro de la introducción es lógica y pertinente, y la selección de los epítetos está claramente hilada. Si este mérito, para quienes creen en la existencia de una fuente general de la Introducción, puede no corresponder a Berceo, siempre quedará en pie el mérito interno de la disposición de los epítetos, cortados (38 *d*) por la alusión a un refrán castellano (v. *Sancho*), lo que es —indiscutiblemente— obra de nuestro poeta, tan aficionado a cruzar las dos tradiciones y, en eso y por eso, tan típicamente español.

marinero. 594 *a*. 'Capitán'. Cf. *Bulletin Hispanique*, núm. 9.

Martín, San. 340 *d*. San Martín es uno de los santos más citados por Berceo (cf. *Santo Domingo*, 252 *b*, 609 *d*, 695 *b*, y *San Millán*, 243 *c*; el primero y el último ejemplo se refieren a la caridad del santo obispo de Tours y a la capa que partió con el pobre). San Martín vive en el lenguaje popular, a ambos lados del Pirineo, vinculado a fenómenos meteorológicos ("veranito de San Martín") y a sus consecuencias ("la San Martín", "su San Martín"), y a ciertos animales (el tordo o la corneja; el cerdo; el asno, su fiel montura). En Francia es corriente llamar "martin" o "martin-bâton" al bastón o al palo, y "parece seguro que esta locución procede simplemente del cayado que utilizaba el santo misionero para sus largas marchas a pie, y que ha adquirido en la leyenda casi tanta celebridad como su montura" (A. Lecoy de la Marche, *Saint Martin*. Tours, A. Mame, 1881, págs. 652-653; el pasaje se mantiene inalterable hasta la 3.ª ed., 1890, pág. 608). Los dos medios de viaje figuran unidos en la vida del santo escrita por Henri Ghéon: "Había que partir de nuevo, que tomar otra vez el bastón, que montar el asno..." (*Saint Martin*. Paris, Flammarion [c. 1941], pág. 208). Nada más se encuentra en las vidas y milagros de San Martín a nuestro alcance (desde Péan Gatineau hasta Bataille, Cruchet y Juteau, Jacques Christophe, J.-M. Rougé, el abbé Chevalier, etc.). Dos indicios permiten suponer la intención de Berceo: uno, la persistencia del báculo del santo como atributo suyo constante (hasta Góngora hace un juego de palabras sobre las plumas de un tordo [Martín] que servirán de *martinete* de un instrumento de cuerdas. Cf. Rodríguez Marín, *Dos mil quinientas voces...*, pág. 239). El otro, la vinculación del santo con los bebedores ("vino del santo" es expresión no infrecuente en clásicos; cf. Fontecha, *Glosario...*, pág. 381). La frase de la Virgen significaría así 'estás envenenado [v. *hierbas*] o borracho', tocado por el bastón del santo de los borrachos. (No se olvide que el báculo podía ser trasmisor eficaz del poder de un santo —cf. *San Millán* 147 sigs., milagro operado a través del báculo—; que los santos podían tanto curar como provocar las enfermedades puestas bajo su advocación; ni que, entre los males designados con el nombre de un santo, aparece la ebriedad —mal pasajero, así designado entre bromas y veras— como "mal de San Martín". Cf. para estos dos últimos puntos, el estudio de Erik von Kraemer: *Les maladies désignées par le nom d'un saint*. Helsingfors, 1949. [Societas Scientiarum Fennica. Commentationes Humanarum Litterarum, XV, 2.].) Lo que no deja de ser inquietante es que en la versión del mismo milagro escrita por Gautier de Coinci (*Du clerc qui fame espousa et puis la lessa*. Ed. E. v. Kraemer, Helsinki, 1950), San Martín (o *Tartin*, por eufemismo) aparece también invocado, si bien en otro pasaje diferente.

matar almas. 723 *b*. No cabe la interpretación literal (cf. *Santo Domingo* 153 *ab*); *matar* vale por 'estrechar, violentar', y *alma* 'persona, individuo' (A.); el sentido total es 'llevar a su pérdida a la gente'.

material. 610 *b*. 'Opuesto a espiritual' (A.), es decir, hombre de carne y hueso.

matinada. 288 *b*. 'Ant. maitines' (Barcia).

medrar. 827 *b*. 'Fig. mejorar, aumentando su reputación' (A.).

mejoría. 706 *c*, 712 *c*. 'Mejora', en el sentido de 'medra, adelantamiento y aumento de una cosa' (A.). Cf. *San Lorenzo* 18 *b*.

mendigador. 397 *c*. 'Ant. mendigo' (Barcia).

menge, físico. 761 *b*. Ambas palabras, como dice Solalinde, "designaban al 'médico'", pero con una connotación diferente que corresponde puntualizar, como puntualiza Covarrubias, s. v. *físico*: "y así los llamamos físicos en cuanto saben la teórica de la medicina, y médicos en cuanto con la práctica nos curan." A. da, aún hoy, 'ant. médico' para *menge;* y para *físico*, explica: 'ant. profesor de medicina, médico: se usa en muchos puntos de Castilla'.

Contra lo que dice Solalinde (pág. xxx, nota 1), Lang no propone leer *menge* en lugar de *monje* en *San Millán* 153 *b*; por el contrario, sostiene que debe leerse *monje* contra la opinión de Konrad Hofmann, que preconizaba el cambio. (Véase su artículo: *A passage in Berceo's, Vida de San Millán*. En: *Modern Language Notes*, II: 59-60, 1887. El artículo de Hofmann: *Ueber eine corrupte Stelle in der Vida de San Millán...* apareció en: *Romanische Forschungen*, II: 354-355, 1886.)

menguar. 587 *b*, 628 *c*. 'Amenguar, disminuir' (A.).

mensajería. 53 *a*. 'Ant. mensaje, recado de palabra que envía una persona a otra' (A.). // 512 *a*. 'Carta mensajera', o sea, en la lengua de hoy, 'carta'.

mentir. 741 *d*. 'Desmentir', 'renegar'. *Mentir* significa aún hoy 'faltar a lo prometido, quebrantar un pacto' (A.).

mercadero. 681 *c*, 683 *b*. 'Ant. mercader' (A.).

mercado. 670 *a*, 871 *d*, 772 *d*, 774 *d*. 'Convenio, negocio'; en los dos pasajes centrales, "mal mercado" es el equivalente exacto del actual 'mal negocio'. // 689 c, *hacer mayor mercado*. "Buen mercado", como el francés "bon marché", significa 'de bajo precio' o 'de poco valor' (véanse ejemplos del *Apolonio* y del *Conde Lucanor* en el *Tentative Dictionary*). *Bueno* o *malo*, junto a *mercado* 'cosa o cantidad que se compra', indican hoy 'abundancia' o 'estrechez' (A.). La expresión del burgués de Bizancio tiene, al parecer, un valor irónico: "Si tú sigues negando, te lo daré más barato", es decir, 'pagarás cara tu obstinación en negar la verdad'.

merced. 904. La repetición del adjetivo *su* es poco clara; debe entenderse "la merced o gracia del obispo, el pecado del ladrón" (G. Menéndez Pidal).

meridiana. 113 c. 'Ant. siesta', en el sentido de 'tiempo después del mediodía, en que aprieta más el calor'; hoy vale también 'siesta', pero con la significación de 'sueño que se toma después de comer' (A.); tiene este último sentido en *Santo Domingo* 37 c y *Santa Oria* 161 c.

merino. 581 d. "Es nombre antiguo de España, que quiere tanto decir como home que ha la mayoría para facer justicia sobre algún logar señalado"; Solalinde, que cita este pasaje de las *Partidas* y remite a la *Revista de Filología Española* I: 378, agrega que "no son muy precisas sus atribuciones". Se distinguía entre *merinos mayores*, similares a los adelantados, y *merinos menores*, que tenían a su cargo la ejecución de las sentencias en materia criminal. Los primeros cometieron repetidos abusos, que promovieron medidas preventivas de Alfonso XI y de otros reyes de Castilla; es muy probable que, en su esfera, los merinos menores también obraran algún desafuero. Lo que es seguro es la repetida antipatía de Berceo por estos oficiales: "Por ende subió al cielo, donde no entra merino" (*Santo Domingo* 58 d;* compárese la variante "como es en el cielo, do nunca entra ladrón", *Sacrificio* 257 c); "dábales más apremio que sayón o merino" (*San Millán* 184 d); y, único caso en que se especifica la posibilidad de que haya "buenos merinos" —a menos que el *malos* sea un mero expletivo— el castigo de los "malos merinos" en *Signos* 45 d.

Véase ahora el estudio de B. Dutton (*The profession of Gonzalo de Berceo*) citado en el prólogo, donde se da una explicación plausible de las razones de esta antipatía.

mesnada. 'Compañía de gente de armas, que en lo antiguo servía debajo del mando del rey o de un ricohombre o caballero principal' (A.) (v. [*feudales, términos*]). Berceo emplea la voz con el sentido fig. de 'compañía, junta, congregación' (A.).

mesturar. 49 d, 375 d. 'Ant. denunciar, delatar' (A.).

mesura. 171 d. 'Ant. medida', en el sentido de 'remedio' (A.). // 177 c. 'Reverencia, cortesía' (A.). // 463 b, 778 d. 'Ant. medida'; el pasaje de 753 c parece caber dentro de este sentido: 'en buen lugar', 'en posición justa, bien medida' (A.). // 518 b, 542 c, 869 c. 'Virtud de la templanza' (A.). // 572 b, 579 d. Id., v. *catar*.

mesurado, -a. 578 *a.* 'Reglado, templado' (A.).

meter. 498 *d.* 'Poner' (A.). // 823 *d.* 'Con las palabras *memorial, solicitud,* etc., presentarlos' (A.). // 328 *b. metido en escrito.* V. *escrito.*

metropolitano. 713 *a.* 'El arzobispo, respecto de los obispos sufragáneos' (A.).

mezquino, -a. 'Pobre, desdichado' (A.). Berceo usa repetidas veces la expresión *mezquino pecador* (381 *d,* 664 *a,* 752 *a,* 755 *c,* 757 *c,* 842 *a*).

Miguel Arcángel, San. 445 *c.* Es la única mención que hace Berceo del santo patrono de la abadía (v. *Miguel de la Tumba*); como ya se ha señalado, parte de los milagros de la Virgen proceden de milagros locales de otros santos, como el del romero de Santiago de esta misma colección. En redacciones locales antiguas del milagro del parto maravilloso, el prodigio se debe exclusivamente al Arcángel, y su protagonista es una mujer de Normandía, preñada, que iba en peregrinación a San Miguel de la Tumba con su marido. (Cf. Dom Thomas Le Roy, *Les curieuses recherches du Mont-Saint-Michel* (1647-1648), publicado por primera vez por E. de Robillard de Beaurepaire. Caen, Vve. Le Gost-Clérisse, 1878. 2 vol.; I, págs. 106-107 y págs. 456-459, *De muliere quae in medio mari peperit.* Cf. También Dom Jean Huynes, *Histoire générale de l'Abbaye du Mont-St.Michel au péril de la mer* (1638); publicada por primera vez por el editor de la obra anterior. Rouen, A. Le Brument, 1872-1783. 2 vol.; I, pág. 86-89; etc.). A este milagro, acaecido en el año 1011, parece referirse el fragmento de escena que conserva uno de los manuscritos publicados por Beaurepaire: *Les miracles du Mont-Saint Michel, fragment d'un mystère du XIVe. siècle.* Avranches, A. Anfray, 1872, págs. 22-23 (partida de los esposos con el niño).

Miguel de la Clusa, San. V. *Pedro.*

Miguel de la Tumba, San. 433 *a.* "Tumba o Tomba, roca en una isla en el golfo entre Bretaña y Normandía. Apareciose allí San Miguel, y se le erigió una ermita en que hubo ermitaños; a éstos sucedieron doce canónigos. Expelidos éstos pasó este santuario a ser monasterio de Benitos, y lo es ahora desde Ricardo I, duque de Aquitania. Es uno de los más célebres santuarios de Europa. Llamóse *San Miguel de la Tumba,* y ahora *Monte de San Miguel.*" (Sánchez.) La *Tumba* cambió de nombre, según Dom Thomas Le Roy, en 710, porque "los dones y maravillas que se sucedían todos los días hicieron creer a todos que S. Miguel se complacía en ese lugar y lo había tomado bajo su protección. Por eso se lo comenzó a llamar ordinariamente *Mont-St. Michel* y a acompañarlo de *Au peril de la mer...* porque [ésta] borra sobre la playa, con su flujo y reflujo, los caminos por los cuales se llega a él, lo cual los torna peligrosos para quienes no tienen la costumbre de recorrerlos." (*Ob. cit., I,* pág. 43). La abadía sufrió varios incendios; el que Berceo alude es el segundo incendio general. Le Roy lo describe así: "El año de 1112 trajo al abad Rogelio y a sus monjes una muy sensible aflicción, a causa de que el fuego del cielo (cuando estaban todos reunidos a maitines, el viernes santo, día 25 de abril) cayó sobre el monasterio, ...y redujo a cenizas tanto la iglesia como los lugares reglares, sin dejar más que las piedras, que quedaron al descubierto; ninguna casa de la villa sufrió daño alguno. El fuego que quemó todo en la capilla que llamaban de los treinta cirios no tocó en lo más mínimo a la imagen de madera, ni al paño que estaba sobre su cabeza, ni al ramo de plumas que tenía en su mano." (*Id.*, I, págs. 142-143. Lo mismo en Huynes, *ob. cit.* I, pág. 164; y en los Anales del Apéndice a la *Chronique* de Robert de Torigny, editada por Léopold Delisle. Rouen, Soc. de l'hist. de Normandie, 1873, vol. II, pág. 225). Sobre los historiadores del Mont-Saint-Michel en el siglo XVII (un anónimo, Dom Huynes, Thomas Le Roy, Dom Louis de Campos, Dom Estienne Jobart), véase el estudio de Beaurepaire: *Les essais historiques des moines de la Congrégation de St. Maur au XVIIe. siècle sur le Mont-Saint-Michel.* Caen, Le Gost-Clérisse, 1877. 34 págs.

ministerio. 110. *b. Ministerium divinum* es, según Du Cange, todo lo relativo al culto; más restrictivamente, *ministerium* o *misterium* designa el oficio religioso o sus partes. Vale aquí por 'servicio fúnebre'. // 709 *c.* 'Cargo, empleo, ocupación' (A.).

ministro. 71 *a.* Ministrar es 'auxiliar la misa'; *ministros* son los que ayudan al oficiante.

misacantano. La voz designa hoy al que canta su primera misa; en Berceo es sinónima de 'sacerdote', y se aplica, en los *Milagros,* al clérigo ignorante (221 *a*), a San Jerónimo de Pavía (306 *b*) y al obispo de Cilicia (833 *c*). Su uso en Berceo oscila del *Santo Domingo* 42 *d*, referida al santo que es "sacerdote novicio", hasta el *Sacrificio* 235 *c*, donde se aplica al sumo sacerdote hebreo (denominado, cinco versos antes, "el mayor obispo de los tiempos antiguos").

misión. 627 *b.* 'Ant. gasto, costa o expensas que se hacen en alguna cosa' (A.). // 660 *c.* 'Salida, jornada' (con un sentido más amplio que en A.).

modo natural. V. *natural.*

modulado, -a. 7 *b.* 'Harmonioso'. *Modular* (poco claro en A.) es 'emitir los sonidos con tono justo y variedad de matices'.

Moisés. Hay en los *Milagros* tres menciones del gran legislador judío. La primera (40 *ac*) alude a los siguientes pasajes del *Éxodo:* IV: 2-5, y VII: 10-12: "¿Qué es eso, le preguntó Dios, que tienes en tu mano? Una vara, respondió él. Dijo el Señor: Arrójala en tierra. Arrojóla, y se convirtió en una serpiente, de manera que Moisés echó a huir. Dijo entonces el Señor: Alarga tu mano, y cógela por la cola. Alargóla y la cogió, y luego la serpiente volvió a ser una vara. ...Habiéndose, pues, presentado Moisés y Aarón a Faraón, hicieron lo que Dios les había ordenado, y Aarón echó la vara en presencia de Faraón y de sus servidores, la cual se convirtió en culebra. Llamó entonces Faraón a los sabios y a los hechiceros, y ellos también con encantamientos egipcíacos y ciertos secretos de su arte, hicieron lo mismo en apariencia. Y arrojaron cada uno de ellos sus varas, las cuales se transformaron en serpientes; pero la vara de Aarón devoró las varas de ellos." La apertura del Mar Rojo responde a la orden del Señor: "Y tú levanta tu vara, y extiende tu mano sobre el mar, y divídele, para que los hijos de Israel caminen por en medio de él a pie enjuto" (*Exodo*, XIV: 16). La segunda mención (445 *ac*) alude al final del mismo capítulo; y el verso *d* de la copla 39 se inspira en los versículos 6 a 9 de *Números*, XXI: "... el Señor envió contra el pueblo serpientes abrasadoras... Hizo Moisés oración por el pueblo, y el Señor le dijo: Haz una serpiente de bronce, y ponla en alto para señal: quienquiera que siendo mordido la mirare, vivirá..."

El tercer pasaje (852 *b*) recuerda el versículo 29 del *Exodo*, XXXIV: "Y al bajar Moisés del monte Sinaí, traía consigo las dos tablas de la Ley, mas no sabía que, a causa de la conversación con el Señor, despedía su rostro rayos de luz." Cf. *Andrés*.

mollera. 123 *b*. 'Parte más alta del casco de la cabeza' (A.).

moneda. V. *diezmo*.

monedado. V. *haber*.

monedera. 290 *b*. Campana de mano. La voz se considera como inventada por Berceo; sin embargo, *monellus, maanellus* y *meenellum* figuran en Du Cange definidas como especies menores de campanas.

monjía. 300 *d*, 580 *b*. 'Ant. monacato, estado o profesión de monje' (A.); en el último ejemplo tiene el valor colectivo de 'los monjes'.

monte sagrado. 165 *c*. La expresión "in monte sancto" se encuentra a menudo en los *Salmos* (II: 6 III: 5, XLII: 3, etc.). Berceo alude aquí al salmo XIV: 1-3: "¡Oh, Señor! ¿quién morará en tu celestial tabernáculo? ¿quién descansará en tu santo monte? Aquél que vive sin mancilla y obra rectamente; aquél que habla la verdad en su corazón..." La frase "monte sagrado" designa, desde temprano, el paraíso terrenal: "Al comentar la frase *in monte sancto Dei* y una referencia que hay en la *Epístola de los hebreos* de San Pablo, donde se habla del monte Sión y la ciudad de Dios vivo, Jerusalén la celestial, comenta San Jerónimo: 'Vel certe mons sanctus Dei, paradisus (ut diximus) intelligendus est.' Aun cuando aludiera al paraíso espiritual, demuestra con cuánta facilidad se mezclaban las dos tradiciones y se mantiene la idea del edén en la cima de una montaña." (Patch, pág. 150).

moscadero. 321 *b*. 'Mosqueador, aventador' (A.). V. *aventadero*.

mote. 118 *a*. Berceo llama *motes* a los cinco gozos que el clérigo canta a la Virgen. Su fuente, el ms. de Copenhague, reza: "hanc antiphonam in eius laudem mente devota sepe decantabat: Gaude Dei genitrix virgo Maria, gaude, que gaudium ab angelo suscepisti, gaude, que genuisti eterni luminis claritatem, gaude, Mater, gaude sancta Dei genitrix virgo, tu sola innupta, mater, te laudat omnis factura genitricem lucis. Sis pro nobis, quesimus, perpetua interventrix. In hac... antiphona..." (Becker, pág. 62). Se trata, en efecto, de una antífona (núm. 6757 del *Repertorium hymnologicum* de Dom Ulysse Chevalier. Louvain, impr. Lefever, 1892), que figura entre las obras de San Anselmo (Migne, CLVIII, col. 1046 (hay algunas variantes: "luminis charitatem" y "pia interventrix" son las más importantes, a más de algunas repeticiones y omisiones sin mayor peso).

mover. 535 *a*. 'Desus. echar a andar, irse' (A.). Para 9 *c*, V. [*música*].

mozarabía. 421 *b*. 'Gente mozárabe de una ciudad o región' (A.). El término *mozárabe* se aplica 'al cristiano que vivió antiguamente entre los moros de España y mezclado con ellos' (A.), y también 'al oficio y misa que usaron los mozárabes' (A.) y que se conservan en algunos lugares de España, particularmente en Toledo, donde transcurre este *Milagro* XVII. En la actualidad, los medievalistas más distinguidos tienden a reemplazar esta voz, en las expresiones "rito mozárabe" o "liturgia mozárabe", por la más adecuada de "hispánica": "rito hispánico", etc.

mudado. V. *pechar*.

muebda. 727 *b*. 'Ant. movimiento, impulso' (A.).

mueble. 333 *c*. 'Bienes muebles' (A.).

[música]. Los conocimientos musicales de Berceo eran amplios y sólidos. No es éste el lugar para comentarlos largamente; pero del análisis de las estrofas 8 y 9 de la *Introducción* se desprende naturalmente la concepción general que de la música tenía el poeta.

En la estrofa 8 Berceo da, dice Trend (*Berceo*. Cambridge [Severs] 1952, pág. 6; retomado como capítulo VIII de su libro *Lorca and the Spanish tradition*. Oxford, Basil Blackwell, 1956, págs. 140-157), como Chaucer, una exacta descripción técnica del canto de las aves, que "concuerda perfectamente con lo que sabemos de la música medieval". En efecto, Berceo describe el *organum* de la escuela medieval que denominamos *ars antiqua*: unos cantores llevan la melodía gregoriana [tienen el punto], otros la entonan simultáneamente "a la quinta" [superior, o a la cuarta inferior], y otros la van "doblando", es decir, van entonándola a la octava (superior si la segunda voz lleva la quinta; inferior, si esa voz va a la cuarta); o sea, que las tres voces ejecutan paralela y simultáneamente, a diferentes alturas, la misma melodía (cf. verso *c:* tanto *posar* como *mover* se refieren al vuelo de las aves y, al mismo tiempo, al "movimiento" melódico). Berceo no denomina explícitamente *organum* a este procedimiento de diafonía, pero llama *organar* a la operación de ejecutar una melodía en forma de *organum* (coplas 26 y 141), y tiene este enriquecimiento de la ejecución musical litúrgica por adecuado para las fiestas importantes (copla 43).

El total de la estrofa 9 significa que toda música terrestre es inferior a la alabanza de la Virgen. Para Berceo —que está, en esto, dentro de la más pura tradición eclesiástica— los instrumentos son inferiores a la música vocal, y dentro de ésta el canto profano es inferior al canto religioso y litúrgico. Pero como en el canto se unen la música (hermana de la ejecución instrumental) y la palabra (pariente de la plegaria y la alabanza), la estrofa marca una gradación ascendente,

que parte de la música orgánica o instrumental: *organista* (tañedor
de órgano, muy probablemente órgano portátil), *violero* (tañedor de
viola o viela, diferente de la viola actual, y tañida con arco o con
plectro: Juan Ruiz distingue entre estas dos vihuelas o violas), *giga*
(pequeño instrumento de la familia de la viola, en forma de pera,
con tres cuerdas, y tañido con arco), *salterio* (cuyas cuerdas, tendidas
sobre un marco por lo general rectangular o trapezoidal, corren sobre
la caja de resonancia, como en el címbalon centroeuropeo), *mano de
rotero*. La enumeración, que ha comenzado por nombres de tañedores
para luego pasar a nombres de instrumentos —tomados ya, probablemente, en el sentido de instrumentista, como se dice hoy "un
corneta" para significar 'un tañedor de corneta'—, la enumeración
continúa ahora con "mano de rotero". Como dice Cirot (En: *Bulletin
Hispanique*, XXVII: 356, 1925), esta perífrasis puede significar que el
rotero tañía su instrumento "con la mano, sin arco ni plectro de
pluma". La *rota* es un instrumento en el que las cuerdas parten de la
parte inferior de la caja de resonancia, pero no se sujetan por arriba
a un mango o mástil (como en los violines, guitarras y laúdes actuales,
y como en la viola y la giga antes nombradas) sino a un yugo perpen-
dicular, como en la cítara y la lira griegas (en muchos instrumentos
de este tipo, el yugo está incorporado a la caja de resonancia y hace
un solo cuerpo con ella); la "mano del rotero" pasaba, en algunos
tipos de rota, por un agujero practicado en la caja de resonancia y
hería las cuerdas desde atrás. La progresión que estamos analizando
resume luego el movimiento ascensional de la enumeración precedente: no habría instrumento, ni lengua —y nótese cómo el canto está
sobre la música instrumental— "ni tan claro vocero" cuyo canto
pueda compararse con la alabanza de María. *Vocero* significa 'abogado, orador', y señala el uso de la palabra en alabanza o defensa
de las cosas profanas. Y el *canto* que resume toda la progresión, es a
la vez la música toda y la función del vocero, ya que *cantar* significa
a veces en Berceo, 'relatar, narrar', tanto como 'alabar, celebrar' (V.,
para este tema, mi tesis *La Música en Berceo*).

nacer. V. *mala.*

Natal. *55 b.* 'Ant. Navidad' (A.). Cf. *Santa Oria* 191 *b.*

natura. 212 *c.* 'Partes genitales' (A.). // 630 *d.* 'Naturaleza', en su acepción de 'origen que uno tiene según la ciudad o país en que ha nacido' o, mejor, 'linaje', como en *San Lorenzo* 2 *d,* en oposición a
'los extraños' (A.). // 680 *a.* 'Naturaleza', en el sentido de 'tempera-
mento, constitución', y, en un sentido moral, 'conciencia, razón, juicio' (A.).

natural. 33 *c. Señora natural.* "Natural es adjetivo que 'se aplica a los
señores de vasallos, a los que, por su linaje, tenían derecho al señorío,
aunque no lo fuesen de la tierra' (A.). V. [*feudales, términos*] // 48 *d.*
amigo natural. Parecería que el adjetivo significa aquí 'sin doblez en
su modo de proceder' (A.); pero véase la copla 276, verso *d:* "Fue

de Santa María buen vasallo y amigo", por la que aparece como más atinado vincular este pasaje con el precedente. // 859 *d. seso natural ni cumplido. Seso* vale por 'sentido' (A.); cf. la "razón natural", que es la 'potencia discursiva del hombre, desnuda de toda especie científica que la ilustre' (A.). La aposición del *seso natural* y el *cumplido* 'completo' da como sentido total: 'si no aprovechamos del milagro que acabamos de oir, somos gentes desprovistas de seso; no lo tenemos ni natural ni cultivado'. // 29 *a. modo natural.* Modo (musical) no alterado, esto es, sin bemol ni alteración alguna.

necedad. 224 *b.* 'Calidad de necio' (A.), en su sentido de 'ignorante y que no sabe lo que podía o debía saber' (A.).

Nínive. 785 *a.* Se alude aquí al capítulo III de Jonás; no se olvide que Cristo también menciona la penitencia de los ninivitas debida a la prédica de Jonás (*Mateo,* XII: 41, y *Lucas,* XI: 32).

nobleza. 10 *c.* 'Calidad de noble'; 'aplicado a lo irracional e insensible, singular o particular en su especie, o que se aventaja a los demás individuos de ella' (A.).

non. 'Ant. no' (A.). Se conserva seis veces en la rima.

notar. V. *escrito y notado.*

notario. *Notario y cancelario* son voces sinónimas, y designan un cargo eclesiástico similar al de secretario; los *cancellarii* 'ujieres' fueron conquistando las funciones y dignidad de los *notarii* 'secretarios'. V. *Bulletin Hispanique,* núm. 2.

nulo, -a. 792 *c.* 'Ninguno' (A.).

ocasión. 103 *a.* 'Causa o motivo por que se hace o acaece una cosa' (A.). // 592 *a.* 'Peligro o riesgo' (A.).

ocasionado, -a. 195 *d.* P. p. de *ocasionar* 'ser causa o motivo' (A.) // 720 *a.* 'Expuesto a contingencias y peligros' (A.).

oficio. 253 *c.* [hoy se usa en pl.] 'Funciones de iglesia' (A.). // 332 [*oficio parvo*] 'El que la Iglesia ha establecido en honra y alabanza de Nuestra Señora, semejante al cotidiano de los eclesiásticos' (A.); se llama *oficio,* sin más, al 'rezo diario a que los eclesiásticos están obligados, compuesto de maitines, laudes, etc.' (A.): por eso Berceo alude directamente a las "horas" de la Virgen. V. *Ave María.* // 373 *a.* [*oficio de difuntos*] 'El que tiene destinado la Iglesia para rogar por los muertos' (A.). Toda la copla (como los dos últimos versos de la copla anterior) alude al oficio de difuntos. // 840 *d.* 'Ocupación' (A.). El pasaje de 832 *d* está a caballo entre este último sentido y el valor litúrgico de la voz.

ofrenda. 62 *b.* Ofrenda es, 'por extensión, dádiva o servicio en muestra de gratitud o amor' (A.). Pero también se llama *ofrenda* al don (generalmente en dinero) que se hace 'a los sacerdotes pobres cuando celebran la primera misa' (A.), y quizás Berceo tuvo presentes ambos significados al usar esta voz. // 373 *a.* En el *Sacrificio,* coplas 56 *d* a 68, Berceo traza el sentido de la ofrenda en la Ley vieja y en la misa. Además, se llama ofrenda 'lo que se da en algunos pueblos al tiempo de los entierros, para la manutención de los ministros de la Iglesia' (A.); cf. [*oficio de difuntos*]. Sea como fuere, la expresión es familiar a Berceo: los demonios, dice en los *Signos* 44 *d*, "darles han por ofrenda grandes aguijonadas" a los ordenados desordenados. V. *pitanza*.

ojo, ver por. 456 *b*, 607 *b* (parecer por ojo), etc. Sobre el peso que da Berceo al testimonio ocular, cf. mi artículo *Los ojos de Berceo* (En: *Realidad* [Buenos Aires], 14: 68-78, 1949).

oliva. V. *María, nombres de.*

olor. 5 *d*. Poder vivir el hombre con los olores del Paraíso es un rasgo común a casi todas su descripciones (cf. Arturo Graf, *Miti, leggende e superstizioni del Medio Evo*. Torino, Loescher, 1892-1893. 2 vol.; nota 43 del cap. II, pág. 141. Véase también Patch, págs. 45, 106, 157; y también 46, 109, 141, 159, con otras propiedades del olor paradisíaco, en especial sus virtudes curativas: cf. *Santa Oria* 155 *d*, con frutos cuyo olor curarían "a un hombre entecado"). Más ejemplos en G. Schiavo, *Fede e superstizione nell'antica poesia francese* (En: *Zeitschrift für romanische Philologie*, XVII: 74, 1893). En la *Imago mundi* de Honorio de Autun el hecho se da cerca de las fuentes del Ganges (donde tradicionalmente se coloca el Paraíso terrestre): cap. XVJ "De quegi che uiuono solamente de 1 odor d un pomo". Cf. V. Finzi, *Di un inedito volgarizzamento dell'Imago mundi... tratto dal codice estense* VII. B. 5. (En: *Zeitschrift für romanische Philologie*, XVII: 490-543, 1893, págs. 506-507). Más datos en Ch.-V. Langlois, *La vie en France au moyen âge*, vol. III. (París, Hachette, 1927).

oraje. V. *tempestad.*

orden, mujer de. 874 *d*. 'Religiosa'. V. *ordenado.*

ordenado. 871 *b*. P. p. de ordenar 'conferir las órdenes a uno' (A.); *orden* es el 'sexto de los siete sacramentos de la Iglesia, por el cual son instituidos los sacerdotes y ministros del culto' (A.). Berceo llama *ordenación* a la elección del nuevo obispo (717 *c*).

ordio. V. *trigo.*

organar. V. [*música*].

organista. V. [*música*].

órgano. V. [*música*].

oriella. V. *tempestad.*

ortiga. 185 *d*. 'Fig. pecado' (*Tentative Dictionary*).

osario. 107 *d*. 'Lugar destinado en las iglesias o en los cementerios para reunir los huesos que se sacan de las sepulturas, a fin de volver a enterrar en ellas' (A.). La voz vale aquí por 'sepultura' (la muerte del clérigo era demasiado reciente para que pueda cuadrar el sentido moderno de la palabra), y si la Virgen recalca "*buen osario*" es porque la voz significaba, 'ant., lugar donde se enterraba en España los moros y judíos' (A.). V. *sagrario.*

otero. 751 *b.* 'Cerro aislado que domina el llano' (A.). Figuradamente, la alta posición (moral) perdida.

otorgar. 209 *a,* 714 *c.* 'Forense. Disponer... con autoridad... el cumplimiento de alguna cosa' (Barcia). Cf. *San Lorenzo* 15 *d:* "Otorgo la sentencia". // 390 *c.* 'Forense. Estipular, prometer' (A.). // 902 *b,* 842 *a.* 'Consentir, condescender, conceder' (A.).

Pablo, San. 860 *a.* El pasaje aludido de este apóstol es su *Epístola a los Romanos,* XV: 4: "Porque todas las cosas que han sido escritas *en los libros santos* para nuestra enseñanza se han escrito, a fin de que mediante la paciencia y el consuelo *que se saca* de las Escrituras, mantengamos *firme la* esperanza."

pacada. 589 *b.* 'Ant. apaciguada' (A.).

Padre Santo. 469 *d,* 603 *a.* La expresión no designa aquí al 'Sumo Pontífice' ni a 'cada uno de los primeros doctores de la Iglesia griega y latina, que escribieron sobre los misterios y sobre la doctrina de la religión; como San Juan Crisóstomo, San Agustín, San Gregorio, etc.' (A.); sino que designa al propio Dios, como en el Padre Nuestro. Berceo lo llama también "Padre de los penitenciales".

pagamiento. 299 *d.* "Pagamento, pagamiento: 'paga, satisfacción'." (A.).

pagar. 36 *d,* 61 *a,* 310 *d,* 567 *c,* 578 *c,* 882 *c,* 704 *c,* 731 *a,* 813 *a,* 816 *b,* 858 *c.* 'Ufanarse de una cosa; hacer estimación de ella' (A.). // 359 *d.* 'Prendarse, aficionarse' (A.). // 647 *d,* etc. 'Dar uno a otro lo que le debe' (A.).

palabra. 89 *a,* 476 *a,* 608 *a.* Vale en los tres casos por 'frase', 'discurso', con el sentido de pluralidad verbal que conservan la voz *parola* y la voz *parla,* pero sin su sentido peyorativo.

paladares. 240 *a,* 585 *c,* 619 *d,* 632 *b.* Solalinde señala —con un ejemplo del *Sacrificio*— el valor de 'boca', de 'centro de la palabra' que esta voz tiene en Berceo.

palancada. 478 *a,* 890 *b,* 897 *b.* 'Golpe dado con la palanca' (A.) o, más bien, 'palazo' (golpe dado con un palo, y no con la pala).

palma. 603 *b.* La palma es 'victoria del mártir' (A.); "vestirla" es, traslaticiamente, 'haberla alcanzado'; vale por "llevarla", como la llevan los mártires en la iconografía cristiana.

par. 55 *d,* 240 *d.* 'Conjunto de dos personas o dos cosas de una misma especie' (A.). // 632 *c.* 'Igual' (A.).

parcir. 566 *c.* 'Ant. perdonar' (A.).

pariente. 734 *d.* 'Fig. allegado' (A.). El pasaje significa: 'hubiera deseado estar entre los suyos, es decir, en su casa'.

parla. 202 *b.* 'Labia, verbosidad insubstancial' (A.).

partida. 509 *d.* 'Cuadrilla, partido' (A.).

pasada. 470 *a,* 563 *c.* 'Ant. paso' (la voz significa hoy *paso* en ciertos sentidos muy restringidos).

pasar. 95 *c*, 134 *a*. 'Morir' (A.).

pastura. 49 *b*. 'Pasto, sitio donde pasta el ganado' (A.).

Pater noster. 373 *b*. 'Padre nuestro que se dice en la misa y es una de las partes de ella' (A.).

Pavía, San Salvador de. 281-282. El convento de San Salvador, en Pavía, fundado por la emperatriz Santa Adelaida.

pavón. 321 *c*. 'Pavo real' (A.).

pavura. 542 *a*. 'Pavor' (A.).

pecado. 'Fig. y fam. el diablo' (A.). V. *merced.*

pecunia. 630 *b*, 653 *d*, 688 *d*, 669 *d*, 673 *b*. 'Fam. moneda o dinero' (A.).

pechar. 273 *d*, 392 *d*. Pechar era 'pagar pecho o tributo', y también 'pagar una multa' (A.). El sentido del pasaje es: 'le hacían pagar con creces el pan que dio cambiado, o de mala ley'. (Solalinde explica *mudado* como 'cambiado con intención'; G. Menéndez Pidal ve en el *pan mudado* 'el trigo que había dado en préstamo usurario'). V. también [*feudales, términos*].

Pedro, San. 17 *d*. El pasaje del Apóstol aquí aludido es el versículo 11 del capítulo II de la primera *Epístola,* que se lee hoy en el tercer domingo después de Pascua: "...Como extranjeros y peregrinos que sois en este mundo...". "El hombre mezquino —dice Berceo en el *Sacrificio* 171 *d*— en este siglo es huésped y peregrino". La idea viene del Antiguo Testamento; preguntado Jacob por Faraón "¿Cuántos son los días de tu vida? Respondió: Los días de mi peregrinaje son ciento treinta años, pocos y trabajosos, y no han llegado a los días de la peregrinación de mis padres". (*Génesis*, XLVII: 8-9). // 457 *b*. "Y Pedro respondió: Señor, si eres tú, mándame ir hacia ti sobre las aguas. Y él le dijo: Ven. Y Pedro, bajando de la barca, iba caminando sobre el agua, para llegar a Jesús. Pero viendo la fuerza del viento, se atemorizó, y empezando luego a hundirse, dio voces diciendo: Señor, sálvame. Al punto Jesús, extendiendo la mano, le cogió del brazo, y le dijo: Hombre de poca fe, ¿por qué has titubeado? Y luego que subieron a la barca, calmó el viento." (*Mateo,* XIV: 28-32). // 626 *c*. V. *Constantino.* // 782 *c*. Las negaciones del Apóstol se leen en *Mateo,* XXVII: 67-75, *Marcos,* XIV: 66-72, *Lucas,* XXII: 55-62, y *Juan,* XVIII: 25-27.

Pedro. 353 *d*. Monje *hostalero,* esto es, 'encargado de la hospedería del convento (G. Menéndez Pidal). Cuál fuera este convento parece desprenderse de la localización general del milagro. Eugen Wolter, en *Der Judenknabe* (Halle, Max Niemeyer, 1879. Bibliotheca normannica. II), publica 27 versiones de este milagro (adiciones en Mussafia, *Zu Wolters Judenknabe.* En: *Zeitschrift für romanische Philologie,* IX: 138 y 412-413, 1885; en Paul Meyer, *Notice sur un légendier française du XIIIe siècle.* En: *Notices et extraits des mss. de la Bibliothèque Nationale et autres bibliothèques,* XXXVI [1e. partie]: 1-69, 1898; y en Ward, págs. 601-602). Las primeras redacciones sitúan el milagro en Oriente (y el padre del niño es fabricante de vidrios, lo que explica el detalle del horno); la acción se desarrolla "frecuentemente en Constantinopla, pero a partir del siglo XII transcurre generalmente en Bourges" (Ward, *l. c.*). Puede pensarse, entonces, que el monasterio donde Pedro es profeso es S. Miguel de Clusa en Francia (o sea, St.-Michel-de-l'Écluse, priorato benedictino de Grande-Sauve, diócesis de Périgueux, cantón de Vélines, en Bergerac, Dordogne. Cf. Dom Cottineau, *Répertoire topo-bibliographique des abbayes et prieurés*, II, col. 2817). Pero parece más bien tratarse de "Sacti Michaelelis de Clusa" (ms. de Copenhague),

> ...Saint Michel la Cluse,
> Celi qui est outre Seuse.
>
> (Mussafia, *l. c.*, pág. 412.)

o sea el monasterio benedictino de San Miguel de la Clusa en la diócesis de Susa, en Piamonte.

pelcigo. 246 *d.* 'Ant. pellizco' (Barcia).

pella. 256 *c.* 'Ant. pelota'. (La voz no tiene hoy ya exactamente este sentido).

penitencial. 167 *b,* 401 *a,* 784 *d.* 'Los que hacen penitencia, los penitentes'. La voz no se usa hoy sustantivada.

pepión. 132 *d,* 372 *a.* 'Moneda menuda usada en Castilla en el siglo XIII' (A.). Sobre su valor, cf. Diego de Covarrubias, *Veterum collatio numismatum*, cap. V (traducido en pág. 127 de la *Demostración histórica del verdadero valor de todas las monedas que corrían en Castilla... de Fr. Liciniano Sáez. Madrid, Sancha, 1805); y págs. 36 y 39 del v. I de la *Descripción general de las monedas hispano-cristianas...* de Aloiss Heiss (Madrid, R. N. Milagro, 1865-1869. 3 vols). Probablemente la voz *pepiones* —sin olvidar la complejidad del sistema monetario de ese momento— tenga sólo un valor abstracto de 'moneda menuda', de la misma manera que la expresión "sin un cuarto" no evoca para nosotros ninguna moneda precisa. La prueba es que Berceo llama indistintamente "tres pepiones" o "tres meajas" al tributo aludido en el episodio de la batalla de Simancas (*San Millán*, 424 *c* y 461 *d*, frente a *Id.*, 2 *d*).

per aquam et per ignem. 602 *b.* La expresión "por agua y por fuego" —que no es refrán como lo pretende Lanchetas— alude a las palabras del Bautista: "Yo en verdad os bautizo con agua..., pero está por venir otro más poderoso que yo, al cual no soy yo digno de desatar la correa de sus zapatos: él os bautizará con el Espíritu Santo, y con el fuego [*de la caridad*]." (*Lucas*, III: 16), y han sido glosadas por los Padres de la Iglesia (cf., por ejemplo, Tertuliano, *De baptismo*, cap. X).

perecer. 786 *d.* 'Acabar, fenecer, dejar de ser' (A.). Su uso es, naturalmente, figurado.

perennal. 808 *a.* Perenal, perennal, 'perenne' (A.).

pértiga. La vara de Moisés. V. *Moisés,* y *María, nombres de.*

pesado, -a. V. *figuras.*

pesante. 324 *d.* "Un dinero pesante" puede significar 'por el peso [valor] de un dinero' (conviene no olvidar que el peso —y por consiguiente la cantidad de metal y el valor— de las monedas antiguas debía ser constantemente verificado) o quizás aluda a una clase de moneda antigua. V. *Bulletin Hispanique,* núm. 5.

pesar. 615 *a.* El pasaje no es demasiado claro. Creo que "el pesar que tuvieron de los que peligraron" y que se olvida "al sabor del milagro", no es el duelo por los muertos (597 *cd,* 598 *a*), sino la "legítima envidia" de 601-604 *a,* al considerar cuán cerca estuvieron de ganar paraíso, y que se mitiga al oir la alabanza de Nuestra Señora.

pimiente. V. *vino.*

pinaza. 593 *b.* 'Embarcación pequeña de remo y vela. Es estrecha, ligera, y se usó en la marina mercante' (A.).

Pisa. 330 *a.* La ciudad es, efectivamente, cabeza de provincia, y está situada sobre ambas márgenes del Arno, a doce kilómetros de su desembocadura en el Tirreno. En la mayoría de las versiones antiguas de este milagro, su protagonista es un canónigo de la iglesia de San Casiano de Pavía; un ms. del British Museum coloca la acción en Roma (Ward).

pitanza. 246 *c,* 312 *d,* 746 *c. Pitanza* 'alimento', es la 'porción que se da a cada uno en las comidas de las comunidades religiosas'; esta acepción se mantiene hasta el siglo XIV (aparece atestiguada desde 1131), "pero desde mediados del siglo XIII la hallamos en un sentido más general, como 'regalo'." (Georg Sachs, reseña del libro de Hans Rheinfelder, *Kultsprache und Profansprache in den romanischen Ländern.* En: *Revista de Filología Española,* XXI. 401-405, 1934; especialmente págs. 403-404). El ejemplo del *Cancionero de Baena* que allí se da muestra un empleo metafórico del término similar a los de Berceo: "vos levaredes muy mala pitança" (cf. *San Millán* 290 *c*). Compárese con otras formas usadas por el poeta: "diéronles yantar malo" 429 *b*); (v. *yantar*); "dar por ofrenda" (v. *ofrenda*); todas ellas entran en la categoría del "alimento" metafórico (v. *bocado*), y compárese: "Si es a vuestro sabor esta nuestra leyenda, / tenedla por yantar, esperad la merienda" (*Sacrificio* 83 *ab*), y "Quien oírlas quisiera [las cosas que San Jerónimo refiere] tenga que bien merienda" (*Signos* 2 *d*).

placentería. 30 *d,* 115 *c,* 118 *d.* 'Ant. placer', en el sentido de 'contento del ánimo o de sensación agradable' (A.) // 608 *c.* Más bien cuadra aquí 'complacencia, disposición de ánimo' que 'placer'. // 740 *b.* 'A mi sabor, a mi gusto'.

planto. 469 *c.* 'Ant. llanto con gemidos y sollozos' (A.).

plaza. 112 *c.* 'Espacio, sitio o lugar' (A.).

plazo. 128 *c.* "Pero no pudo el alma tal plazo recibir" significa (más que "no pudo su alma alcanzar este término o vencimiento", con un valor moderno, temporal, para la voz *plazo* 'no pudo su alma realizarlo, sostener lo que proyectaba'. El valor de *plazo* 'desafío', 'combate como de torneo', es claro en 532 *c:* "Id bien osadamente a sostener el plazo".

pleitesía, pleito. Berceo usa indistintamente estas dos voces (véase, por ejemplo, en 787 *b* y 825 *d*, cómo *pleitesía* sustituye a *pleito*, usado más de doce veces en ese mismo relato). *Pleitesía* es el 'ant. pacto, convenio', y *pleito* el 'ant. negocio' (A.). Pero salvo casos muy especiales (el emplazamiento ante la Virgen, 205 *b;* la indecisión del obispo que no quiere pronunciarse en un asunto que escapa a su jurisdicción, 900 *a*), las voces carecen de su connotación judicial y, valen simplemente por 'asunto' o 'querella, materia de disputa'.

pleito. V. *pleitesía*. // 594 *c.* "Pleito más lozano": 'de mayor linaje e importancia', Ezio Levi puntualiza que los que entran en la nave son "gentiluomini e un vescovo" (*Il libro dei cinquanta miracoli della Vergini*, Bologna, Romagnoli-Dall'Acqua, 1917, pág. 23).

plus. 718 *b.* Lat. 'más'; Berceo lo usa para evitar el "más más".

poblar. 626 *b.* 'Fundar' (A.). // 673 *c.* 'Ocupar con gente un sitio...' (A.).

pobredad. 655 *d.* 'Ant. pobreza' (A.).

porfioso, -a. 416 *d*, 778 *d.* 'Porfiado' (A.).

portegado. 338 *c.* 'Ant. pórtico, atrio' (A.). Solalinde da ejemplos antiguos y dialectales de esta voz.

posada. V. *posar*.

posar. 8 *c.* 'Hablando de las aves u otros animales que vuelan, detenerse y apoyarse con las patas en la tierra o en otra cosa, después de haber volado (A.). (v. además [*música*]). // 'Alojarse u hospedarse' en una posada o en casa particular (A.); *posada* es así sinónimo de 'morada', y designa la residencia o alojamiento habitual de cada uno: el cielo, para los santos y bienaventurados 624 *d*); el infierno (249 *a*); un convento (288 *d*); la Virgen para Cristo (458 *d*), etcétera.

post partum et in partu. 20 *c.* Lat.: "en el parto y después del parto". *Post partum, Virgo, inviolata permansisti,* reza una antífona (y el aleluya de la Misa de la Virgen) que se canta el domingo en las vísperas, desde la octava de la Epifanía hasta la Purificación.

postrimería. 740 *c.* 'Final'.

postrimero, -a. 115 *d*, 123 *d*, 855 *b.* 'Postrero, último en orden' (A.); los dos últimos pasajes señalan el último día o momento final de la vida; el primero parecería aludir, más bien, al último día en absoluto, el día del Juicio final.

postular. 714 *d.* 'Pedir para prelado de una iglesia sujeto que, según derecho, no puede ser elegido' (A.). La función de Teófilo era puramente temporal: era *vicedominus* (voz que da el ant. fr. *vidame*), o sea el 'vicario' o 'ecónomo', que ejercía la autoridad temporal o militar del obispo en cuanto señor de la región (compárese con 313 *b*, "obispo y señor de Pavía"). Teófilo tenía *bailía* 'autoridad del baile' o 'territorio sometido a la autoridad del baile' (*baile* era 'nombre dado a varios magistrados de diferentes categorías y jurisdicciones' A.), y se pide para él *mejoría* 'mejora', o *adelantadía* 'adelanto', no 'cargo de adelantado'; adelanto y mejora ajenos a su condición. Véase sobre este punto el *Bulletin Hispanique*, núm. 12.

potencia. 99 *c*, 225 *b*. 'Virtud para ejecutar una cosa' (A.).

potestad. 236 *d*. 'En algunas poblaciones de Italia, corregidor, juez o gobernador' (A.) Solalinde cita un texto de las *Partidas:* "potestades llaman en Italia a los que escogen por regidores de las villas et de los grandes castiellos", y otro de Menéndez Pidal: "Son [en España] los *ricos omes* investidos con un alto cargo, inferior al de los condes, que consistía en el gobierno o tenencia de una fortaleza, ciudad o territorio": este valor tiene la voz en 614 *d*. // 825 *b*. 'Dominio, poder, jurisdicción que se tiene sobre una cosa' (A.).

pradal. 610 *d*. 'Prado', 'sitio ameno' (A.).

preciar. 40 *b*, 745 *b*. 'Apreciar' (A.).

precio. 126 *d*. 'Premio o prez que se ganaba en las justas' (A.); cf.: "en la fin yace el precio de la caballería" (*San Millán* 265 *c*); "Abundancio [salió a combatir] el primero, por el precio ganar" (*Id.* 291 *b*). // 318 *d*. 'Valor pecuniario que se estima una cosa' (A.). // 391 *a*, 633 *c*, 627 *b*, 628 *a*, 741 *a* (en los tres últimos ejemplos aparece la locución "subir [o "crecer"] en precio"). 'Estimación, importancia, o crédito' (A.).

precioso, -a. 66 *b*, 114 *d*, 169 *b*, 497 *c*. 'Excelente, exquisito, primoroso y digno de estimación' (A.).

prendido, -a. 'Ant. implicado, comprometido' (Barcia).

prendo, prendis. 238 *d*. Primeras dos formas del paradigma del verbo lat. *prehendere* 'coger, agarrar'; quiere decir Berceo que Esteban era amigo de lo ajeno.

prestable. 865 *b*. La voz falta en A., que contiene sin embargo el verbo *prestar* (V.).

prestar. 389 *d*, 517 *d*, 635 *a*, 761 *b*, 797 *a*. 'Ayudar, asistir' (A.). // 500 *a. Compañía de prestar.* 'Honrada, excelente'. Compárese el fr. ant. *prestable y prestant* 'notable, superior, distinguido' (Godefroy) y el español moderno *prestancia* y *prestante,* respectivamente 'excelencia' y 'excelente' (A.).

preste. 223 *a*, 224 *a*, 267 *c*. 'Ant. sacerdote' (A.). En *Santo Domingo* 42 *d*-44 Berceo escalona las órdenes en: gradero, epistolero, evangelistero, preste. Con respecto a la escasa preparación litúrgica del preste en el *Milagro IX* —que no es un fenómeno singular, en la Edad Media—, véanse los casos que recoge G. G. Coulton en el primer volumen de su antología *Life in the Middle Ages.* Cambridge, University Press, 1930. 4 vols.

presto, -a. 609 *a*, 732 *d*. 'Aparejado, preparado' (A.).

presura. 357 *a.* 'Prisa, prontitud y ligereza' (también 'ahinco, porfía'). (A.).

prima. 300 *b.* 'Una de las siete horas canónicas, que se dice después de laudes. Llámase así porque se canta en la primera hora de la mañana' (A.). // 674 *a.* 'Primera de las cuatro partes iguales en que dividían los romanos el día artificial, y que comprendía desde el principio de la primera hora temporal, desde la salida del sol, hasta el fin de la tercera, a media mañana' (A.).

primera. 519 *c.* "Paró desamparada después de la primera". La voz designa hoy las primeras bazas de ciertos juegos; aquí señala la primera parte de la plegaria de la abadesa —interrumpida con sutil conocimiento psicológico—, y tiene el valor adverbial que conserva en la lengua moderna en locuciones como "a las primeras [de cambio]", "de buenas a primeras", etc. Cf. *Santo Domingo* 3 *a:* "Yo quiero que sepáis luego [enseguida] de la primera / cúya es esta historia..."

primeriza. 508 *d.* 'Aplícase especialmente a la hembra que pare por primera vez' (A.).

prioresa. 531 *d.* 'Desus priora', y ésta es —además de 'prelada [superiora] de algunos conventos de religiosas'—, 'en algunas religiones, segunda prelada, que tiene el gobierno y mando después de la superiora' (A.).

prisa. 419 *c.* 'Ant. aprieto, conflicto, consternación, ahogo' (A.). // 426 *b.* 'Prontitud o rapidez con que sucede o se ejecuta una cosa' (A.).

privado. 719 *a.* El que tiene privanza, 'primer lugar en la gracia y confianza de un príncipe o alto personaje' (A.).

pro. 876 *d.* 'Provecho' (A.).

probar. 17 *d.* 'Hacer patente la verdad de una cosa con razones, instrumentos o testigos' (A.). // 555 *b.* 'Examinar' (A.). // 582 *b,* 725 *c.* 'Ant. aprobar: calificar o dar por bueno' (A.), con el primer sentido del *probare* latino: 'hacer creíble'.

procesión. 169 *b.* 'Fig. y fam. Una o más hileras de personas o animales que van de un lugar a otro' (A.).

profazar. 'Abominar, censurar o decir mal de una persona o cosa' (A.). *Profazo.* 'Ant. abominación, descrédito, mala fama en que cae uno por su mal obrar' (A.). Sobre estas voces, véase el estudio de Yakov Malkiel: *The ancient Hispanic verbs posfaçar, porfaçar, profaçar.* (En: *Romance Philology,* III: 27-72, 1949-1950.)

profazo. V. *profazar.*

profesión, hacer. 164 *b.* 'Profesar en una comunidad religiosa' (A.).

profundar. 701 *c.* 'Profundizar' (A.).

proponer. 89 *a.* 'Manifestar con razones una cosa para conocimiento de uno' (A.).

prosa. 302 *c,* 697 *c.* La historia de la palabra es bastante oscura; Curtius da un ejemplo (fechado en 698) cuyo autor confiesa que no domina la métrica y que por lo tanto escribe en *prosa:* "Este texto constituye el ejemplo más antiguo del empleo de *prosa* para designar un poema; el poema no entraba en ninguno de los esquemas rítmicos, y por eso su autor echó mano de la palabra *prosa* a falta de otra mejor; aquí el término está, por decir así, a medio camino del significado 'poesía métrica'. ...El empleo de la palabra *prosa* para designar la poesía halló nuevo terreno de aplicación al inventarse la secuencia, en el siglo VIII. El término "secuencia" [que equivale a *prosa* en el sentido en que usa la voz Berceo en los pasajes citados] proviene de la técnica musical, y se refiere a la artificiosa prolongación melódica de la última vocal del Aleluya de la misa. Esta *sequentia* de notas sin palabras recibió después un texto..." (págs. 219-220). No solamente los aleluyas, sino otras formas melismáticas recibieron un texto que se adaptaba silábicamente a cada nota de la melodía; y así Berceo habla de *quirios y prosa* (expresión que aparece también en *Elena y María,* verso 377. Cf. la edición de R. Menéndez Pidal, en: *Revista de Filología Española,* I: 52-96, 1914). Un ejemplo aclarará esta práctica musical:

Prosa: Cuncti-po-tens do-   mi-na-tor   Coeli et an-ge-lo-rum...

En este ejemplo, la frase musical original "tropada" (con la secuencia como texto) se repite tres veces silábicamente sobre las notas del *kyrie eleison* antes de entonarse la invocación misma. (Théodore Gérold, *La musique au moyen âge.* Paris, Champion, 1932 [Les clas. franç. du m. âge, 73], pág. 55).

Proyecto, San. 253 *a,* 255 *ab.* Hay varios santos de este nombre, pero el más notable —y seguramente el aludido por Berceo— es Projectus, obispo de Imola, muerto hacia 460 y cuya fiesta se celebra el 23 de septiembre.

pueblo. Vale por 'conjunto de personas de un lugar o país' (A.; así en 387 *a,* 414 *c,* 426 *a*); parece designar la "gente común y humilde de una población" (A.; así en 710 *c* y 853 *a,* "los pueblos y las gentes"); y designa también a la población laica diferenciada de los religiosos (580 *a:* "pueblos" frente a "clerecías, canónigos y monjías"); compárese con convento y concejo".

puentes. 142 *b.* "Construir puentes —dice Solalinde— era una penitencia u obligación inexcusable ·a los clérigos, según las *Partidas,* I. título VI, ley LIV... Compárese *Part.* I. tít. IV ley XCIII." No debe olvidarse que la voz *pontífice* está emparentada con esta actividad, y que el Pons Sublicius, sobre el Tíber, debía ser conservado por los sacerdotes. Sobre las cofradías —no estrictamente religiosas— encargadas de construir los puentes durante los siglos XII y XIII, cf. los trabajos de

Louis Bruguier-Roure: *Les constructeurs de ponts au moyen âge* (Paris, Dumoulin, 1875); *Saint Bénézet, patron des ingénieurs et les frères du pont* (Pont-Saint-Esprit, 1889), etc.

puerta. V. *María, nombres de.*

puerto. V. *María, nombres de.* // 243 *d* (*salir por mal puerto*), 337 *d* (*llegar a mal puerto*) A. consigna las frases "arribar a puerto de claridad, de salvación o de salvamento", pero no la que emplea Berceo (cf. *San Millán* 216 *d*). "Llegar a buen puerto" o "¡a buen puerto!" (más usadas sarcásticamente que en su sentido directo), así como "a buen puerto vas por agua", son frases proverbiales corrientes en América, y significan 'desbaratarse, salir mal alguna empresa o cosa'.

pugés. 666 *b*. Del fr. *pougeois* o *peugeoise* (con muchas variantes ortográficas), ínfima moneda francesa del tiempo de San Luis, que valía la mitad del óbolo o un cuarto de dinero. No valer una cosa "deus pugeois" —o uno tan sólo— era frase corriente (cf. Godefroy, *s. v.*). *Horadado*, 'agujereado', además de su sentido de depreciación monetaria (v. *pesante*), lleva en sí una minusvalía que Berceo gusta de emplear: "mas no le valió todo una nuez horadada" (*San Millán* 118 *d*); "no vale contra Dios un tiesto horadado" (*Duelo*, 198 *b*). Compárese con la locución argentina "ni un cobre partido por la mitad".

puntero. 90 *b*. 'Exacto, que da en el punto'.

punto. 8 *b*. V. [*música*]. // 112 *d*, 365 *b*, 491 *d*. 'La menor cosa, la parte más menuda de una cosa' (A.). // 505 *b*?, 871 *a*, 711 *b*. 'Momento, instante' (A.). Para la expresión "en buen o mal punto", 'en buena o mala hora' (A.), v. *mala*.

puridad. 345 *b*. 'Secreto' (A.).

putaña. 222 *c*. 'Ant. ramera' (A.).

quebrantar. 400 *c*, 410 *d*. 'Violar o profanar algún sagrado, seguro o coto' (A.).

quebrar. 724 *a*. Arcaísmo, 'curar'. El pasaje significa: "creían las gentes que curaba con ciencia". En el Río de la Plata las curanderas saben "quebrar el empacho" de las criaturas. V. *Bulletin Hispanique*, número 13.

quedar por. 819 *a*. "*Quedar* una cosa *por* uno *fr.* No verificarse, por faltar uno a lo que debía o le tocaba" (Casares, *Diccionario ideológico*).

querella. 88 *d*, 231 *b*. 'Discordia, pendencia' (A.). // 256 *d*. 'Acusación ante juez o tribunal competente' (A.). // 423 *d*. 'Queja, expresión de dolor, pena o sentimiento' (A.).

querellarse. 343 *b*, 422 *d*, 423 *d*. 'Quejarse' (A.). // *querellada*, 882 *d*. *Querellar* es presentar querella ante la autoridad competente, y junta la acción legal con el valor punitivo.

querelloso, -a. 423 *c*. 'Quejoso'.

quien. 555 *a.* El relativo vale indistintamente para el singular y para el plural hasta el período clásico en que empieza a correr la forma "quienes".

quien tal hace tal pague (o **prenda**). 250 *d,* 373 *b.* Más que al moderno "el que la hace la paga", esta locución expresa la ley o pena del talión, y aflora de diversas maneras en la obra de Berceo: compárense, en los *Milagros,* los versos 418 *d,* 428 *c,* 562 *c,* 687 *cd,* con "juró al Criador / que cual ellos hicieron tal tomarían, o peor" (*Santo Domingo* 740 *ab*) o con "quebrantaba los sábados: ¡cual mereció, tal haya!" (*Duelo* 23 *c*).

quilma. 558 *d.* 'En algunas partes, costal' (A.). Compárese con la locución moderna "ser una cosa harina de otro costal", y con las expresiones registradas en la voz *manto.*

quinta. V. [*Música*].

quintana. 113 *d.* 'Quinta, huerta' (A.).

quirolas. 700 *c.* ¿Quizás 'concurrencia, afluencia cuya enumeración sería tan larga como el desarrollo de los kiries'? (compárese con "llorar los quiries" 'llorar mucho'). Más probablemente se trate de 'danzas', ya como expresión popular de alegría, ya como actividad semilitúrgica, a la manera de la actuación de los *seises* en Sevilla, Toledo y Valencia: la *General Historia* dice que María y las mujeres de Israel celebraron el paso del Mar Rojo "faciendo quirelas e cantando"; su fuente, *Éxodo* XV: 20, habla de danzas y cantos al son del pandero. Sobre esta voz, bastante oscura, véase la tesis de Margit Shalin *Étude sur la carole médiévale. L'origine du mot et ses rapports avec l'Église.* Uppsala, Almqvist & Wikselle, 1940, y la importante reseña de Rafael Lapesa (En: *Revista de Filología Española,* XXV: 122-124, 1941).

quito, -a. 165 *d,* 181 *b,* 671 *b,* 800 *d.* 'Libre, exento' (A.).

radío. 646, *c,* 884 *d.* 'Errante' (A.). Berceo usa la expresión ant. "andar en radío"; en el primer pasaje, su sentido es figurado, 'errar, equivocarse'.

rapina. 274 *b.* 'Ant. rapiña' (A.).

rascado, -a. 151 *c.* Era uso general, antiguamente, arañarse en señal de duelo; la práctica continúa viva en el cercano Oriente y en África. La lamentación por la muerte de San Fernando, según la *Primera Crónica General,* iba acompañada por prácticas semejantes: "¿Et quién vio tanta dueña de alta guisa, et tanta doncella andar descabeñadas et rascadas, rompiendo las faces et tornándolas en sangre viva?" (ed. R. Menéndez Pidal, pág. 773 *b*). Cf. *carpellidas.*

razón. 141 *b,* 339 *d,* 618 *a,* 769 *c,* 780 *b.* 'Palabras o frases con que se expresa el discurso' (A.); la voz se aplica a los milagros mismos en 141 *a* y 618 *a.* Parece significar, igualmente, el suceso o cosa expresados por el discurso (667 *c,* 806 *a*). // 561 *c. Poner en mala razón.* 'Calumniar', 'decir mal de alguien'.

recabar. 136 *a.* 729 *d.* 'Alcanzar, conseguir con instancias o súplicas lo que se desea' (A.).

recaudar. 428 *c*, 429 *a.* 'Asegurar, poner o tener en custodia' (A.); la forma *recabdar* es el 'ant. asegurar, coger, prender' y es ésta la que emplea Berceo.

recaudo. 822 *c.* 'Recaudación', esto es, el hecho de recaudar y lo que se recauda; pero la voz vale hoy también por 'documento que certifica las partidas de una cuenta' (A.).

reciente. V. *laude*, y *salpresos*.

reconciliar. 'Restituir al gremio de la iglesia a uno que se había separado de sus doctrinas' (A.).

recordar. 464 *b*, 537 *a.* 'Despertar el que está dormido' (A.).

[refranes]. Lanchetas ofrece una lista de refranes usados por Berceo; los alude Cirot (*L'expression...*, pág. 163); para las frases proverbiales y refranes de los *Milagros*, v. *agalla, andar, ceja, celar, comprar, cuchillo, cuidar, hielo, higo, lazo, leña, llama, manto, puerto, ribera, Sancho, trago, trigo.*

regañado. 471 *a.* 'Asomando'; *regañar* es 'formar el perro cierto sonido en demostración de saña, sin ladrar y mostrando los dientes' (A.).

reglar. 461 *b.* 'Perteneciente o relativo a una regla o instituto religioso'; así, *canónigo reglar* es 'el perteneciente a cabildo que observa vida conventual', y *puerta reglar* es 'aquélla por donde se entra a la clausura de las religiosas' (A.).

reguncerio. 110 *c.* 'Ant. relación, narración' (Barcia).

reína. Las letanías llaman a Nuestra Señora "reina de los ángeles, de los patriarcas, de los profetas... etc.". (Cf. Adolphe Brachelet, *Les noms de Notre Mère*. Douai, A. d'Aubers impr., 1856). Berceo abunda en este uso, y coloca frecuentemente la voz en la rima. Esta circunstancia nos ha decidido —para no tener que alterar numerosos pasajes— a conservar la acentuación trisílaba *re-í-na*, todavía similar a la forma del latín *regina*. Sobre esta forma —teniendo en cuenta, sin embargo, lo exageradas que son sus conclusiones— véanse las páginas de Jules Cornu: *Grey, ley et rey disyllabes dans Berceo, l'Apolonio et l'Alexandre* (en sus *Études de phonologie espagnole et portugaise*. En: *Romania*, IX: 71-88, 1880).

reja. 270 *b.* 'Labor o vueltas que se da a la tierra con el arado' (A.).

religión. 561 *d.* 'Orden religiosa' (A.); "un buen lugar de grande religión" (350 *b*) es 'un buen convento'.

rellenada. 872 *a.* Lo que *rellano*, que es 'meseta, llano que interrumpe la pendiente de un terreno' (A.).

remanga. 346 *c.* 'Arte para la pesca del camarón' (A.; allí se la describe). Compárese con *Santo Domingo* 635 d: "que sabía al demonio echar bien el anzuelo", y con el verso 411 *b* de los *Milagros*.

rematar. 258 *d.* 'Dar fin o remate' (A.).

remellados. 471 *b.* 'Inyectados de sangre' (*Tentative Dictionary*).

remembrar. 663 *c.* 'Rememorar, recordar' (A.).

rencura. 375 *c,* 406 *c,* 518 *c,* 769 *b.* 'Ant. rencor' (A.).

renda. 373 *d.* 'Ant. renta, provecho' (A.).

render. 545 *d,* 804 *b,* 818 *d,* 845 *c.* 'Ant. rendir, entregar' (A.).

rendido, -a. 255 *a.* 'Sumiso, obsequioso' (A.). // 804 *b.* p. p. de *render* o *rendir.*

repiso, -a. 392 *a,* 774 *d,* 782 *a.* "Arrepentido, participio fuerte de *repentir,* popular aún en Cuenca" (G. Menéndez Pidal).

repuesto. 213 *c.* 'Provisión de comestibles u otras cosas' (A.), y también 'lo que tenía apartado, preparado' (A.).

repulsar. 376 *c.* 'Rechazar', y también 'denegar lo que se pide' (A.).

requiescat in pace... 99 *e.* 'Descanse en paz' [con la clemencia divina]. Son palabras del oficio de difuntos, que se agregan a cualquier plegaria dicha en memoria de un muerto.

responsión. 546 *d.* 'Ant. respuesta' (A.).

retar. 'Reprender, tachar, echar en cara' (A.).

revocar. 623 *b.* 'Apartar, retraer, disuadir a uno de un designio' (A.)

revolvedor. 270 *d.* 'Que revuelve o inquieta' (A.); V. *ceja.*

revolver. V. *ceja.*

rezar. 235 *b.* 'Recitar, en oposición a cantar', y también 'fam. decir o decirse en un escrito una cosa' (A.).

ribera, ahogar en la. 634 *d.* Locución proverbial; cf. el moderno "Nadar, nadar, y a la orilla ahogar", que también se aplica 'al enfermo que perece cuando había concebido esperanzas de pronta curación' (A.). Berceo aplica este refrán a su propia tarea de hagiógrafo en *Santo Domingo* 387 *d.*

ribero. 104 *c.* 'Ribazo' (Solalinde). De los derivados de *riba,* éste que usa Berceo se emplea hoy para designar los vallados que detienen el agua de las presas (A.).

rimero. 677 *d.* 'Conjunto de cosas puestas unas sobre otras' (A.).

rincón, tener en. 275 *c.* 'Estrechar, embarazar, arrinconar'.

robrar. 842 *c.* 'Rubricar' (*Tentative Dictionary*); 'hacer la robra', o sea la 'escritura o papel autorizado para la seguridad de las compras y ventas o de cualquier otra cosa' (A.).

Rocamador. 664 *d.* Rocamadour ('roca de San Amador'), comuna del departamento del Lot, en Francia, y que posee un santuario con una Virgen negra que se dice esculpida por el santo. Esta Virgen fue célebre en toda la edad media, y lo es también hoy (recuérdense las *Litanies* que para Ella ha compuesto Francis Poulenc). Su cita por Berceo no es un ripio ni una facilidad de rima: Nuestra Señora de Rocamador fue un santuario particularmente caro a los españoles y portugueses; véase el artículo del P. Mário Martins: *Peregrinações e* *livros de milagros na nossa Idade Média* (En *Revista Portuguesa de História*, V, n.º II: 87-236, 1951, páginas 101 y 157, donde cita trabajos de De Fontenilles, Quembino Lagoa, José Júlio Gonçalves Coelho, A. de Magalhaes Basto y José María de Corral sobre este tema).

rociada. 249. 'Rocío' (A.).

romería. 2 *a*. 'Viaje que se hace por devoción a un santuario' (A.). // 23 *b*. 'Conjunto de romeros o peregrinos'. // 891 *b*. Fig. 'asunto'.

romero. 'Peregrino'. V. *Pedro, San.*

ropilla. 6. *c*. 'Vestidura corta, con mangas, que se llevaba sobre el jubón' (A.).

rotero. V. [*música*].

ruido. 340 *b*. 'Litigio, pendencia, pleito' (A.). // 676 *a*, 684 *a*. 'Alboroto, novedad' (A.).

sabedor. 94 *a*, 487 *a*, 693 *a*. 'Informado' (A.). // 676 *a*, 840 *c*. 'Hábil' (A.).

sabor. 798 *c*, 803 *d*. 'Ant, deseo o voluntad de una cosa' (A.). // 282 *d*. *A sabor*. 'm. adv. Al gusto o conforme a la voluntad y deseo' (A.).

saborgar. 838 *b*. 'Ant. llenar de sabor, dulzura y deleite' (A.).

sabrido, -a. 15 *a*. 'Ant. sabroso'. No es anticuado, en cambio, su antónimo *desabrido* y demás derivados de *desabrir* (A.).

sabroso, -a. 134 *c* (con valor adverbial), 617 *d*. 'Fig. delicioso, gustoso, deleitable al ánimo' (A.). Compárese con *bocado* y *pitanza.*

sacristanía. 77 *a*. 'Empleo de sacristán' (A.). // 287 *b*. 'Ant. sacristía' (A.).

sagrado, -a. 338 *b*, 383 *a*, 434 *b*. 'Que según rito está dedicado a Dios y al culto divino' (A.). // 648 *b*. Con valor sustantivo significa antonomásticamente 'la iglesia', y de allí ha pasado a significar, posteriormente, 'asilo' (A.). // 838 *c*. "Mano sagrada". Dice Berceo, en la copla 208 del *Duelo*, verso *b*, que sus manos son "consagradas". De aquí, y del verso anterior, "las órdenes tomadas", desprende Sánchez que "el Poeta era Sacerdote cuando escribía esto; de donde se infiere que lo escribió después que firmó *Diaconus* de Berceo en escrituras del año de 1220"; y de la cita de Teófilo en la copla siguiente deduce "que el Poeta escribió los *Milagros* antes que el *Duelo*". Confesaba antes Sánchez en el prólogo "que no sabemos el orden con que las escribió", de modo que su conjetura sobre la relación entre el *Duelo* y los *Milagros* puede tener un cierto valor hipotético para la datación de los *Milagros*. V. también *Tello.* // *monte sagrado.* V. *monte.*

sagrario. 107 *b*. La palabra no tiene el valor actual, y significa simplemente 'en sagrado' (como en la frase "enterrar en sagrado"); en la copla 114, verso *d*, se ve que la traslación se hace a un punto "más cerca de la iglesia", y no dentro de ella: "De la serie de testimonios allegados se deduce que hasta los siglos x y xi y aún en el xiii estaba por lo común en España en vigor y observancia la antigua costumbre de no enterrarse en las iglesias sino aquellas personas recomendadas por su dignidad, consagración o virtud" (*Informe dado al Consejo por la Real Academia de la Historia en 10 de junio de 1783 sobre la disciplina eclesiástica relativa al lugar de las sepulturas.* Madrid, Sancha, 1786, páginas 67-69).

salida. 911 *d.* 'Fig. fin o término de un negocio o dependencia' (A.).

salmos y oraciones. 372 *c.* Como la *comunicanda,* la *ofrenda* y el *Pater noster,* los *salmos* y *oraciones* ponen de relieve el valor paródico del oficio de difuntos (v.) que tiene este pasaje.

Salomón, trono de. 37 *cd.* La riqueza del trono de Salomón se cuenta en *II Paralipómenos,* cap. IX: 17-19: "Hizo también el rey un gran trono de marfil, y lo revistió de finísimo oro. Asimismo seis gradas por las que se subía al trono, y una tarima de oro, y dos brazos, uno por cada parte, y dos leones arrimados a los brazos, además de otros doce leoncillos puestos sobre las seis gradas del uno y otro lado. En ningún otro reino hubo un trono semejante." V. *María, nombres de.*

salpreso. 698 *d.* 'P. p. irreg. de *salpresar,* aderezar con sal una cosa, prensándola para que se conserve' (A.), opuesto a *reciente,* 'nuevo, fresco, acabado de hacer' (A.). En Venezuela la voz designa hoy tanto a "la carne salada y seca al sol", y a "la noticia que todos saben y alguien quiere decir como cosa ignorada", como al "resto de los periódicos que queda de un día para otro a los vendedores" (Francisco Gustavo Chacín, *Voces recogidas en Zaraza.* En: *Archivos Venezolanos de Folklore,* I: 133, 1952).

salterio. 9 *b.* V. [*música*]. // 709 *b.* 'Libro de rezos'. La voz significa hoy el libro de los Salmos de David, 'libro de coro que contiene sólo los salmos', y 'parte del breviario que contiene las horas canónicas de toda la semana, menos las lecciones y oraciones' (también vale por 'Rosario de la Virgen compuesto de 150 avemarías', tantas como los Salmos del libro de David). Pero la voz tenía un valor más general, y dentro de esa tradición Wilhelm Brambach puede denominar *Psalterium* a su introducción bibliográfica de los libros del occidente cristiano (Berlín, Asher, 1887). Su valor más general se lee en Du Cange: "codex quilibet".

saludes. 575 *a,* 811 *c.* 'Saludos' (A.). En el segundo pasaje, juego de palabras entre "saludes" y "enfermería" (v.).

salvar. 124 *c.* Hacer la salva 'saludo, bienvenida' (A.).

Salve Regina. 280 *d,* 539 *c,* 615 *d,* 847 *c.* Palabras iniciales de la Salve.

Salve, sancta parens. 221 *c.* Comienzo del Introito de la Misa de la Virgen.

salvedad. 144 *b.* 'Ant. salvoconducto' (A.); mejor: 'salvación' (Barcia). // 526 *b.* 'Ant. seguridad' (A.).

Sancho ni Domingo... 38 *d.* Erasmo Buceta. *(Un dato para los "Milagros" de Berceo.* En: *Revista de Filosofía Española,* IX: 400-402, 1922) señala que en la base de este verso está el refrán "Con lo que Sancho sana, Domingo adolece" (o alguna forma semejante), y que Berceo contrapone a lo relativo de los remedios y provechos terrenales, "el inagotable manantial de bondad universal y absoluta" que es Nuestra Señora.

sandío, -a. 646 *b,* 766 *a.* Forma anticuada de *sandio,* 'necio o simple' (A.).

sanía. 23 *a.* "Sana. Derivado de sano, como lo son hoy bravío, de bravo; tardío, de tardo, etcétera". (G. Menéndez Pidal).

Santiago. Santiago el Mayor, patrón de Compostela. V. *Miguel Arcángel,* y *Iago.*

sañoso, -a. Sañudo, 'que tiene saña o furor' (A.).

saya. 555 *c.* 'Ropa exterior usada por las mujeres' *(Tentative Dictionary).*

seglar. 321 *b.* 'Perteneciente a la vida, estado o costumbre del siglo o mundo' (A.). El *lenguage seglar* es la lengua romance, en oposición a las formas latinas sinónimas.

segudar 280 *b,* 524 *d.* 'Echar, arrojar', o 'perseguir' (A.).

semejar. 505 *b.* Hoy vale *parecer* ('asemejarse') y no como en este pasaje, *parecer* ('opinar, creer').

sementero. 855 *d.* 'Sementera, acción y efecto de sembrar' (A.).

sencido. 2 *c.* 'Cencido, intacto, dicho comúnmente de los prados no segados o de los rastrojos no pacidos (And., Ar., Rioja y Sor.)' (A.). Sobre esta voz, véase V. García de Diego (*Etimologías españolas.* En: *Revista de Filología Española,* VII: 113-149, 1919: págs. 117-119), y Leo Spitzer (*Notes étimologyques.* En: *Id.,* XIII: 113-128, 1926; págs. 115-116). Véase sobre su uso en este pasaje: "La idea de comparar a Nuestra Señora con una pradera puede parecer hoy un tanto extraña. La Edad Media, que veía en los prados —y sin duda entonces los había sólo naturales— la imagen de una tierra fecunda sin haber sido cultivada, hizo de ellos más de una vez el símbolo de la Virgen-Madre; y en este verdor que no variaba como el de las selvas, vio la imagen de la inocencia perfecta, exenta de mancha y de desfallecimiento. Con una metáfora semejante, el *Melker Marienlied* —uno de los más antiguos monumentos de la poesía marial alemana— llama a Nuestra Señora "tierra no labrada", *anger ungebrâchôt.* Y la misma comparación se encuentra en muchas obras medievales, hasta en los poemas, tan cuidados, de Adam de San Víctor". *(Joseph* Boubée: *La poésie mariale. Gonzalo de Berceo.* En: *Études,* XLI (tome 99): 512-536, 1904; págs. 526-527). V. *María, nombres de.*

sentencia. 504 *d.* Más que 'dicho grave que encierra doctrina y moralidad' (A.), la voz vale aquí por 'relato'; en el verso siguiente, en efecto, denomina 'conseja' a lo que está narrando.

sentido. 225 *b*. 'Inteligencia o conocimiento con que se ejecutan algunas cosas' (A.).

señero, -a. 64 *b*, 244 *d*, 333 *a*, 745 *c*. 'Sólo, sin par' (A.). // 442 *c*, 566 *a*, 595 *d*, 605 *d*. 'Sólo, solitario, separado de toda compañía' (A.); en el último ejemplo, se refiere a 'una hora sola'.

señora. 561 *c*. Título dado a la abadesa, como en el *Apolonio* 580 *c;* cf. Du Cange, *seniorissa* 'abbatisa'.

seo. 312 *c*. 'En Aragón la Iglesia catedral' (A.). Usamos *seo* y *silla* donde Berceo emplea respectivamente, *siet* y *siella*.

sequero. 346 *d*. 'Secano, cualquier cosa que está muy seca' (A.).

sermón. 138 *a*. Latinismo (*sermo* vale 'conversación'): 'expresión', 'frase'; cf. "oídme... unos pocos sermones" (*Santo Domingo* 201 *c*).

serranil. 155 *b*. 'Especie de puñal o cuchillo' (A.).

servicial. 651 *c*. 'Ant. criado. Vive hoy en América' (A.).

servicio. 306 *c*, 331 *d*, 462 *b*, 487 *d*. 'Rendimiento y culto que se debe a Dios en el ejercicio de lo que pertenece a Su gloria' (A.).

servidores, malos. 247 *d*. En [*feudales, términos*] vimos que a mal señor corresponden malos vasallos; lo mismo cabe decir de los servidores, que serán a imagen y semejanza del señor a quien rinden servicio. Semejante a este pasaje es el de *Signos* 36 *d:* "Jesucristo nos guarde de tales serviciales" (los ángeles infernales); compárese con *Milagros* 842 *d*. *Servidor* tiene aquí un matiz irónico: así como el criado debe atender a la comodidad de su señor, los servidores infernales deben procurar lo contrario.

seso. 'Sentido', ya en su valor de aptitud del alma como en el valor figurado de 'prudencia, madurez' (A.). V. también *natural* y *quebrar*.

Siagrio. 70 *a*. "Otros le llaman Sigiberto, que por su atrevimiento fue desterrado, y murió en destierro" (Sánchez). Así en la vida de San Ildefonso recogida por Cixila (Migne, XCVI, col. 48: Sisibertus"); y "Siargus" en otra (*Id.*, col. 50).

siervo. 233 *b*, 304 *b*. Lo que *servidor*, con un matiz a la vez más eclesiástico y más feudal.

siglo. 6 *a*, 101 *b*, 335 *b*, 503 *d*. 'Comercio y trato de los hombres en cuanto toca y mira a la vida común y política' (A.). // 65 *d*, 616 *d*, 688 *c*, 820 *d*, 839 *b*. 'Mundo'.

silla. 166 *d*. Uso metafórico, calcado sobre el sentido de 'dignidad del Papa, y otras dignidades eclesiásticas' (A.). // 312 *d*. 'Sede', 'asiento o trono de un prelado que ejerce juridicción' (A.). // 909 *a*. Con el mismo alcance que en los casos anteriores, *silla* ('sede') es la iglesia para Nuestra Señora. (Berceo escribe, aquí como en 434 *c*, *ciella* 'celda').

sine fine. 827 *d*. Lat. 'interminablemente, sin fin'.

Sión. V. *María, nombres de*.

Sire. 650 *b*. Tratamiento que se da al soberano. Falta en A., donde estuvo.

Sisinio. V. *Clemens papa.*

Smirna. V. *Esmirna.*

sociedad. 549 *c*. 'Orden monástica' (*Tentative Dictionary;* da este mismo ejemplo).

soberbio, -a. 3 *a*. 'Alto, fuerte' (A.).

sobrelecho. 482 *c*. 'Colcha' (A. da *sobrecama* con este sentido; "sobrelecho" es allí tan sólo voz de la arquitectura).

sobresanadura. 211 *b*. 'Cicatriz' (*sobresanar* es hoy, tan solamente, 'curarse una herida sólo por la superficie, quedando dañada la parte interior y oculta' (A.).

soldada. 136 *d*. 'Sueldo'. El mismo valor de soldada espiritual se lee en *San Millán* 32 *d:* el santo "a su Señor servía como buen caballero, / castigaba sus carnes como leal obrero, / quería de toda guisa merecer el dinero". (Otro uso de la voz en *Sacrificio* 136 *d*). // 732 *d*. "Sin soldada": 'con diligencia, como hecho sin mediar estipendio'.

soldadero. 314 *c*. 'Asalariado', 'que gana soldada' (G. Menéndez Pidal; A.), con el mismo valor que en el segundo ejemplo de la voz precedente. Un pasaje similar en *San Millán* 95 *cd:* "Guiaba bien su pueblo el pastor derechero, / no como mercenario ni como soldadero".

someter. 802 *d*. 'Proponer a la consideración de uno razones, reflexiones u otras especies' (A.).

son y dictado. 847 *d*. Este parece ser el primer pasaje castellano en que se señalan los dos elementos (el musical y el poético) de una canción. En la poesía y en las antiguas biografías de los trovadores la consideración de esta dualidad "y el justiprecio de cada uno de los dos aspectos de la lírica cantada" son muy corrientes.

sonar. 82 *b*. 'Tañer' (A.). // 352 *c*. 'Susurrarse, esparcirse rumores de una cosa' (A.).

soror. 557 *b*, 841 *c*. 'Sor' (A. da la pronunciación etimológica, *sóror*).

sorrostrada. 624 *c*, 908 *b*. Para Solalinde es 'acometida' (cita el *Alexandre* 783 *d*); G. Mennédez Pidal explica la voz como "'insolencia, afrenta'. Recuérdese *echar en rostro, echar en cara*". Los dos están en lo cierto. R. Cillero consigna entre los términos de la Rioja *sorrostrada* "'golpe asestado con instrumento afilado', hoy traslaticio, como lo usa el mismo Berceo" (*Sobre el libro de Alexandre*. En: *Boletín de la Real Academia Española*, III: 308-314, 1916, págs. 310-311). La voz figura hoy en A.: 'oprobio, pesadumbre'.

soterrado, -a. 106 *a*, 857 *d*. 'Enterrado, puesto debajo de tierra' (A.).

Speciosa. 114 *c*. Antífona de la Virgen, citada también por Gautier de Coincy (*De Sainte Leocade,* ed. Vilamo-Pentti, Helsinki, 1950, verso 122).

substancia. 661 *c*, 874 *b*. 'Hacienda, caudal, bienes' (A.).

sudor. 5 *c*, 223 *d*, 247 *b*, 419 *c*, 676 *d*. 'Trabajo y fatiga' (A.). En 247 *b*, son las penas —y calores— infernales; recuérdese el actual "sudar la gota gorda", 'sudar mucho' y 'sufrir'.

sueldo. 240 *d*. 'Moneda antigua, de distinto valor según los tiempos y países, igual a la vigésima parte de la libra respectiva' (A.)

sufrir. 511 *d*. 'Padecer, soportar', en su valor de fórmulas de cortesía. (Berceo escribe *padir* 'padecer').

sumir. 596 *b*, 601 *d*. 'Hundir, sumergir' (A.).

summum bonum. 304 *a*. Lat. 'lo mejor'.

suo corde toto. 285 *d*. 'De todo corazón; "responde a la frase *ex toto corde*" (Solalinde).

suplicación. 168 *c*, 'Súplica' (A.).

tablero. V. *escriño*.

tajar. 417 *c*. 'Dividir una cosa en dos o más partes con instrumento cortante' (A.).

talento. 299 *b*, 459 *d*. 'Voluntad, deseo'. A. registra *talente* —pero no *talento*— como forma ant. de *talante*. V. sobre esta voz la nota de Dámaso Alonso a su traducción de Wartburg (pág. 331, número 118).

tardío y temprano. Se dice los frutos que maduran después y antes de la estación; sobre estas metáforas de tipo agrícola en Berceo, cf. *Bulletin Hispanique*, núm. 16.

Te Deum laudamus. 460 *d*, 615 *c*, 847 *a*. 'Cántico que usa la iglesia para dar gracias a Dios por algún beneficio' (A.). Se atribuye hoy a Nicetas de Remesiana, que vivió en siglo V.

Tello, Don. 325 *d*. Solalinde ha identificado a este obispo (*Gonzalo de Berceo y el obispo Don Tello*. En: *Revista de Filología Española* IX: 398-400, 1922), que ocupó "la sede palentina más de treinta años", hasta 1246; y éste "podría ser un dato para fechar la obra, puesto que el poeta habla en presente y la alusión estaba hecha para ser entendida por sus oyentes y lectores contemporáneos". "Contra lo que podríamos esperar de haber sido más corto el episcopado de D. Tello —concluye Solalinde—, poco podemos deducir para la fecha de los *milagros;* únicamente puede afirmarse que la obra se escribió antes de 1246." (Véanse ahora las consideraciones de B. Dutton en *Gonzalo de Berceo: unos datos biográficos*, artículo citado en el prólogo). Sin embargo, la mención de San Fernando en la copla 869 "parece hay que suponerla posterior a 1252" (G. Menéndez Pidal). Esta discrepancia parecería confirmar el que pueda considerarse el milagro de *La iglesia robada* como una adición posterior a los 24 milagros iniciales, si no se cree que la redacción de la obra se ha extendido sobre un período más o menos largo. V. *sagrado*.

tempestad. 11 *d*, 370 *b*, 768 *c*. En el último ejemplo equivale indudablemente a 'tormenta, pero en los anteriores (el segundo lleva el adjetivo "fiera") cabe reconocer el *tempestas* latino, que significaba, en primer término, 'lapso de tiempo'; el verso 11 *d* declara que el prado 'en ninguna época perdía su verdor'. El mismo valor tiene, para Berceo, *temporal* usado como sustantivo (*Santo Domingo* 75 *d*, 487 *b*, etcétera); e idéntico camino semántico ha recorrido la voz francesa *orage:* la forma española *oraje* podía comportar el adjetivo "sabroso", buenos vientos y mar en calma (*Milagros* 589); hoy sólo significa 'tiempo muy crudo, con lluvias y vientos' (A.). Otro derivado de *aura* 'viento', "oriella" (591 *a*), tiene allí un valor manifiestamente tempestuoso.

templado, -a. 5 *b*. 'P p. de *templar*', 'moderar, suavizar' (con matiz semejante al de 'proporcionar una pintura y disponerla de modo que no desdigan los colores') (A.). // 7 *c*. "órganos templados": 'instrumentos afinados'. // 283 *d*, 297 *b*, 391 *d*, 707 *c*. La voz se usa, aquí, no con el valor peyorativo de 'tibio' (flojo, descuidado y poco fervoroso) sino con el valor de encomio que guarda todavía hoy en *ánimo templado*, 'valiente con serenidad' (A.).

templo. V. *María, nombres de.*

temprano. V. *tardío.*

tendal. 610 *c*. "Poste central de la tienda de campaña, y, por extensión, la tienda misma" (G. Menéndez Pidal).

tener. 8 *ab*. V. [*música*]. // 131 *bc*, 153 *b*, 550 *b*, 679 *c*, 788 *d*. 'Juzgar, reputar y entender' (A.). // 896 *d*. 'Tener preso'. // 788 *c*. Lo mismo que cuando es verbo auxiliar, equivale aquí a 'haber' (con la acepción de 'sentir...') (A.).

Teodora. V. *Clemens papa.*

Teófilo. 520 *a* (verso hipermétrico: "Tú acorriste, Señora, a Teófilo que era desesperado"; en nuestra versión hemos eliminado el nombre propio), 703 *a* sigs. San Teófilo penitente, vicario de Adana en Cilicia, m. hacia 538 y cuya fiesta se celebra el 4 de febrero. Berceo lo recuerda, además, en *Loores* 200 ("bien lo sabe Teófilo, el que fue renegado", cuánto vale la protección de Nuestra Señora) y en *Duelo* 210 *bc* (el poeta ruega a la Virgen que lo salve, así como salvó a Teófilo).

terminar. 540 *d*, 761 *a*. 'Entrar una enfermedad en su último período' (A.).

terquería. 777 *b*. Berceo escribe *tesurería* 'ant. terquedad'; y *terquería* 'terquedad, calidad de terco', tiene el valor —no demasiado peyorativo— de 'obstinación, pertinacia, persistencia'.

terreno. 752 *d*. 'Sitio o espacio de tierra' (A.).

testimoniado, mal. 796 *a*. Hoy se diría: "de tan malos antecedentes". Compárese con *testimonial*, que es hoy 'testimonio dado por los obispos a los fieles que pasan a otra diócesis'. Análogamente, *mal testimonio* (271 *d*) es 'mala fama'.

testimonio. V. *testimoniado.*

Tibi laus, Tibi gloria. 847 *b*. El himno de Teodulfo para el Domingo de Ramos comienza *Gloria, laus et honor tibi sit rex Christe, redemptor* (Daniel, I, pág. 215, núm. 186; en pág. 216, nota sobre la manera de cantarlo, que convierte en estribillo la primera estrofa; cf. las *Poésies latines* de E. du Méril, pág. 74, nota 1). "Alabanza a Ti, gloria a Ti, Señor" son expresiones de la liturgia cristiana: la doxología hispánica del Domingo de Ramos reza, en su estrofa séptima, "*Honor sit aeterno Deo, sit gloria*" (Blume, núm. 33, páginas 85-86); y una lauda para la hora de nona comienza "*Laus tibi, Domine, Rex aeternae gloriae*" (Migne, vol. 86, col. 960). Berceo vuelve a citar esta composición en *Santo Domingo* 672 *b:* "Cantaron Tibi Laus...".

tijeras. 203 *c*. En 193 *b* Berceo llamó "cuchillejo" al instrumento de Giraldo; las tijeras son un doble cuchillo.

toca. 147 *c*. 'Tela de que ordinariamente se hacen las tocas' (A.). // 329 *b*. Berceo llama toca, por extensión, al velo de Nuestra Señora (lo mismo de 868 *b* à 898 *c*). // 688 *c*. 'Prenda de tela, generalmente delgada, de diferentes hechuras según los tiempos y países, con que se cubría la cabeza por abrigo, comodidad o adorno', y también 'prenda de lienzo blanco que ceñida al rostro usan las monjas para cubrir la cabeza, y la llevaban antes las viudas y algunas veces las mujeres casadas' (A.). En *Santo Domingo* 691 *d*, Berceo utiliza la *toca* como término de comparación para la blancura; que es esta prenda eminentemente femenina lo confirma el uso sustantivado de *tocada:* "los varones delante, y después las tocadas" (*Santo Domingo* 558 *d*).

tomar carrera. 604 *b*. 'Emprender su camino'.

toquilla. 909 *c*. Diminutivo de *toca:* es el velo de la Virgen.

toquinegrada. 872 *d*. "Monja que usaba toca o hábito negro, benedictina" (G. Menéndez Pidal). Berceo usa la misma voz para designar a Santa Oria (*Santo Domingo* 325 *b*, *Santa Oria* 21 *a;* en todos los pasajes se lee *toca negrada*). Compárese con "monjes negros" (*Santo Domingo* 188 *a*), y con la expresión francesa "soeurs noires", corriente en el siglo XVI.

Toledo. 413 *a*. V. *formado*, y —para su importancia en lo relativo al rito hispánico— *mozárabe*.

toller. 239 *c*, 490 *c*. 'Ant. quitar' (A.).

torcer. 844 *b*. 'Dificultarse o frustrarse un negocio', y también 'desviarse del camino recto de la virtud o de la razón' (A.).

torzón. 585 *d*. *Torzón* o *torozón*, 'enteritis de las caballerías, con dolores cólicos' (A.). Compárese con la expresión corriente "una fiebre de caballo".

trabajarse. 718 *c*. Hoy se diría que "los celos trabajaban". // 829 *b* 'Ocuparse con empeño en una cosa; esforzarse por conseguirla' (A.).

trabar. 197 *c*, 881 *c*, 883 *a*, 895 *a*. 'Prender' (A.). // 883 *c*. 'Juntar o unir una cosa a otra' (A.).

222   GONZALO DE BERCEO

transir. 178 *a*, 266 *b*. 'Ant. pasar, acabar, morir' (A.).

transponerse. 529 *a*. 'Quedarse uno algo dormido' (A.).

trasnieto. 502 *d*. 'Ant. tataranieto' (A.).

trasnochada. 897 *c*. 'Vela o vigilancia por una noche' (A.; cf. *Cid.* 429 y la nota pertinente de Menéndez Pidal). Aquí se emplea irónicamente, como en *Santo Domingo* 382 *d* (uso recto en *Id.* 678 *d* y *San Millán* 68 *a*).

travesura. 417 *b*. La voz tiene un valor más grave y severo que en la actualidad: el demonio es, según *San Millán* 112 *a*, "la bestia maldita, llena de travesura".

trebejo. 525 *d*, 893 *b*. 'Burla, chanza, manejo' (A.). "Hacer mal trebejo" tiene el valor de 'jugar alguna mala pasada'; cf. *Santo Domingo* 170 *c*. En *Signos* 147 *c* se llama "trebejo pesado" del ángel a la décima plaga de Egipto.

treintanario: 107 *c*. 'Número de treinta días continuados o interrumpidos, dedicados a un mismo objeto, ordinariamente religioso' (A.). Aquí vale por 'espacio de treinta días'.

treinteno. 231 *c*. 'Trigésimo' (A.).

tribulación. 163 *a*. Vale aquí por 'agitación mundana', opuesta a la recolección.

triduano. 307 *c*, 810 *a*, 824 *d*. 'Tridúo, ejercicios devotos que se practican durante tres días' (A.). Cf. *Santo Domingo* 579 *b*.

trigo. El trigo, materia prima de la Eucaristía, tiene una gran importancia en la obra poética de Berceo. El *Sacrificio* (172-175) explica cómo debe ser el trigo de la hostia, y la excelencia del cereal lo convierte en término frecuente de comparación: el trigo y el rastrojo (*Sacrificio* 122 *c*), el trigo y la paja (*Loores* 175 *b*) simbolizan lo bueno y lo malo, los justos y los pecadores (cf. *Ezequiel*, IX: 17). Pero no todas las harinas son igualmente buenas, ni todo cereal vale lo que el trigo; y se establecen así diferentes categorías que el poeta utiliza directa o traslaticiamente:
mala farina. 539 *b*. Cuando la abadesa quedó libre, "fue el saco vacío de la mala farina" (forma ant. de harina). Se trata de una expresión proverbial; A. registra "hacer buena, o mala, harina, fr. fig. y fam. Obrar bien o mal". En la Argentina he oído calificar alguna cosa turbia o torpe de "mala fariña" (cruce entre la tendencia conservadora de estas formas petrificadas que son los refranes, y el nombre de la harina gruesa de mandioca denominada "fariña"). Las letras que pusieron sobre la cruz de Cristo, en tres lenguas, eran para la Virgen "pan de mala farina" (*Duelo* 156 *d*).
harina de ordio. Ordio es 'ant. cebada' (Barcia); este tipo de pan, de baja calidad, aparece como uno de los signos de la penitencia en *Santo Domingo* 689 *b*.
trigo candeal. 137 *c*. 'Especie de trigo aristado, con espiguillas cortas y los granos ovales, obtusos y opacos: da harina y pan blancos, y éste esponjoso, y por tanto se tiene por el de superior calidad...'

(A.). La referencia a la Hostia es evidente, como puede verse más abajo.

pan de trigo. Es el más sabroso y el mejor; a San Sixto le plugo la venida de Valerio con Vicente y Lorenzo tanto "como con pan de trigo" (*San Lorenzo* 8 *c*); y el fracaso de sus ataques contra San Millán "no le supo a trigo" al demonio (*San Millán* 268 *c*). No hay que "buscar mejor que pan de trigo" (*Milagros* 341 *c* y 759 *c*); compárese con la locución actual *"buscar pan de trastrigo,* que significa pretender uno cosas fuera de tiempo, o mezclarse en las que sólo daño pueden ocasionarle" (A.). El pan de trigo es cumbre del buen sabor y figura de Cristo, como lo dice el verso hermosísimo:

Reína de los cielos, Madre del pan de trigo
(659 *a*)

Véase Branche, pág. 439, para "María, panadera del Pan Eucarístico". Lope de Vega emplea la misma imagen:

Pan de leche, que amasaron
las entrañas virginales
de una soberana niña
de los ojos de su Padre...

(*Romance,* en *BAE,* XXXV: 108, n.º 294), viva aún en la poesía popular española:

La Virgen es panadera, / panadera en un portal,
ella lo amasa y lo cuece; / ¡quién comiera de su pan!

La Virgen es panadera, / ¡quién comiera de su pan,
que está amasado con leche / de su pecho virginal!

(M. García Matos, *Cancionero popular de la provincia de Madrid,* I: 7, n.º 6, y 28, n.º 51. Barcelona-Madrid, CSIC, 1951). Y si Nuestra Señora "a los buenos da trigo, a los malos avena" (374 *c*), es por el cruce del valor de trigo 'Cristo, Eucaristía' con una metáfora de alta tradición en la patrística: "San Gregorio Magno dice que los escritos de San Agustín son harina de trigo, mientras que los suyos no son sino salvado" (Curtius, página 199).

tristicia. 250 *c.* 'Ant. tristeza' (Barcia).

trojado. 666 *c.* 'Ant. metido o guardado en la troja o talego' (A.).

trufador. 676 *c.* 'Que trufa o miente' (A.). Cf. *Duelo* 167 *b.*

Tu autem. 429 *c.* Comienzo del versículo "Tu autem, Domine, miserere nobis" que terminaba las lecciones; de allí su sentido de 'final', o de 'manera de poner fin a algo'. La locución ha evolucionado de forma diferente en las diversas lenguas romances y en los varios períodos. Véase ahora el estudio de L. B. Bucklin: *Some Spanish words derived from the Roman liturgy* (En: *Hispanic Review,* XXV: 50-62, 1957), págs. 54-62.

tuerto. 243 *b.* 'P. p. irregular de *torcer* (A.), 'lo opuesto a *derecho*'. Recuérdese la expresión moderna "volver [torcer] el gesto o el rostro" como signo de desprecio o desagrado. // 263 *b,* 271 *c,* 337 *b,* 418 *d.* 'Agravio, sinrazón' (A.), 'lo contrario al derecho'.

Tumba. V. *Miguel de la Tumba, San.*

usar. 61 *d,* 881 *b,* 820 *c.* 'Acostumbrar' (A.).

uviado, -a. 826 *d.* 'Ant. ayudador, favorecedor, consolador' (Barcia).

vado. En 456 *c* la voz es segura; pero en 666 *d* la tradición varía, y puede leerse "nul vado" como "nul nado", por "hombre nado" ('nacido'), 'ninguno, nadie'.

vagar. 608 *b.* 'Tiempo sobrado' (A.). Cf. *Santo Domingo* 454 *c.*

vagaroso, -a. 436 *c.* 'Ant. tardo, perezoso, pausado' (A.).

val. 'Apócope anticuado de *vale*' (A.).

valedor. 676 *b.* 'Que vale, sirve, auxilia' (hoy se aplica solamente a personas).

Valerio. 684 *b.* Nombre del protagonista del *Milagro* XXIII. En algunas versiones, se llama Teodoro (Ward, II, 638-639; Poncelet, número 213).

vallitanía. 569 *d.* 'Ant. mentira, engaño' (Barcia).

vanidad. 556 *c.* 'Calidad de vano', que es 'que no tiene fundamento, razón o prueba' (A.).

vasallo. V. [*feudales, términos*].

vaso. 672 *c,* 678 *b.* V. *escriño.*

vedado. 232 *b.* 'Privado, suspendido de su oficio o del ejercicio de él' (A).

vegada. 'Ant. vez' (A.).

vejedad. 502 *c.* 'Ant. vejez (ús. en Salamanca)' (A.).

vencejo. 893 *d.* 'Lazo' (A.); el verso significa 'lo ahorcaron'.

vencer. 901 *d.* 'Reducir una persona a otra con razones, de modo que siga su dictamen' (A.).

vencido, -a. 554 *a,* 690 *d.* 'Convicto' (A. *vencer,* 7a. acep.).

venera. 203 *b.* 'Concha de un molusco muy común en los mares de Galicia, y los peregrinos que volvían de Santiago solían traerlas cosidas en las esclavinas' (A.). Aún se llaman en francés, antonomásticamente, "coquilles Saint-Jacques", conchas de Santiago.

ventura. 437 *a,* 463 *a,* 550 *b,* 658 *a.* 'Contingencia o casualidad' (A.); *por ventura* significa 'por casualidad' o —a veces— 'quizá'.

venturado, -a. 12 *d,* 138 *b,* 140 *a,* 602 *a.* Hoy vale 'venturoso, afortunado'; en Berceo es así si va acompañado del adverbio "bien"; si lleva el adverbio "mal" (140 *a*) significa 'desventurado'.

verbo. 657 *a,* 777 *d.* 'Palabra'.

verdura. 11 *d*. 'Verdor' (A.).

vergüenza. 382 *b*, 688 *b*. 'Respeto'.

vermezón. 765 *c*. 'Ant. gusano' (Barcia).

vero, -a. 309 *c*, 487 *b*, 588 *b*, 863 *c*. Desusado, 'verdadero' (A.).

vestir. V. *palma*.

vezado. 359 *b*. 'acostumbrado' (A.).

vicaría, vicario. V. *postular*.

vicioso. 6 *c*, 150 *d*, 152 *b*. 'Deleitoso' (A.); 'cómodo'.

vid. 39 *a*, 55 *c*. "No olvidemos que Berceo es de la Rioja, tierra de viñedos; bien lo recuerda su estilo. Las metáforas que más tienen en él el sabor de la tierra son las que se relacionan con el cultivo de la viña" (Cirot, *L'expression...* págs. 165-166; cf. *majuelo*). Y *vid* es también un nombre de Nuestra Señora; Cristo puede decir: "Yo soy la verdadera vid..." (*San Juan*, XV: 1 y sigs.) porque ya los profetas lo han aunciado así; y en ellos Su Madre "se compara a la viña porque ha producido el vino que engendra las vírgenes" (Branche, pág. 375 sigs.; cita varios profetas y en particular a Ezequiel, IX: 17, que habla del "trigo de los escogidos y el vino que engendra vírgenes *o de la castidad*"). *Santo Domingo* fue también para Berceo "buen sarmiento", de "buena cepa" (9 *a*).

viejo. 454 *d*. "Milagro viejo", es decir, del Antiguo Testamento; compárese con el *Sacrificio* que alude constantemente a la "ley vieja".

vigilia. 185 *c*. Menéndez Pidal, en nota al verso 3.049 del *Cid*, recuerda que la vigilia "precedía a varios actos graves, por ejemplo, al armarse caballero, y era costumbre velar antes de la lid judicial... El que celebraba la vigilia iluminaba a su costa la iglesia, y permanecía toda la noche de rodillas o de pie. La vigilia acababa al amanecer, con los maitines, la misa y las ofrendas del que velaba". Véase, en las vidas de santos de Berceo, cómo la vigilia precede, por lo general, a las curaciones milagrosas.

villa. 104 *a*. Berceo no dice cuál era la villa en que aconteció el *Milagro* III, pero el ms. de Copenhague la llama "carnotensi urbe", es decir, Chartres.

vino pimiente. 699 *a*. 'Vino perfumado con especias y miel.' Véase *Bulletin Hispanique*, núm. 11.

violar. 384 *b*. 'Profanar un lugar sagrado' (A.).

violero. V. [*música*].

Virgo. Respetamos la forma latina donde Berceo no la sustituye por "Virgen".

virtudes. 137 *d*. Son las cuatro virtudes cardinales (prudencia, justicia, fortaleza y templanza) y las tres teologales (fe, esperanza y caridad).

visitación. 574 *d*. 'Visita' y en este caso 'visita pastoral'; hoy la voz se emplea antonomásticamente para señalar la visita de Nuestra Señora a Santa Isabel.

visitar. 857 *c.* Se alude a la aparición ‘de la Virgen y su uso entra dentro del significado teológico de la voz: ‘Enviar Dios a los hombres algún especial consuelo o trabajo para su mayor merecimiento, o para que se reconozcan’ (A.).

viso. 774 *c.* ‘Ant. cara’ (A.).

vocación. 514 *d.* ‘Advocación’, ‘título que se da a un templo, capilla o altar por estar dedicado a Nuestro Señor, a la Virgen, a un santo, a un misterio de la religión, etc.’ (A.). Cf. *Santo Domingo* 195 *a.*

vocería. 245 *a.* Mala vocería es mal desempeño de su cargo de vocero.

vocero. V. [*música*].

voz, proponer su. 206 *a.* ‘Exponer sus razones’. Compárese *vocear* ‘proclamar’ en *Loores* 42 *b.*

voluntad. 59 *d*, 814 *a.* “De voluntad, de buena voluntad, ‘con gusto y benevolencia’ ” (A.). // 636 *c*, 719 *c.* Entre su voluntad ‘dentro de su ánimo’ ”.

vueltas, a. 250 *b.* ‘Insistentemente’ (A.).

yantar. ‘Ant. comer al mediodía’ (A.). Berceo lo usa en la expresión “yantar y cena” (277 *a*, 298 *d*), ya con el valor directo de ‘en la comida’, ya con una connotación de bienestar (cf. además *Santo Domingo* 499 *c*, *San Millán* 192 *d*). La expresión “yantar malo” (429 *b*) es análoga a las ya registradas en *pitanza* (v.; y compárese con *Signos* 40 *a:* “les darán malas cenas y peores yantares”). La expresión de 425 *c*, “dejemos los yantares, que bien los cobraremos”, que tiene sobre su sentido directo el de ‘hay ahora otra cosa más importante que hacer’ corresponde al pasaje de *Santo Domingo* 376 *d:* “Si me queréis oir, bien os contaría otra cosa que hizo el santo; no comeréis por ello vuestro yantar más frío”.

yerba, pisar. 507 *c.* Sobre el valor de este eufemismo, véase *Bulletin Hispanique*, núm. 8.

zancajada. 910 *c.* ‘Ant. zancadilla’ (Barcia).

Zebedeo. 190 *b.* Pescador del lago de Galilea, padre de Santiago el Mayor y de Juan (*San Mateo*, IV: 21, X: 3 etc.). El *Codex Calistinus*, tesoro de la antigua tradición compostelana, llama al apóstol “hijo de Zebedeo”, como Berceo lo hace (“Hic Zebedei Iacobus Maior vocator...”).

> De hacer este trabajo tuve yo gran deseo:
> rindo gracias a Dios cuando hecho lo veo.
>
> (*Santo Domingo* 757 *cd*)

CORRECCIONES Y ADICIONES A PARTIR DE LA «2.ª EDICIÓN CORREGIDA»

Pág.	Línea	Dice	Debe decir

de la Vierge». Poznañ [Sociedad de amigos de las ciencias], 1934 (VII, 3), y E. B. Ham (En: *Romania*, LXVI: 93-102, 1940-1); para el 23, F. J. Child (En: *Romania*, VIII: 428-429, 1879); y para el 24, M. Sepet, en la misma revista, XXIII: 601 sigs., 1894.

12 1 de nota 11

[después de «1959», agregar:]; véase al fin de la nota 6: el tema ya había sido estudiado por Cox, *Mythology of the Aryan nations*, págs. 352-3 y notas [cerrar el paréntesis]

12 4 de nota 11

[después de «1962)»], reemplazar el punto por punto y coma, y agregar:] C. Foresti: *Esquemas descriptivos y tradición en Gonzalo de Berceo (locus amoenus — locus eremus)* (En: *Boletín de Filología* [Santiago de Chile], XV, 1963); Erika Lorenz: *Berceo, der «Naive»* (Über die Einleitung zu den *Milagros de Nuestra Señora*) (En: *Romanistisches Jahrbuch*, XIV: 255-268, 1963), y Carmelo Gariano: *Análisis estilístico de los «Milagros de Nuestra Señora» de Berceo* (Madrid, Gredos, 1965; cf. *Bulletin Hispanique*, LXX: 196-198, 1968); el mismo autor ha publicado dos artículos sobre los *Milagros: Aspectos estructurales de los «Milagros» de Berceo* (En: *Berceo*, XX: 169-184, 1965), y *El género literario en los «Milagros» de Berceo* (En: *Hispania*, XLIX: 740-747, 1966). [sigue la nota: «Algunos...]

12 última línea
    de nota 11

[Agregar:] *El Year's Work* de 1963 señala, de manera incompleta, la

Pág.   Línea   *Dice*   *Debe decir*

edición del milagro 14 por G. G. Montaño de Gardiella. Otros estudios recientes se citan en las notas finales de este volumen. Después de la quinta edición de este libro ha aparecido la de *Los Milagros de Nuestra Señora* por Brian Dutton (London, Tamesis Books Ltd. [c. 1971]; Obras completas de Gonzalo de Berceo, II —el t. I lo constituye la edición, también por Dutton, de la *Vida de San Millán* publicada en 1967—). En esta edición crítica, que da a pie de página todas las variantes de los diferentes manuscritos, cada uno de los milagros va seguido de notas textuales, de su probable fuente latina —editándose así de manera accesible y mejorada el ms. Thott 128 de la Biblioteca Real de Copenhague— y de un nutrido comentario. El análisis detallado de esta publicación será objeto de una reseña; baste decir aquí que constituye una de las fechas capitales en la historia del texto de Berceo.

150 Ave María, 3   [después de: «omite».», agregar:] El
     desde abajo   *Ave María trovada* de Fernán Pérez de Guzmán llega sólo al «ventris tui» (*Cancionero general*, reed. facsímil. de Antonio Rodríguez-Moñino, fol. xj). Se entiende...

152 *baño*, últ. línea [agregar:] María Rosa Lida (*Notas para la interpretación, influencia, fuentes y texto del «Libro de Buen Amor»*. En: *Revista de Filología Hispánica*, II: 115, 1940) da ejemplos de este uso de *bañarse* —Juan Ruiz, Villasandino, Pérez de Guzmán— que deja perpleja a Margarita Morreale.

Pág.	*Línea*	*Dice*	*Debe decir*

156   *carta,* 1   740 *b,*   [agregar antes de «carta»:] 741 *c.* «Carta

[y añadir, antes de «835»:] Sobre estas cartas, véase el artículo de Pedro A. de Azevedo: *Cartas de tocar ou de pacto com o demonio* (En: *Revista Lusitana,* XIII: 66-71, 1910).

157   *casulla,* 3

[Suprimir toda la línea 3 y reemplazarla por:] (A.). De la «incoherencia» de Berceo, al denominar *alba* la prenda que llama *casulla* otras cuatro veces, trata Robert Ricard (*Notes sur Berceo.* En: *Les langues néo-latines,* LIX: 1-15, mars-avril 1965, en particular págs. 2-7 y 14-15; *Nouvelles notes sur Berceo,* íd., LXI: 8-10, 1967). En una larga nota (*Bulletin Hispanique,* LXX: 261-287, 1968), tratamos de mostrar que el don de Nuestra Señora a San Ildefonso era una casulla, pero recibía a menudo el nombre de alba, en razón de su color y —quizás— de su forma especial.

159   *Clemens,* 13   pasaje.   [Antes de «Sobre...», intercalar:] La historia de Teodora y Sisinio la recuerda Juan Laguna, tardío compilador de *exempla* (*Casos raros de vicios y virtudes.* Barcelona, 1741, pág. 260).

161   *comunicanda*

[reemplazar por: COMUNICANDA. 373 *c.* Nombre dado en la liturgia hispánica a la antífona que se canta durante la comunión; la voz completa el sentido de parodia del oficio fúnebre que tiene todo el pasaje. Para la discusión suscitada en torno de este término, véanse los tres artículos citados en *casulla.*

Pág.	Línea	Dice	Debe decir

163 *coronado*, fin

[agregar, entre «corona».» y «V.»:] Alonso de Ledesma usa la misma expresión: «¿A rey coronado están / estos reyes adorando?» (*BAE*, XXXV: 219, núm. 574; casi exactamente lo mismo en Bonilla, *ibid.*, pág. 225, núm. 604).

163 *corteza*, fin

[reemplazar el punto final por coma, y añadir:] el *Viaje de Turquía*, el *Marcos de Obregón*, hasta Marcos Denevi y José Bergamín.

166 *desombrado*, fin.

[agréguese:] Así lo cuenta también Zavaleta de uno «que salió de la cueva de Salamanca, sin sombra». (*Día de fiesta*, citado por Cejador, *Fraseología*, 398).

167 6

[agréguese:] Hay nota sobre el tema en las de Robert Ricard (*Les langues néo-latines*, LIX: 1-2, 1965).

171 11

[después de «éternel».», agregar:] Las edades pueden considerarse tres (puericia, juventud, senectud: así en Timoneda —que también está por un cómputo de siete edades para el mundo—, en Cosme Tejada de los Reyes —que las subdivide en ocho, y que consigna el número planetario de siete edades—, en Mira de Amescua —que también da cuatro, como las estaciones—, y en un poema de Jean-Louis Gonzalle publicado en Reims en 1868; representación gráfica de Sebastiano del Piombo en el Palazzo Pitti); cuatro (Alonso de Ledesma, Agustín de Rojas, *El Criticón*; las cuatro edades del mundo —oro, plata, cobre, hierro—; D'Oi-

gni —*Les quatre âges de l'homme,*
poema en cuatro cantos, Paris,
1824—, el Conde de Ségur —Bur-
deos, 1827—, Charles de Pougens
—1826—; *Les quatre âges de la
Pairie de France* de Goezmann,
1775); cinco (Pérez de Moya en
su *Filosofía secreta*); seis (de S.
Odón a D. Juan Manuel, pasando
por el *Chronicon D. Isidori*; el
Livre du Trésor de Brunetto Latino da seis, pero parece proponer
una séptima); siete (Pablo de Santa
María, un poema del Escorial ana-
lizado por Knust, las coplas im-
presas que poseyó Fernando Colón,
el *Resumen historial* de Antonio
Fajardo y Acevedo —1671—, el
tratado de Sicilio —heraldo de
Alfonso de Aragón—, el *Miroir
d'éternité* de Robert Le Rocquez
—Caen, 1589—; véase el artículo
de Don Cameron Allen: «*Jacques*»
'*Seven Ages*' *and Pero Mexía*. En:
Modern Language Notes, LVI:
601-603, 1941); o nueve (*Lucida-
rio* cuyo contenido se expone en
BAE, LI: 81). [sigue: «Pero el
único...»].

171   21   [después de: «Hugo», agregar:] y
                                          Walter Wiora las de la música.

172   *erecho*   [después de: «4», convertir el punto
                                          final en coma, y agregar:] y tam-
                                          bién la nota de Robert Ricard:
                                          Sedie erecho (En: *Les langues néo-
                                          latines,* LIX, núm. 172: 7-9, 1965.

179   *gobernar, 2*   [convertir el punto final en coma, y
                                          agregar:] usado en los *Bocados de
                                          oro* (ed. Knust, pág. 107) y en

El Conde Lucanor (ejemplos 23, 26, 34 y 44; para otras obras de Don Juan Manuel, véase el *Vocabulario* de Félix Huerta Tejadas. Madrid, 1956, *s. v.*). Este sentido tiene también la voz en italiano: cada una de las madres del juicio de Salomón tomó a su hijo «per governallo, sicchome usanza era», y la madre del niño vivo «l'avea governato et rifasciato» (*Novellino*, cxxxviii; el *Dizionario universale* del abate D'Alberti di Villanuova —Lucca, 1798— da esta acepción limitándola a caballos, perros, pollos, pájaros, etc.).

182 *hueste*, penúlt.   [después de «demonio», intercalar:] (el Ama de *Doña Rosita la soltera* de García Lorca usa esta expresión). También traduce Berceo

187 *lozano*, 4   [entre «valor.» y «V. tam-», intercalar:] En el primer sentido la usa el *Amadís* («orgulloso y lozano»), y D. Juan Manuel coloca juntas «soberbia» y «lozanía» (*Crónica abreviada*).

187 *llecho*, 1   [después de «difícil», reemplazar el punto y coma por dos puntos, y agregar:] falta en Lanchetas y en el *Vocabulario medieval castellano* de Cejador; Solalinde propone algo como «al lecho»;

188 *maestría*, 4   [después de «*Berceo.*», agregar:] (Cf. C. de Lollis: *Dolce stil nuovo e 'noel dig de nova maestria'*. En: *Studi Medievali*, I: 5 sigs., 1904-1905, y Ezio Levi: *Facta l'aio per*

maestranza. En: *Studi Medievali*, II [n. s.]: 430-2, 1929).

189   2

[después de «dos.», intercalar:] María Magdalena es también hermana de Lázaro y de Marta para Juan de Padilla (BAE, XXXV: 382, núm. 909), y según Fr. Diego Jiménez Arias, «Tuvo la Magdalena por hermanos a Lázaro el caballero, que después de resucitado fue obispo, y a Marta huéspeda de Cristo, que siempre fue virgen» (*Sermón de la benditísima Magdalena*. Toledo, J. de la Plaza, 1570, fol. 100 v.º). Sin olvidar la her-

202   entre *palma* y
        par, agregar:

pan. 273 *d*. 'Trigo, grano' (acepción algo más extensa que en A.). V. *pechar*.

204   *pella*, 2

[después de «sentido).», agregar:] El que los diablos peloteen con las almas de los condenados es un detalle hagiográfico que llega hasta Pérez Galdós.

207   entre *precioso*
        y *prendido*

[agregar:] *prendada*. 384 *a*. No 'aficionada', 'agradada', sino, por el contrario, 'lesionada, perjudicada', del primer sentido de *prendar* 'embargar, sacar una prenda'.

223   10

[después de «(A.», y antes de cerrar el paréntesis, añadir:]; cf. Sbarbi, *Refranero general español*, VI: 284-5: cita a Berceo. La expresión proverbial aparece en castellano y en latín en el *Diario de Fr. Juan de Lerma* —ed. Serrano y Sanz, en: *Boletín de la Real Academia Española*, XVII: 240, 1930—: «¿Para

Pág.	Línea	Dice	Debe decir

qué quieres mejor pan que de trigo? Tritico pane melius quid quaeris habere?»).

223 20   [después de «294),» agregar:] usada también por Valdivielso (ed. Mir, págs. 17 y 148), y

223 27   [después de «1951» agregar:] cf. Jiménez de Aragón, *Cancionero aragonés*. Zaragoza [1925], págs. 336 y 350; y Kurt Schindler, *Folk music and poetry of Spain and Portugal*. New York, 1941, pág. 137 y 138, «La divina panadera»).

226 *yantar*, 6   [después de «yantares» agregar, antes de cerrar el paréntesis:]; fórmulas análogas emplea Juan Marmolejo en el *Cancionero general*, reed. facsimil. de A. Rodríguez-Moñino, fols. ccxxxii v.º y ccxxxiii v.º).

ÍNDICE

* Los títulos de los *Milagros* que van entre corchetes proceden de la edición de Solalinde.

SE ACABÓ DE IMPRIMIR «MILAGROS DE NUES-
TRA SEÑORA», EL DÍA 12 DE MARZO DE
1976, EN LOS TALLERES DE ARTES GRÁ-
FICAS SOLER, S. A., DE VALENCIA,
BAJO EL CUIDADO DE AMPARO
Y VICENTE SOLER GIMENO

LAUS ✠ DEO